普通高等教育素质教育规划教材

大学生心理健康

杨丽　程诚　王小玲　主编

天津大学出版社
TIANJIN UNIVERSITY PRESS

图书在版编目(CIP)数据

大学生心理健康 / 杨丽，程诚，王小玲主编. —天津：天津大学出版社，2019.7（2025.8重印）
普通高等教育素质教育规划教材
ISBN 978-7-5618-6478-4

Ⅰ.①大… Ⅱ.①杨… ②程… ③王… Ⅲ.①大学生－心理健康－健康教育－高等职业教育－教材 Ⅳ.①G444

中国版本图书馆CIP数据核字(2019)第163038号

出版发行 天津大学出版社
地　　址 天津市卫津路92号天津大学内(邮编:300072)
电　　话 发行部:022-27403647
网　　址 www.tjupress.com.cn
印　　刷 廊坊市瑞德印刷有限公司
经　　销 全国各地新华书店
开　　本 185mm×260mm
印　　张 12
字　　数 293千
版　　次 2019年8月第1版
印　　次 2025年8月第12次
定　　价 36.00元

编委会

杨丽　程诚　王小玲　主编
安莉　许欣　周玥　赵宏祥　副主编

前言

大学是人格逐渐独立、价值观逐渐塑造完整的阶段,因此它对于大学生的成长是至关重要的。与此同时,大学生也面临着种种问题:从小生活环境所塑造的价值观与步入大学后接触到的多元价值观的碰撞;新的环境下人际关系的建立与维持;因为陌生而导致的挫败感和心理落差感以及由此而产生的孤独感、困惑,甚至对自己的否定;对爱情的渴望和惶然;对未来的迷茫和担心,对自己难以达到社会外部条件要求的恐惧……

心理健康教育工作的内涵不仅是对少数存在心理障碍学生的救治、存在心理问题学生的咨询,而且会更多地服务到广大学生心理健康素质的培养以及优秀人才的卓越成长。心理健康教育既消除大学生心理障碍,也有利于塑造大学生正确的心理认知,让大学生更了解自己,爱护自己,进而做更好的自己。

大学生正处于青年中期,正在从不成熟逐渐走向成熟、独立。大学客观环境的局限性,集体居住生活的影响,人群的相对密集,学生的种种发展和关系议题相互交织,构成了大学生的心理发展特点。在这一阶段,大学生的心理发展兼具过渡性、可塑性、阶段性、矛盾性,逻辑思维与辩证思维居主导地位,成人感和独立意识增强。因此有必要进行全面专业的心理健康教育。

心理健康是大学生未来可持续成长的核心内容,它有助于个体自我完善,提高学习效率和社会适应能力,增进学业表现和社会表现,提升个体幸福感。本书通过参考教育部心理健康课程体系、《心理健康测评系统》的理论架构及测评维度以及马丁·塞利格曼提出的性格优势与美德的内容,明确心理健康课程旨在培养大学生的两项心理健康素质(自我概念、人际素质)以及大学生成长相关的五项主题(情绪管理、亲密关系、生涯规划、生命意义和逆境与成长),将本书内容确定为八章:大学生心理健康导论、自我意识、人际关系与人际交往、情绪的识别与管理;恋爱心理、职业生涯规划与心理调适;生命教育与心理危机应对;逆境与成长。

传统的大学生心理健康教育更注重理论知识的讲授,解决大学生知识层面的问题,而对大学生心理的体验、能力的培养和心理素质的提升则有所欠缺,这就导致了一方面大学生的心理需求得不到真正的满足,无法通过心理学认识和理解自己的情绪,另一方面大学生不能很好地将所学知识转化为能力,也无法很好地提升自己的心理素质。本书主要针对这些问题进行深入思考,结合体验式教学的相关理论,优化课程设置,创新教学模式,以体验式教学提升大学生心理素质。

本书是在结合大量理论研究、临床和教学实践经验的基础上,通过所有编者的共同努力取得的阶段性成果。本书既是一本实用教材,也是一本科普读物。笔者衷心希望本书能为解决当前大学生所面临的心理问题而略尽绵薄之力。由于编写时间仓促,编者水平有限,对不足之处还盼望广大读者提出宝贵意见,在此表示衷心感谢。

杨丽
于天津大学
二零一九年五月

目　　录

目 录

第一章　大学生心理健康导论

【学习目标】

1. 知道心理健康的标准及心理健康对大学生职业生涯发展的意义。
2. 了解大学生阶段心理发展任务及常见的心理问题。
3. 初步掌握体验式学习的基本理论和类型。

【引言】

大学之道

大学之道，在明明德，在亲民，在止于至善。知止而后有定，定而后能静，静而后能安，安而后能虑，虑而后能得。物有本末，事有终始，知所先后，则近道矣。古之欲明明德于天下者，先治其国；欲治其国者，先齐其家；欲齐其家者，先修其身；欲修其身者，先正其心；欲正其心者，先诚其意；欲诚其意者，先致其知；致知在格物。物格而后知至；知至而后意诚；意诚而后心正；心正而后身修；身修而后家齐；家齐而后国治；国治而后天下平。自天子以至于庶人，壹是皆以修身为本。其本乱而末治者，否矣。其所厚者薄，而其所薄者厚，未之有也！

《礼记·大学》

人，为什么要读大学？

1 000 个人读大学，就有 1 000 个读大学的理由，古代儒家先哲用一篇《大学之道》来诠释大学的道，来表达如果要达到至善，人生要在进德修业中成长经历 8 个阶段，即内修“格物、致知，诚意、正心”，外治“齐家、治国、平天下”，“修身”联结“内修”和“外治”，“修身”与“内修”连在一起，是“独善其身”，与“外治”连在一起，是“兼善天下”。

每一位大学生要经历一个什么样的大学历练，才能算是成为一个更好的自己呢？心理健康教育如何能帮助同学们去遇见更好的自己呢？本书或许能够给大家一些启发。

第一节　大学生心理健康概述

金秋时分，是年轻学子迈进大学的季节，对于每一位有机会进入高等学府的人而言，这将会是一笔重要的人生投资，一场未知的人生冒险。进入大学，意味着成人，为自己负责，将独立自主地面对生活的挑战。每一个人在这里都会遇见属于自己成长的议题，有充分的时间去尝试寻找自己的人生答案。我是谁？我为什么来到这里？未来要去哪里？如何面对未知的社会？活着的意义究竟是什么？

大学生心理健康是当代大学生自我成长的一门必修课，通过心理健康知识的学习、信念态度的塑造和成长行动的实践，串起独特的心灵故事，连接单程的人生旅途。健康的心理是顺利完成大学学业的基石，是帮助大学生向未来前进的发动机，更是寻找快乐与幸福人生的金钥匙。

一、大众健康观

（一）传统的健康观

20 世纪初，《简明不列颠百科全书》对健康的定义是：没有疾病和营养不良以及虚弱状态。《辞海》对健康的描述是：人体各器官系统发育良好，功能正常，体质健壮，精力充沛并具有良好的活动效能状态，通过人体测量、体格检查和各种生理指标来衡量。这种“无病即健康”的传统观念在很长一段时期内一直影响人们的医疗保健乃至政府的卫生政策。

（二）健康的系统观

1948 年 4 月 7 日生效的《世界卫生组织组织法》的序言部分对健康进行了定义，即健康不仅为疾病或羸弱之消除，而系体格、精神与社会之完全健康状态。人们对健康的认识，已经从早期的治疗疾病逐渐向预防疾病和提高身体素质转变；从单纯的生理标准扩展到心理社会标准；从生物医学模式转变为生理—心理—社会医学模式；从个体诊断延伸到对群体乃至整个社会的健康评价，这种对健康与疾病、人类与健康是多因多果关系的认识，使得传统的健康观逐渐被摒弃。

二、心理健康的新主张

1946 年，第三届国际心理卫生大会将心理健康定义为：心理健康是指在身体、智能以及情感上与他人的心理健康不相矛盾的范围内，将个人心境发展成最佳的状态。即个体能够适应当前和发展着的环境，具有完善的个性特征，认知、情绪反应、意志行动处于积极状态，并保持正常的调控能力。心理健康不是指一个人对任何事物都能愉快地接受，而是指其在对待环境和问题冲突的反应上，能更多地表现出积极的适应倾向。

对于心理健康的理解不能绝对化，因为在现实生活中并不存在某种固定的心理健康状态，常常是一种弹性的相对状态，即使是一个心理正常的人，也可能有突发性、暂时性的心理异常。每个人随时可能产生心理问题，心理冲突在当今社会像感冒、发烧一样不足为奇，健康与不健康之间是可以相互转化的。

三、大学生心理健康

随着中国经济转型的加快，经济全球化、政治多极化和文化多元化的挑战，对我国社会生活的各个领域产生了深远的影响，表现为经济发展的不均衡性加强、人口的境内外流动性加快以及家庭的少子化情况加剧，在高等教育日益大众化的今天，大学生叠加了诸多的家庭期待和社会竞争，大学生需要在大学校园中储备适应社会变革的硬知识和软能力，其中心理资源是适应未来的核心元素。

（一）大学生心理健康的意义

1. 心理健康是大学生未来可持续发展的核心特征

大学时期是大学生社会化或心理社会性发展的重要阶段，心理健康是他们顺利从未成年人向成年人过渡、成为创新人才的心理基础。随着社会生产力和科学技术水平的不断提高，新兴产业的不断涌现，现代通信与信息传播技能的发展，优秀的个体之间和组织之间在物理空间、智力要素、财富要素等方面必然会不断缩小差距，心理上的竞争将成为其显著特征，大学生的未来发展之路能走多远、能走多快必然是专业成就和个人心理健康水平相互影响的结果。因而，提升学生对职业生涯的理解，明确学生对专业的选择和偏好，理解学生对未来的自我实现期待的迫切需求，帮助学生有效地管理好大学生活，是心理健康教育的重要价值和使命。

2. 心理健康有助于提高社会适应能力，增强学习能力和社会表现力，提升大学生幸福感

生存和生活是人类社会实践活动中的重要议题，它们是人类存在，进行有组织的协作活动的核心动力，是人从事一切社会生产所必需的物质和精神体现。人的自我活动离不开自己的计划和管理，人或组织的活动更离不开团队的目标和管理。心理不健康在某种程度上可能不会影响到人的社会基本功能，但比起心理健康水平较高的人来说，健康水平较低的人可能需要花更多的时间和精力去处理内心的冲突及与环境的关系。因而人对自己越了解，掌握更多的人际关系处理和情绪管理的方法，心理健康水平越高，越能够缓解人和组织面临焦虑和压力时的心理能耗，提高其社会适应力。人的内在需要得到满足,对生命有更多的体察,能够有效地根据自身的特点来平衡人与环境之间的关系,能够更深入地理解自己和他人,提升个体的幸福感。

3. 心理健康有助于大学生的自我完善

大学生的发展与完善固然有赖于许多外界的客观条件,如良好的家庭背景与社会氛围等,但更为重要的还是大学生自身的主观努力以及大学生的心理调节能力和适应水平。在人的一生中,个体的主观努力随着年龄的增长而愈显重要。虽然人的自我意识在个体早期就已经萌芽,但此时还更多地表现出不自觉性和被动性,更多地受环境和他人的支配。随着青年期的到来,自我意识逐渐增强,更多地表现出自觉性和能动性,更倾向于支配环境和他人。

因此,从这个时期开始,大学生就逐步摆脱各种依附关系,以独立的姿态出现在社会上,大学生也就必须努力塑造自己的形象,学会自我管理,并且对自己的所作所为承担责任。个体是成功还是失败,是奋进还是退缩,都与其是否能够自我计划、自我控制、自我调节、自我完善有密切的关系。以"自我认知"为例,通过对自我概念、自我意识的学习,可以帮助个体理解自己是谁、如何与自己相处、如何理解自己与外界的关系;以"人际关系"为例,心理健康教育中关于交往与吸引、冲突与沟通的理论,可以帮助个体形成和谐的人际关系,赢得他人的喜爱和尊重;以"生涯规划"为例,可以帮助个体确立目标并调节自己整个的身心活动,向着这个目标迈进,利用一切可以利用的条件与优势实现目标;以"生命教育"为例,有助于个体树立良好的生命认知和对未来的理解,提高个人的生活、学习和工作效率。如果一个人能够真正掌握并运用心理健康教育知识,那也就掌握了管理自己与自己、自己与环境相处的方法。无论置身于什么场合或情境,他都能寻求最佳的生存方式、最佳的发展方向,都能有效地实现个体的价值、发挥个体的潜力,并对社会的进步作出贡献。

(二)大学生心理健康的标准

樊富珉(1997)提出了大学生心理健康的7个标准。

1. 能保持对学习较深厚的兴趣和求知欲望

学习是大学生活的主要内容,心理健康的学生都会珍惜学习机会,乐于学习,能够积极参与学习活动,克服学习中的困难,能够保持学习成绩稳定和一定的学习效率,并从学习中体验到满足与快乐。

2. 能保持正确的自我意识,接纳自我

正确的自我意识和评价是大学生心理健康的重要条件,大学生在进行自我观察、自我认定、自我判断和自我评价时,能做到自知,恰如其分地认识自己,对自己的能力、性格和优缺点都能作出恰当、客观的评价。既不以自己在某些方面高于别人而自傲,也不以某些方面低于别人而自卑。面对挫折与困境,能够自我悦纳,喜欢自己,接受自己。自尊、自强、自制、自爱适度,正视现实,积极进取。

3. 能协调与控制情绪,保持良好的心境

心理健康的标志是情绪稳定和心情愉快,具体内容有:愉快情绪多于负面情绪,乐观开朗、富有朝气、对生活充满希望;情绪较稳定,善于控制与调节自己的情绪,既能克制又能合理宣泄自己的情绪,喜不狂、忧不绝,胜不骄、败不馁,谦而不卑,自尊自重;在社会交往中既不妄自尊大,也不退缩畏惧;对于无法得到的东西不过于贪求,争取在社会允许的范围内满足自己的各种需要,对于自己能得到的一切感到满意,心态总是开朗的、乐观的;情绪反应与环境情境相适应,能够实现人与环境之间的良好互动。

4. 能保持和谐的人际关系,乐于交往

良好的人际关系是事业成功与生活幸福的前提。其表现为:乐于与人交往,既有广泛而深厚的人际关系,又有知心朋友;在交往中保持独立而完整的人格,有自知之明,不卑不亢;能客观评价别人和自己,善取人之长补己之短,宽以待人,乐于助人,与人为善,对他人理解、同情、尊重、关心和帮助,有良好而稳定的人际关系,并能在其中分享快乐、分担痛苦,社会支持系统强而有力。

5. 能保持完整统一的人格品质

人格是个体比较稳定的心理特征的总和。人格完整指具有健全统一的人格,即构成人格的气质、能力、性格、理想、信念、人生观等各方面平衡发展,所思、所想、所说、所做协调一致。具体包括:人格要素无明显的缺陷和偏差;具有正确的自我意识;人生观正确,并以此支配自己的心理与行为;人格相对稳定。

6. 能保持良好的环境适应能力

环境适应能力包括正确认识社会环境以及处理个人与社会环境的关系。心理健康的大学生能够面对现实,接受现实,并能主动去适应现实,逐步地改造现实。能够对周围的事物和环境作出客观的评价和有深刻的认识,并能与现实环境保持良好的接触,既有高于现实的理想和信念,又不会沉湎于不切实际的幻想和奢望中。面对不利的现实环境,既不怨天尤人,也不采取逃避的方式,更不自暴自弃,而是敢于面对现实的挑战,以积极有效的办法去应对环境中的各种困难。在现实和环境发生改变时,能及时调整心态和行为,使之与新环境保持一致。

7. 心理行为符合年龄特征

在人的生命发展的不同年龄阶段都有相应的心理行为表现,从而形成不同年龄阶段独特的心理行为模式。心理健康的大学生有正常的行为反应,在认识、情感、言行、举止等方面都符合其所处的年龄段的要求,充满青春活力、朝气蓬勃,积极向上、敢想敢干,勤学好问,探索创新,自由浪漫、不怕失败等。在角色特征方面,能够根据自己所处的场合,正确把握自己所扮演的角色、所处的地位以及所属的身份。

第二节　大学生心理健康教育

大学生心理健康教育包括心理素质培养和心理健康教育，简称“心理教育”或“心育”，是根据个体心理发展的规律与特点，运用各种教育途径、方法及手段，有目的、有计划地对个体心理素质的各个层面进行积极主动的辅导与教育，以促进其心理素质的提高与发展，维护其心理健康。从性质上看，它还包括发展性教育和适应性教育。发展性教育主要是有计划、有目的地对学生的心理素质的各要素及各层面进行积极主动的辅导与培养，促进学生心理素质的不断优化、提高和发展。适应性教育则主要是对在心理方面出现了问题的学生进行辅导与帮助，使之克服成长中的障碍。

在本书的大学生心理健康教育过程中，我们遵循的是发展性模式，除了关注学生的健康，还包括自我评价、社会适应、人际交往、情绪管理、科学思维、职业心理、婚恋态度、潜能开发、求职择业等，重视的是学生全面而均衡的发展，不仅仅是为了减少大学生心理障碍的发生，预防和治疗心理疾病。从积极的意义上看，心理教育有助于大学生的潜能开发，培养大学生独立自主的能力，促进大学生人格的健全，如学习与他人发展良好的人际关系、加深自我认识、增强自信、建立正确的人生观和健康的生活方式。因为从根本上来说，学生心理素质的提高和应付各种环境能力的增强，会更有效地预防心理问题的发生。

一、大学生的心理发展特点

大学生正在从不成熟逐渐走向成熟和独立，但是由于大学客观环境的局限性、集体居住生活的影响、人群的相对密集、学生的种种发展和关系议题相互交织，大学生的心理发展呈现如下特点。

（一）心理发展的过渡性

从心理发展水平上看，多数大学生的心理正处于迅速走向成熟但又没有达到完全成熟的时期。从心理发展过程看，认知迅速发展，达到了相对成熟；认知的核心要素——思维已由经验型向理论型转化；情感也从激情体验、易感状态逐步升华过渡到富于热情、充满青春活力，社会道德感和社会责任感增强。在意志行动上，从容易冲动发展到具有一定的自控力，形成相对稳定的行为习惯。从个性发展上看，性格、能力等个性心理特征都达到相对稳定和渐至成熟的水平；理想、信念、自我意识等个性意识经过大学阶段接近成人的发展水平。

（二）心理发展的可塑性

大学时代是人的各种心理品质全面发展、急剧变化的时期。大学生在这一时期的心理发展存在不稳定、可塑造性大的特点。例如：在认知方面容易偏执；在情绪方面容易走极端；在意志方面有时执拗；在个性方面，虽然许多个性品质已基本形成，但却容易受外界或生活情境的影响。

（三）逻辑思维与辩证思维居主导地位

当代大学生的思维富有逻辑性、独立性、批判性及独创性。随着学习环境的改变，他们掌握了较多的抽象概念、法则、定理、公式，而且在生活实践中经常运用这些知识去理解各种事物的本质和规律、解决各种新课题。他们在自己思考问题或与别人讨论问题时，不再满足于现象的罗列，而要求揭露事物的本质和规律，要求有理论深度，不轻易相信理论不足的结论。他们能够自主地对具体事物在认识基础上进行分析和概括，能够对各种假设作出自己的评价，对尚未得到证明的可能性进行分析思考，而且能够对同一问题作出不同的解答，能够对同一事件推测出几个相互排斥的原因。这对大学生来说，无疑树立了强大的自信心，使他们在学校里面对巨大的知识量与各种理论体系时具有较强的分析能力和论证能力，有能力面对各种复杂的社会事物，因而大大增强了他们生存和发展的信心。但是，若无明确的学习与生活目标和日常计划，则有时表现为无所事事或滥用精力。

（四）成人感和独立意识增强

大学生们进入大学后，在这个社会气氛很浓的环境中，随着独立思考和智能水平的高度发展，他们的成人感迅速增强，他们渴望独立，强烈要求社会承认他们的成人资格。此外，大学生活中也有许多事情完全要靠他们自己来处理和完成，这也促使他们的独立意识迅速发展，自我意识增强，自我认知和自我评价能力有所提高，自主性和自尊心增强，自我需要增加。但也有些同学急功近利，在某些需要不能满足时，又因怀疑自己的能力而感到自卑。

（五）心理发展的矛盾性

大学生由于在学校受教育时间长，从家门到校门，心理成熟往往会滞后于生理成熟。经济上不独立、传统价值权威的衰落以及现代价值多元化的影响等，使得大学生的心理既存在积极的一面，又存在消极的一面，这些会导致各种矛盾和冲突。大学生常见的心理矛盾有以下几种。

1. 理想与现实的矛盾

大学生对未来有自己的设想，一般理想比较高，希望将来能发挥自己的才能，成为对社会有用之人。然而，在现实生活中往往难以找到实现理想的途径，有的同学面对前进道路上的障碍缺乏信心和方法；有的同学只有美好的向往而没有切实的行动；有的同学眼高手低，只想做大事一鸣惊人，不喜欢“从我做起，从小事做起”，这就必然导致理想与现实的冲突。大学校园生活也会造成理想和现实的差距。中学生心目中的大学校园应该是温馨浪漫的，大学教师是侃侃而谈、超凡脱俗的，同学之间的友谊是纯洁的，校园生活是多姿多彩的。因此，部分学生入学后会产生不同程度的失落感，理想和现实之间的差距，会产生不同的心理落差。内在和外在的双重失落感使得大学生看不清自己前进的方面，没有明确的奋斗目标，成就感逐渐淡化。

2. 情绪与理智的矛盾

大学生的情绪是丰富而动荡的，往往容易激动、兴奋，也容易转向消沉、失望，尤其在挫折面前，情绪起伏比较大。这是大学生心理成长阶段的特点，一方面体现出年轻人特有的朝气，另一方面，由于在面临问题时被情绪主导，视野容易变得狭窄，从而容易造成看待事物和分析问题片面化，导致习惯从某种感性认识或经验直觉出发评价自己以及周围的人和事情，以个人的兴趣、好恶为标准处理问题，而不是全面系统地看待问题，在整个学习过程中，情绪与理智的相互转化、相互影响会一直伴随着大学生心理的成长和成熟。

3. 独立与依赖的矛盾

从中学进入大学，生理逐渐成熟，反映在心理上，则增强了独立的倾向。他们渴望独立、渴望自由，言行上渴望摆脱家长、老师的管束。他们远离父母和亲人，生活中很多事情需要自己去处理，这使他们的独立意识迅速增强，独立能力发展很快。但是，大学生还处于学习阶段，他们与社会接触很少，社会阅历不够丰富，社会经验欠缺，还不能真正依靠自己的力量来独立解决生活中遇到的一些问题，不能恰当地处理社会交往中的各种关系。而且他们在学业、择业等方面也离不开学校和家长的支持和安排，经济上的不独立，难以摆脱对家庭、老师的依赖，也就不可避免地造成独立与依赖的矛盾。

4. 自尊与自卑的矛盾

经过激烈的竞争进入大学校园的大学生是青年中的佼佼者，受到社会的称赞、父母的宠爱、同龄人的羡慕，容易产生一种优越感和自豪感，表现出强烈的自尊心。然而，大学里人才济济，高手如林，许多高中时期的尖子生，其优势不再明显，失去了往日的荣耀，易产生心理失衡。有的同学因此就怀疑自己，否定自己，产生自卑感、挫折感和焦虑感，具体表现为自我评价过低、丧失信心、悲观失望、不求进取，甚至退学和轻生等。

5. 竞争与求稳的矛盾

当代大学生平等竞争意识较强，渴望在平等的条件下参与竞争，以便充分地发挥自己的才能，实现自己的奋斗目标。对于那些投机取巧、靠侵害别人利益获取好处的行为深恶痛绝。但在实际竞争中，有些大学生又害怕风险，抱怨竞争的残酷性，表现出求稳心态。竞争与求稳的冲突在评奖、评优、学业及择业时表现得尤为突出，是选择破釜沉舟的攻还是选择安于现状的守，易产生较多的内心冲突，表现出面临机会时的选择困难，树立高或低目标时的患得患失。

6. 性生物性和性社会性的矛盾

青春期的大学生性生理已成熟，有了性的欲望和冲动。一般大学生通过学习、工作、文体活动和社交活动等途径，可以使之得到某种程度的转移和升华。但也有一部分同学由于缺乏性知识科普的渠道，对与性相关的常识和与性有关的问题缺乏了解，而存在一些错误观念，从而产生对性问题的偏见，性冲动得不到正常的转移，久而久之造成性冲动与性压抑的尖锐冲突，从而背负上不同程度的心理负担。

（六）大学生心理发展的阶段性

虽然生活、学习、情感、就业等问题贯穿大学生发展的全过程，但各个年龄段的大学生心理发展所表现出的心理问题各有侧重，以下以本科生为例具体阐述。

1. 生活适应期

大学新生以"胜利者"的姿态进入大学后，突出的问题主要是如何适应大学生活、如何建立起新的人际关系。许多新生感到手足无措，一些心理承受力较差的学生则容易产生焦虑、恐惧等心理。另外，人际交往能力欠缺带来的孤独和寂寞，也是这个时期的突出问题。

2. 学习焦虑期

在适应大学生活后，与学习相关的心理问题随之凸显。一是学习任务繁重带来的紧张与焦虑。大二进入大学学习任务繁重的时期，再加之各种资格考试、证书考试的开始，不少大二学生出现着急躁、忧虑、厌烦、易怒等心理问题。二是学习成绩的不理想、考试不及格等带来的失落与自卑。一些学生因学习成绩低而无缘优秀学生、奖学金，担心补考门数太多而没有学位，或因考试作弊受到处分等，由此产生懊恼、不安、挫败、自卑等情绪。这个时期一般是在大学二年级至三年级。

3. 就业准备期

大四学生因求职就业带来的心理压力最为普遍、突出。面对严峻的就业形势和沉重的就业压力，许多大四学生感到焦虑、烦躁、忧虑、失落。特别是在一些冷门专业或学习成绩不佳的毕业生以及部分女生中，这些情绪表现得更为突出。处于焦虑状态的大学毕业生往往心神不定、意志消沉，严重的甚至影响到正常的学习和生活。一些学生因就业期望值过高而造成心理失衡,即使找到工作后,也常担心所选择的单位是否是最理想的、人生蓝图能否实现、能否受到用人单位的青睐、工作环境是否优越、工作单位是否适合自己发展等,为此出现忧心忡忡、瞻前顾后、后悔沮丧等心理现象。

二、大学生的心理发展任务与心理健康

青年期是由儿童向成人的过渡期、转变期。进入大学后,大学生需要全面提高自身素质,完成相应的心理发展任务,否则,将不能顺利进入成人发展阶段或会影响成人阶段的发展任务。从心理健康的角度看,顺利完成发展任务,有助于大学生获得积极向上的心态,并为后一阶段心理健康发展任务的完成奠定良好的基础,对前一阶段完成的发展任务产生积极的巩固或修复作用。反之则会带来挫折感和失落感,甚至阻碍心理的发展。

(一)戚加宁的发展任务观

美国心理学家戚加宁(Chickering)提出了大学生的7个发展任务。

1. 发展能力

在大学期间,大学生可以通过发展多方面的能力,使自己更有信心,包括智力、体力、社交能力等。

2. 管理情绪

大学生们每天面对许多挑战,有一些来自学习,如选修课、考试、写论文,还有一些来自人际关系、家庭、生活等方面,从而产生种种不同的情绪。大学生要充分了解自己、认识自己的情绪,并以恰当的方式来处理情绪。这些对整个人生都有着深远的意义。

3. 由自主迈向相互帮助

作为大学生,学习独立和自己承担责任是十分重要的。在学习独立的同时也要学习如何相互帮助,如何相互包容、友善待人,因为每个人的行为都会影响自己和他人,在有些情况下个人需要作出牺牲和让步以达成共识。

4. 发展成熟的人际关系

与别人建立关系对大学生的生活有很大的影响,建立成熟的人际关系十分重要。既要容忍和欣赏别人与自己的不同,又要有能力与别人发展亲密关系。维持这样一种亲切融洽的关系需要自我认识、自发性、自信心、支持及沟通等。

5. 确立自己的角色地位

确立自己的角色地位对于大学生来说十分重要,它会影响自尊心、自信心的建立,同时也影响他人对自己的满意及接纳程度,还会影响对自己的评价。

6. 发展目的

发展目的包括不断增强能力、作出计划、定出方向和目标。具体来说,一是职业

上的计划及期望,二是个人兴趣,三是对人际关系及家庭的责任。人生目标的制定往往与大学生自己的价值观与信念有关。

7. 发展整合

发展整合包括行为与价值一致、顾及别人的利益、尊重别人的意见,同时能够肯定自己的价值观及信念。

(二)哈维格斯特的发展任务观

美国心理学家哈维格斯特(Havighurst)认为,发展任务是个人在人生各阶段必须获得的机能、知识、技能、态度等,这既是个体的要求,也是社会的要求。他指出,人为了度过幸福的人生,在各个时期有该时期必须做的事情,如果能完成该时期的任务,便是幸福的,并且也易于完成以后的任务。如果没有完成,个人就会感到不幸,完成后面的任务也将是困难的。哈维格斯就青年期的发展任务进行了系统的论述,共列举了10项青年期的发展任务。

(1)学习与同龄男女之间新的熟练的交际方式。
(2)学习作为男性或女性的社会任务及角色,发展独立性。
(3)认识自己的身体构造。
(4)从精神上独立于父母及其他成人。
(5)具有在经济上独立的自信。
(6)选择职业及为其做准备。
(7)为结婚及家庭生活做准备。
(8)发展作为社会成员所必须具备的知识和态度,发展人生观。
(9)追求并完成负有社会性责任的行动。
(10)学习作为行动指针的价值观和伦理体系。

(三)中国心理学家林崇德的青年期发展任务观

中国心理学家林崇德列举了10项青年期的发展任务。
(1)对身体的发育,特别是对性成熟引起的诸多变化的理解和适应。
(2)从精神上和经济上脱离父母并走向独立。
(3)逐渐完善作为男性或女性的性别角色。
(4)对新的人际关系,特别是异性关系的适应。
(5)正确认识自己在社会中的角色,通过各种社会活动完善自己。
(6)树立作为社会一员所必须具备的人生观和价值观。
(7)掌握作为社会一员所必须具备的知识和技能并付诸社会实践。
(8)选择职业及工作适应。

（9）恋爱、结婚及婚姻适应。

（10）成就感的获得与自我实现。

（三）小结

上述学者提出的青年期心理发展任务，其实也是处于青年期的大学生的心理健康发展任务。整合各方的观点，从大学生的心理特点来看，大学生心理发展的任务可以概括如下。

（1）澄清自己的角色形象，确立内在的生活目标，在更高层次上实现自我意识的整合。

（2）发展良好的人际交往能力，学习与异性和同性建立亲密关系。

（3）从心理上获得真正的独立，做好未来人生的规划。

（4）发展社会所要求的专业技能、适宜的行为模式和积极的价值观念，完成社会化任务。

三、大学生常见的心理问题

心理问题是指各种心理及行为异常情形，通常把心理问题根据其严重程度分为心理困扰、心理障碍和精神疾病 3 种。心理困扰主要是指各种适应问题、应激问题、人际关系问题等；心理障碍主要是指神经症、人格异常和性心理障碍等轻度失调；精神疾病是指人脑机能活动失调，丧失自知力，不能应付正常生活，不能与现实保持恰当接触的严重的心理障碍。

一般而言，大学生常见的心理问题主要表现在以下 7 个方面。

1. 环境适应不良

这类问题主要发生在新生群体中。从中学到大学，生活条件、学生内容及其方式、人际交往等都发生了相应的变化，几乎所有的学生都存在一定程度的不适应。环境适应是大学生入学后遇到的第一个问题，适应不良将影响到整个大学时期的学习和生活。

2. 人际交往方面的困扰

良好的人际关系状况是影响大学生心理发展、个性完善的重要因素，也是个体自身发展的必要条件。大学生渴望与人交往，建立良好的人际关系，但由于部分同学缺乏社会交往经验，社会阅历简单，个性发展不完善等原因，使得他们在人际交往中存在许多困惑，影响了他们的生活、学习及身心的健康成长。

3. 学习方面的困扰

学习是大学生的主要任务和主要活动方式，然而大部分学生在学习方面都会遇到不同程度的困难，表现在心理方面的主要有学习缺乏动力、考试焦虑、学习疲劳、学习动机过强及注意力不集中等问题。

4. 恋爱和性方面的困扰

由于大学生性心理和性生理的不同步发展，加之对他们缺乏系统的性知识教育，在大学生中常有以下的心理问题：性价值观模糊、对性意识和性冲动的存在感到不安、性行为失当、对自慰行为的自责等。而恋爱对大学生来说，也不是一帆风顺的，许多大学生常被失恋、单相思等问题所困扰。

5. 在择业方面的困扰

求职择业是大学生必经之路，也是他们人生道路上的一次重要选择。职业在现代社会已不再是简单的个人生存手段，而是一个人寻求自我发展、自我实现的现实途径。同时，择业也是对大学生综合素质特别是心理素质的一次考验。我国目前实行的“自主择业”“双向选择”的大学生就业政策，给大学生带来了前所未有的展现自我的机会，同时也给他们带来了巨大的心理压力。面对竞争激烈的就业形势，相当一部分大学生出现一些诸如焦虑、从众、自卑等不良心理。

6. 与网络相关的心理问题

随着互联网的普及，网络开始与人们的生活息息相关。相关调查表明，在我国，大学生是上网的主力军。网络是一把双刃剑，在给大学生带来巨大的便利的同时，网络中的各种消极因素也导致大学生出现一系列心理问题，诸如畸形网恋、网瘾、网络孤独等。

7. 与经济状况有关的心理问题

大学生中有相当一部分家庭经济状况比较窘迫。这让他们有很大的生存压力，同时也产生很强的自卑感。这种心理状态如果不加以调适，会产生严重的心理问题，严重者有可能会诱发犯罪。

第三节　大学生心理健康教育的体验式学习

体验式学习是人们在以往的体验和知识的基础上，通过自己对事物的经历或观察，在有意识或无意识的内化中获得洞察，即个人通过在活动中的充分参与来获得个人的经验，然后在训练教师的引导下，通过对差异化过程的观察反省，在对话交流中获得新的态度、信念，并将之整合运用在未来的解决方案或策略上，实现一定的目标或愿景。体验式学习的理论为教育和终生学习提供了一个基础。这种教育和学习是建立在社会心理学、哲学和认知心理学的智力传统基础上的。体验式学习模式的目的是建立一个检验和加强教育、工作和个人发展之间的关键联系的架构。它提供了一种描述工作要求和相关教育目的能力的系统，并强调了可以通过体验式学习方式加强课堂与“真实世界”之间的关键联系。可以将工作环境当作学习环境以加强和补充正规教育，也可以通过有意义的工作和事业发展机会来实现个人的发展。

体验式学习的时间顺序一般分为回顾式、同步式和展望式，即关于过去、现在与未来。我们从体验中获得的成果包括：从正在发生的事件中学习；从对过去发生的事件的反思中学习；从对过去发生事件的深入思考中学习；为了更加深入体验，对过去发生的事件从不同角度去重新理解，分析将来可能出现的情况。

一、体验式学习的经典理论

体验式学习理论非常丰富，其中经验金字塔模型和体验式学习圈是两种经典的体验式学习理论。

（一）经验金字塔模型

经验金字塔模型又称“经验锥体”，是美国教育家埃德加·戴尔（Edgar Dale）在《教学中的视听方法》一书中提出的一种描述人类感知经验分类层次的锥形示意图。经验金字塔教学理论将人类获取知识的各种途径和方法概括为一个“经验金字塔”，其中做的经验、观察的经验和思考的经验分别构成了“经验金字塔”的塔基、塔身和塔尖部分。经验金字塔模型理论认为，越靠近上层的观念越抽象，教师讲解越费劲，学生也不容易理解。越接近下层的观念越具体，教师讲解越省劲，学生也比较容易理解。如图 1-1 所示。

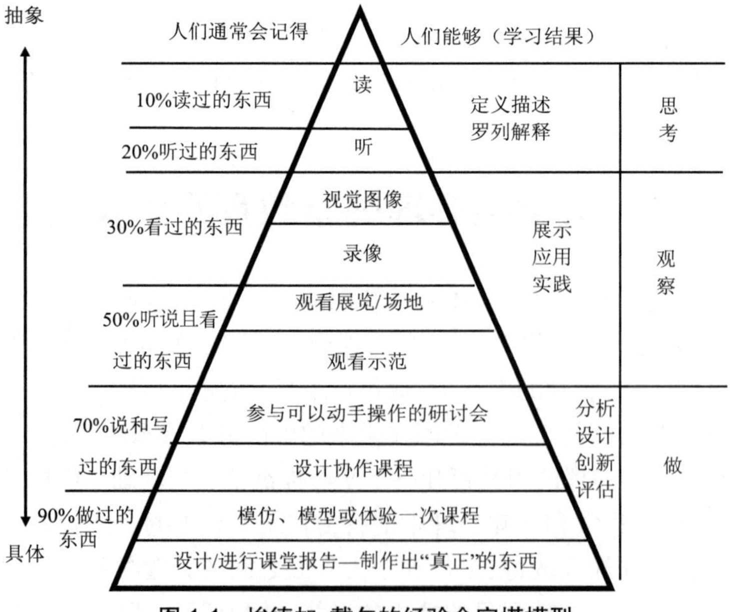

图 1-1 埃德加·戴尔的经验金字塔模型

戴尔认为，学习者如果希望能够有效运用更多的抽象学习活动，就必须先建立许多具体的经验基础，只有在现有的经验基础之上才能对抽象符号的描述赋予现实意义。戴尔按照从具体到抽象的顺序构建了经验金字塔模型，用于描述学习的难易程度，认为应该遵循“具体—图像—抽象”的过程进行学习，并细分为“实物—模型—影片—幻灯片—平面图—图解—文字”。戴尔认为，我们读过的东西能记住 10%，我们听过的东西能记住 20%，我们看过的东西能记住 30%，我们听说且看过的东西能记住 50%，我们说过和写过的东西能记住 70%，而我们做过的东西能记住 90%。

（二）体验式学习圈

1984 年，美国教育家大卫·库珀（David Kolb）提出了一个著名的体验式学习圈理论——四阶段体验式学习圈。他认为学习是“通过体验从而转化为知识的过程”，强调应“从做中学或从体验中学习”。体验式学习圈理论认为学习是一个由体验、反思内省、理论（归纳）和实践（应用）四个阶段组成的循环过程，如图 1-2 所示。

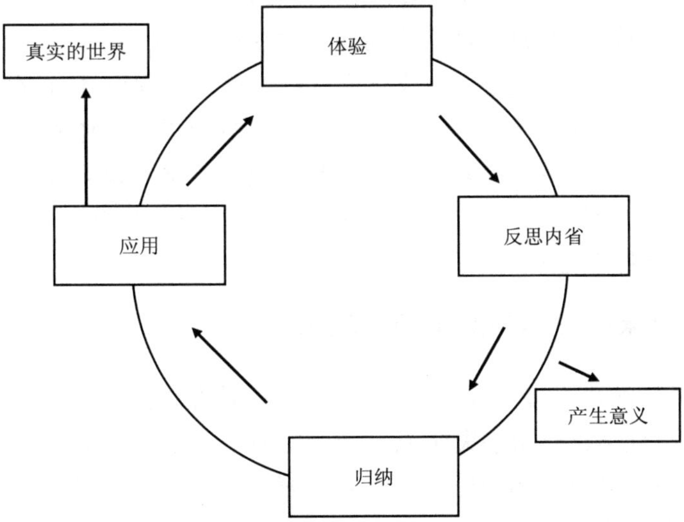

图 1-2　库珀的四阶段体验式学习圈

1. 具体体验阶段

学习者全身心投入到当时当地的实际体验活动中，通过体验活动来提高学习者利用自身的体能以及人际沟通、领导与被领导、与团队分工协作等综合能力，面对挑战和压力获得独特的体验，有逻辑性且有方法地循序渐进地达到活动设定的目标，并学习到有价值的经验。

2. 反思内省阶段

借助过去的活动和经验，学习者与团队讨论达成目标的方法，确认团队的分工细节、活动时间的分配方式、目标达成状况等，以寻求突破规则的限制与创新的想法。由于学习者的价值观、个性特征、活动能力等方面的差异，不同人有不同的反思结果。

3. 归纳总结阶段

本阶段的重点是学习者将反思与自己的经验进行有效连接，形成概念以作为解决问题的最佳方法。即面对新的环境，归纳吸收自己或他人的经验，有助于个人或团队迅速地对新的情境与挑战进行适应及作出反应。

4. 行动应用阶段

本阶段是将体验学习的成效运用于生活的阶段，即个人能够利用参与活动所总结出的成功或失败的经验，把所学习到的知识技能推广应用到工作生活之中。

这 4 个阶段是连续的，且随时有可能发生，也就是任何一个经验的产生不但是连续的，它也会影响未来的某一个经验。每个阶段也并不只有单一的方向，因为环境、学习者之间以及教师或引领者、设施及装备之间不断地互动，并产生连续的交互作用。

经验金字塔模型和体验式学习圈启示我们，学习是由体验开始的。学习方式不同，学习效果会不同，尤其是在从具体到抽象的变化中，我们学习后能够留下深刻记忆的知识是不同的。因此在进行大学生心理健康教育课程设计时，在遵循一般理论课程的设计流程基础上，不仅要创立一些拓展类的项目供学生体验，还需要运用各种道具，综合调动学生的视觉、听觉、嗅觉、味觉、触觉和大脑等，尽可能促使包括大学生的身体、智力、感觉、情绪等整个人的身心行为参与其中，以期让大学生牢记所学内容，获得尽可能好的学习效果。

二、大学生体验式心理健康教育的类型

俗话说：工欲善其事，必先利其器。这个器，就是方法。方法是一门科学的精髓。正如俄国生理心理学家巴甫洛夫所说："科学随着方法学上获得的成就而不断跃进。方法学每前进一步，我们便仿佛上升了一级阶梯，于是，我们就展开更广阔的眼界，看见从未见过的事物。"

大学生体验式心理健康教育的形式丰富，内容广泛，尤其是体验式学习针对人的生理和心理特点，在教育过程中将文字、图像、色彩、声音等多种手段并用，并融入案例研究法、情景模拟法、角色扮演法、敏感性训练法等一系列现代化的教学方法。因此，大学生体验式教育的形式根据不同的分类标准，从不同的角度出发可以划分为丰富多样的不同类型。当然，各种类型的体验式教育形式并不能全然分开。为了达到预期的教育目标，促使教育效果最大化，在实际运用中往往多种形式并存。

1. 按照学习场地分类

按照学习场地分为室内理论 / 体验学习和户外体验学习两类。

1）室内理论/体验学习

室内理论/体验学习是指在封闭的室内开展的教学活动，通过参与理论学习或模拟的场景，达到提高大学生的自我认知水平和心理素养的目的。

2）户外体验学习

户外体验学习是指在户外自然环境或者人为设置的户外场景中，通过参与身体的或精神的活动，来达到发展领导力、团队建设和提高心理素养的目的。

2. 按照教学类型分类

按照教学类型可分为理论讲授类、讨论交流类、情景模拟类、社会实践类及拓展活动类。

1）理论讲授类

通过在室内以线上和线下课堂教学、讲座学习的方式对某一知识点或体系进行系统的认知学习。

2）讨论交流类

通过参加理论讲授学习或体验活动，让大学生自然进入学习环节，深入理解学习内容，分享学习成果，达到共同成长的目的。这种类型的教育活动包括读书交流、参观考察和观看视频等形式。

3）情景模拟类

通过一定的场景，要求大学生扮演一个设定的角色以及执行相应的活动，且对其活动行为表现进行评定和反馈，以此来帮助其发展和提高的一种有效的教育活动，如心理情景剧、沙盘模拟、微电影等。

4）社会实践类

通过大学生亲自参加实践活动，在各类社会实践中体验，并以语言或文字的形式分享交流，实现心理的成熟和行为的变化，如进行心理社会调研、校外社会实践活动等。

5）拓展活动类

通过在真实或模拟环境中的游戏类、挑战类、竞赛类的活动，获得亲身体验和感受，并通过与团队成员之间的交流实现共享，然后反思、总结、升华自己的思想认识，并强化以后的工作生活中的态度和行为。

三、本书的结构关系

个人为寻找提高自身心理健康水平和提升幸福感的方法，总是会不断尝试各种活动，从而达到自己的目标。心理学大师弗洛伊德曾说过一句话：“精神健康的人，总是努力地工作及爱人”。这句话里包含着5个重要的人生幸福的要素，它们是：知道自己要什么、目标会被不断地实现、工作给自己带来不断的满足感、有亲密关系及和谐的人际关系、持续的愉悦情绪。除此以外，一方面，在社会日新月异的时代，个体所处的环境不断变化，人们会面临巨大的叠加压力，个体要保持良好的生活状态和生存体验，需要较好地对情绪进行调节，使自己更好地适应环境。同时，多元文化伴随着价值观的多元和冲突，如何更加健康、和谐和可持续地发展，如何让自己更有意义地度过一生，必须明确人类生命的意义，人类发展的终极意义是让人类更幸福、让世界更美好。所以本书从逻辑上构建了 7 要素的心理健康教育体系。因此，大学生心理健康教育的内容可分为 7 个部分：自我意识（Self-consciousness）、人际关系（Interpersonal relationship）、情绪管理（Emotion management）、恋爱心理（Psychology of love）、职业生涯规划（Career planning）、生命教育与心理危机应对（Life education and psychological crisis coping）、逆境与成长（Adversity and growth）。

自我意识的目标在于帮助大学生增强对自己感知、思维和意向的洞察和理解，通过认识自我，对自己的想法、期望、行为及人格特征进行判断与评估，并有意识地调节自我状态，从而促进人格的完善。

人际关系的目标在于从大学生成长的历程来理解良好的人际关系对身心健康、生活幸福的意义，从非言语能力、言语能力、关系能力方面来探索人际关系技能水平提升的方法。帮助大学生掌握良好的人际互动技巧，从而调节自己的行为，获得良好的社会文化规范和社会角色，从而提高其综合素质。

情绪管理的目标在于通过对自身情绪和他人情绪的认识、协调、引导、互动和控制，认识情绪的积极意义，帮助大学生从功能性角度理解情绪，充分挖掘和培植个体和群体的情绪智商、培养驾驭情绪的能力，掌握调适情绪的方法，调节自身情绪，确保个体和群体保持良好的情绪状态，并由此产生良好的管理效果。

恋爱心理的目标在于通过以恋爱的角度来了解获得及稳固恋情的一般心理规律，理解成熟爱情的三要素，帮助大学生用心理学视角来理解爱情中的有关现象，对自己的亲密关系模式进行觉察，树立大学生“爱有自我才能双赢“理念，为大学生在未来建立亲密关系及家庭生活中形成良好的互动模式提供帮助。

职业生涯规划的目标在于帮助大学生理解职业生涯规划对大学生成长的意义，学习职业生涯规划的各种主客观条件的测定、分析、总结方法，通过对兴趣、能力、特点进行综合分析与权衡，结合时代特点与需要，确定职业奋斗目标，制订计划，帮助大学生掌握求职过程中有效的心理调适技巧。

生命教育与心理危机应对的目标在于使大学生学会尊重生命、珍爱生命、理解生命的意义，启发大学生积极创造生命的价值。

逆境与成长的目标在于让大学生理解逆境和创伤对人的成长所具有的破坏性和建设性的意义，通过学习帮助大学生通过问题应对、接纳、意义构建和运用关系来在逆境中成长，从而帮助大学生更好地应对未来。

上述 7 方面内容的关系可以用图 1-3 来表示。

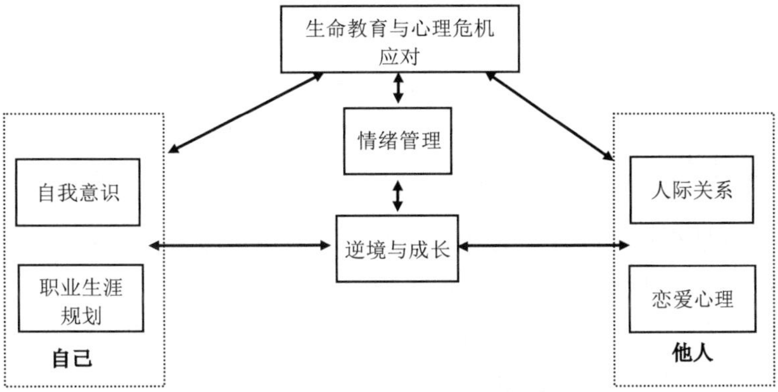

图 1-3 大学生心理健康教育体系模式图

图中的箭头都是双向的,因为 7 个要素之间是相互影响的。生命是人类或其他物种之所以存在的属性,也是人类体会到幸福的物质载体,生命教育指向人的终极关怀,生命权是人权中最核心的权力,在所有的心理健康教育中要明确个体与环境互动的所有元素,都是丰富生命的意义和价值的教育。在一定程度上也可以说,生命教育是心理健康的本质。而实现生命教育,必须在个体自身与环境的互动中依靠各方面的要素和资源的相互作用,有效地进行职业生涯规划和设计。比如个人的自我认知、职业生涯规划、与环境互动的人际关系和亲密关系等,就是人—环境匹配的函数组合。逆境是在这些互动中不可避免的经历,人在逆境中和逆境后要利用自身和人际资源体验生命的意义,实现自我的成长。情绪管理在各要素中起调节作用,使得个人的心理健康的功能得以实现,提高个体对生命的理解,对生命的感悟。

【本章小结】

本章以《礼记·大学》为开篇,将大学生的自我修为与心灵成长结合起来,全面介绍了大学生心理发展特点、心理发展任务及常见的心理问题,以自我认知、人际关系、情绪管理、恋爱心理、职业生涯规划、生命教育与心理危机应对、逆境与成长的 7 大专题,来促进大学生心理健康知识的普及、心理保健和自我潜能的开发,通过提升与自身、与他人、与环境关系的融合度,促进大学生成长成才。最后,通过对体验式教育效能的介绍,明确了体验式教育在心理健康知识科普、信念态度塑造及成长行动三方面的独特价值。

【课后思考与实践】

1. 通过学习大学生的发展任务观，理解大学阶段常见的心理问题及应对策略。
2. 理解体验式教育的特点和在校园内开展体验式心理健康教育的常规方式。

【参考文献】

[1] 车文博. 心理咨询大百科全书. 杭州：浙江科学技术出版社，2001.

[2] 陈会昌. 竞争—社会—心理—文化透视. 北京：北京师范大学出版社，2000.

[3] 陈淑萍，张宏. 大学生心理素质教育教程. 济南：山东人民出版社，2016.

[4] 段鑫星，赵玲. 大学生心理健康教育. 第 3 版. 北京：科学出版社，2016.

[5] 樊富珉. 大学生心理健康与发展. 北京：清华大学出版社，1997.

[6] 樊富珉，费俊峰. 青年心理健康教育十五讲. 北京：北京大学出版社，2006.

[7] 胡义秋，王冰蕊，黎志华. “90”后大学生心理健康、主观幸福感和个性的相关研究. 大学教育科学，2015(2)：121-124.

[8] 林崇德. 发展心理学. 北京：人民教育出版社，1995.

[9] 林崇德. 心理和谐：心理健康教育的指导思想. 西南大学学报：社会科学版，2012(3)：5-11.

[10] 孔燕. 大学生心理健康概论. 北京：北京工业大学出版社，2001.

[11] 王登峰，张伯源. 大学生心理卫生与咨询. 北京：北京大学出版社，1992.

[12] 赵立莹. 大学生心理健康及安全教育. 北京：科学出版社，2017.

[13] WHO. 常见问题：健康的定义. [2018-12-20]. https://www.who.int/zh/about/who-we-are/frequently-asked-questions.

第二章　自我意识

【学习目标】

1. 认识自我意识的重要性及其构成。
2. 了解自我认识、自我体验和自我调节对个体心理和行为的影响。
3. 掌握自我接纳和自我完善的有效方法。

【引言】

2016 年 3 月 9 日可能会成为写入人类史册的一天。一场世界上最会下围棋的人与人工智能的超级对弈,在全世界的关注下拉开帷幕。一向拥有“力战型”棋风,善于“稳、准、狠”并经常在劣势下完成逆转的李世石,却摸不透 AlphaGo(阿尔法狗)的弱点。经过 5 日激战,他不敌人工智能,以总比分 1 比 4 落败。

与 20 世纪 90 年代著名的超级电脑“深蓝”挑战国际象棋世界冠军加里·卡斯帕罗夫,并最终获胜所引发的关于人机智慧的讨论相似,AlphaGo 的获胜使得人工智能与人类关系的议题再次成为焦点,“计算机比人聪明吗?”“机器人会不会抢了人类的饭碗?”“人工智能是否将统治人类?”在此起彼伏的争论声中,《终结者》中所预言的“天网”统治下的世界仿佛也多了几分真实性,不再是虚拟世界中的科幻奇想。

科技进步使人工智能的学习能力和解决问题能力都大幅提升,在某些方面达到甚至超越人类的程度,也有人预测一些流程化的工作岗位可能逐渐被人工智能所取代。但是,对人工智能反抗甚至统治人类的担心目前看来还没有必要,这是因为人工智能还并不具备人类的一项基本功能:自我意识。

不仅人工智能没有自我意识,除人类外,其他动物也没有自我意识。虽然一些研究发现猩猩和黑猩猩也能从镜子中认出自己,这表明它们具有了初步的自我意识,但这与人类自我意识的复杂程度仍然相去甚远。在已知的所有生物当中,只有人类经过漫长的进化,随着语言和思维在社会交往中的发展,逐渐发展出自我意识,能够区分我和非我,并且发展出丰富的自我内容。

自我意识是个人对于自身内心世界的有意识的反映,包括自己的感知、思考和体验、愿望和动机以及客观事物与自身的利害关系。可以说,自我意识是人类的一项“高级”功能,人类的自我意识使我们能意识到自己的存在,将自己与自然界其他事物区分开来。然而，自我意识的存在也给人类带来了烦恼。清晰准确地认识自己、获得良好的自我体验、有效地管控自己的行为，都不是容易的事。如果你对上述问题感兴趣，希望本章内容能帮助你。

第一节 “自我”及其构成

当我们在使用“我”这个词指代自己时会发现，在不同的情况下，“我”代表的含义是不一样的。曾子说：“吾日三省吾身。”这句话里涉及两个“我”，前一个“我”是动作的发出者，主动地进行观察和分析，而后一个“我”则是观察和分析的对象，是客体。这非常像我们在照镜子时看到自己的影像，“我看到我自己”——我是看的主体，也是看的客体。

心理学家威廉·詹姆斯最先认识到这种二元性。他建议使用“主我”和“宾我”来区分这两种不同的自我。主我指代自我中积极知觉、思考的部分，宾我指代自我中被注意、思考或知觉的客体部分。主我是对自身存在的意识，即对自己的感觉、知觉、思维、情绪等心理过程的主观意识；宾我是我们对自身状况的看法、体验和调控。

为了帮助大家更好地理解自我意识，下面将分别从主我和宾我两个方面进行阐述。主我主要涉及自我认同及其发展。宾我的结构比较复杂，我们将首先解析宾我的内容结构，然后讨论如何从自我认识、自我体验和自我控制 3 个方面了解和完善自我。

一、自我认同及其发展

主我和宾我的分化在青春期最为明显，主我会不断审视和评价宾我，促使自己不断努力，追求自我完善。在这一时期，我们会开始追问“我是谁”“我会成为什么样的人”这类问题，试图将自己定义为独立、独特的个体，并以此为坐标，选择人生方向，进行职业、人际关系、性别取向以及道德观念等方面的选择。心理学家将这一过程称为“自我认同”。形成了良好自我认同的个体对自己的过去、现在、将来会产生内在的连续感，他们知道自己想做什么以及为什么这样做，能为自己的行为负责，与周围环境之间也能协调一致。如果不能形成稳定的自我认同，个体就会产生角色混乱或认同危机。他们不能正确定位自己的角色，或者在选择生活角色上缺乏一致性和连贯性。这样的个体不能清楚地意识到自己是谁、有哪些独特之处、归属于哪个团体、过去怎样、今后朝哪个方向发展，因此感到痛苦、焦虑、空虚和孤独。

青春期是自我认同形成的一个关键时期。青春期的到来使青少年的身体特征、心理特征和社会角色都迅速变化。为了寻求自我认同，一方面他们需要重新审视童年期形成的自我，将其与新的特点、能力和志向相整合，以便形成一个自我认同的稳定“内核”；另一方面，从外在探索各种自我认同的可能性，想象和尝试新的生活方式，从而为自我认同寻求现实的出路和实现方式。这个过程并不轻松，甚至是艰难并且痛苦的。直到青春晚期或成年期，稳定成熟的自我认同才会逐渐形成。对于从青春期向成年期过渡的大学生而言，建立自我认同的任务尤为重要。虽然每个年轻人的目标都是产生稳定、满意的自我认同，但并非每个人都能幸运地如愿以偿。下面的4个案例展示了自我认同的4种可能出现的情况。

案例A:做我喜欢的，喜欢我做的

A同学本科考入了最热门的金融专业，就业前景好，薪资期待高，家人朋友很为她高兴。但经过几年的学习，A同学渐渐发现她对金融专业兴趣并不大，相反，她对语言和文学特别着迷。她在课余时间旁听文学院的课程，参加文学社团活动，结识了很多志同道合的朋友，在新的团体中获得了更多的归属感。在朋友的鼓励下，她的原创小说在文学网站上连载，她发现自己对写作似乎有源源不断的动力。跨专业考研是一个需要勇气的选择，经历了一番思想斗争以后，A同学决定为了自己的梦想努力尝试。她争取到了父母的认可和支持，最终如愿以偿地考入了文学专业。

案例B:是我想要的太多，还是不清楚自己想要什么

进入大学3年来，B同学在班里的存在感很强，社团和班里的各种活动都能见到他的身影。除此以外，他还喜欢尝试各种各样的活动：打工、家教、企业实习、科研项目……每一天的日程都安排得满满当当的。很多同学羡慕他精力充沛、兴趣广泛，但他有时却非常羡慕那些能静下心来踏实做一件事情的人。当他偶尔闲下来的时候，一个问题总是会冒出来：做了这么多，什么才是我真正想要的？人生的道路很多，哪条才是我想要坚定走下去的路？大三以后，看到同学们都在为未来做规划，B同学感到了前所未有的焦虑。

案例C:我要做什么，别人说了算

C同学一贯给人“乖乖女”的印象。她的父母都是医生，她从小就被灌输“长大做医生”的职业理想，从来没有想象过自己除此以外还能做什么。上大学之前，C同学的经历可谓一帆风顺。高中毕业以优异的成绩考入医学院，之后在专业课上的表现也一直很好。但加入科研团队之后，C同学渐渐感到自己的独立思考和解决问题的能力似乎不如别人，她更喜欢按部就班地做一些被分配的任务，而一些困难棘手的问题常常让她不知所措。另外，她发现自己处理不好生活、学习和科研的关系，课题组的一个紧急任务时常使她焦头烂额，原本的生活节奏完全被打乱。有好心的学长劝她要有自己的想法、做好安排和规划，但C同学觉得做到这点真的很难。

案例D:我从没认真思考过何去何从

D同学刚上大学时,他的成绩在班里还算不错。开学后几个月,他发现大学里没有老师和父母严密的“监控”,这为他一直梦想的潇洒生活提供了机会。在这之后,D同学是否在课堂上露面完全取决于老师是否点名。他把大量的时间花在电脑游戏上,对专业知识和人际交往都不感兴趣。对D同学而言,学习的意义仅限于不挂科,因此,他只花最少的精力在考试之前突击复习,考试之后学过的知识就会很快忘掉。四年时间很快过去,在毕业找工作时,D同学才发现自己对于本专业仍然像一个门外汉,除了一张不挂科的成绩单,自己的简历上没有任何值得一提的经历。他从来没有思考过想做什么,也从来没有试过能做什么。想到今后走上社会要面临的挑战,他感到一阵阵心虚和迷茫。

上述4个简短的案例,呈现了自我认同的4种不同情况。心理学研究表明,自我认同的状态与心理健康和个人发展有着密切的关联性。

案例A的情况属于“自我认同获得”,这是最为理想的状况。这样的个体经过了思考和探索的过程,形成了明确的价值观,并作出了最适合自己个性的选择,能够将目标付诸行动。获得自我认同能够带来一系列积极的影响,这样的个体具有更高的自尊,认知上更具有灵活性,对自己的生活有较好的掌控感,也更容易实现目标。与没能获得稳定、成熟自我意识的个体相比,已经获得自我认同感的个体更容易与他人发展出亲密关系。

案例B的情况属于“自我认同延迟”。这样的个体也经历了积极探索自我认同的过程,但还没有解决自己是谁、自己的信念和价值是什么这类问题。他们仍然在探索和积累知识,参加各种活动,希望找到引导其生活的价值观和目标,尚未决定要付诸行动。这一群体依然处在自我认同形成的过程中,但进入了一个停滞期。这类个体更容易感到焦虑和紧张,他们往往与父母或其他权威人物有着紧张或矛盾的关系。不过,与案例C和案例D的情况相比,他们还是具有更好的适应性的。

案例C的情况属于“自我认同早闭”。这样的个体依然保留着童年时期的价值观和信仰,不会在青春期探索自我认同的其他可能性。自我认同早闭的个体尊重权威,他们自我认同的对象往往是权威人物替他们选择的;而他们未经深思熟虑,就将来自重要他人的价值观和期待内化。他们的自我评价大多建立在别人承认的基础上,因此害怕遭到他人的否定和拒绝,容易附和权威的意见。他们与父母的关系常常比较密切,而很少和同伴建立亲密的关系。他们常常表现得教条和僵化,难以对紧张、复杂的任务作出灵活恰当的反应。

案例D的情况属于“自我认同混乱”。与自我认同早闭相反,自我认同混乱的个体从来没有形成强烈清晰的认同感,这是自我认同发展中最不成熟的一种类型。自我认同混乱的个体往往既不探索也不关心自我认同的发展和获得，使自己一直处在散漫的、无所依附的状态，表现出长久的、病态的认同危机。他们抱着无所谓的态度，盲目跟随所属群体的行为，难以自主地安排生活和学习。认同混乱的个体的自我评价通常比较低，很难承担自己生活的责任。他们的人际关系常常是表面的、分散的，对事物漠不关心，很容易在学业上遇到困难，或陷入孤独、空虚和抑郁，还有一部分人可能表现得愤世嫉俗，甚至犯罪、吸毒。

自我认同发展的途径是多种多样的，有些人停留在某一个状态，而有些人则经历很多辗转曲折。建立自我认同、防止认同混乱是一个贯穿终生的动态过程。在当下教育时间不断延长、对父母经济支持的依赖也更加长久的现实情况下，许多年轻人在大学时期仍在为自我认同问题而斗争，而自我认同的形成更加普遍地发生在成年早期。有研究者采用问卷法对我国 594 名大学生的调查结果发现，在我国大学生自我认同状态的分布中，处于延迟状态的占 67.5%，其余 3 种认同状态各占 10% 左右，而且大学生在 4 种认同状态的人数分布上不存在年级差异（王树青，张文新，张玲玲，2007）。总体而言，这些大学生多数并没有获得自我认同，大学期间的发展方向似乎并不明确。

至此，如果本书的读者发现自己尚未获得成熟完善的自我认同，也大可不必为此焦虑。自我认同的形成受到多方面因素的影响，也有相应的手段和策略能够促进自我认同的健康发展。

个体早期的发展为自我认同的形成创造了条件，养育的环境和方式是很重要的因素。如果幼年时父母既为孩子创造了亲密感和安全感，同时又给孩子创造了探索的机会，那么儿童就能将家庭作为“安全基地”，同时自由地探索外部世界，这有利于自我认同的形成。学校和教师能为学生提供丰富多彩的探索机会也非常重要。虽然家庭和学校的环境是个体难以改变的，但我们确实可以通过加强人际交往、融入同龄群体来创造有助于自我认同发展的微观环境。亲密的同伴关系有助于建立安全感，也能成为自我认同的示范和榜样。在互动过程中，我们可以对各种选择进行探索，从他人的经验中获得启发。

二、自我的内容结构

自我认同从主我的角度回答了“我是谁”，这个角度的答案涉及我们对自我的定位和目标，让我们形成一致感、稳定感和方向感；而从宾我的角度回答这个问题，则涉及我们眼中的自我所包含的各个具体方面。下面的练习能帮助我们对此形成更加清晰的认识。

小练习:20个"我是谁"

步骤一:写下最能描述你自己的20件事,这些事可以包括你的个性、背景、生理特征、爱好、属于你的东西、你亲近的人等等。你也可以想象你想让某人了解你真实的情况,你会告诉他什么?

1.
2.
3.
4.
5.
6.
7.
8.
9.
10.
11.
12.
13.
14.
15.
16.
17.
18.
19.
20.

步骤二:评估一下对自己的陈述是积极的还是消极的,在步骤一中列出的每句话后面写上加号(+)或减号(-)。加号表示"这句话表达了你对自己肯定、满意的态度",减号的意思则正好相反,表示"这句话表达了你对自己不满意、否定的态度"。

步骤三:请对照你写下句子的内容和评价,思考以下问题。

1. 你写的内容的深度如何?

比如你可以看看在20个句子中表面性的句子(比如"我是在大学一年级读书的人")多,还是反映对自己看法的句子多。对于一个正常的大学生,应该已经到了自我意识有一定深度的年龄，所以除了开头的几句外，应该能比较多出现反映自己性格特点和内心活动的句子。如果20个句子中大多为表层的信息，则你要反思自己自我意识的深入程度为什么不够，是自我认识不够还是不愿意袒露自己的内心世界。

2. 看看你的加号与减号的数量各有多少？

加号与减号的数量对比反映出自我接纳和自我认可的程度。如果你加号的数量大于减号的，说明你的自我接纳状况良好。相反，你的减号将近一半甚至超过一半，这显示你难以很好地接纳自己，这时你需要内省一番，寻找问题的根源，比如是否过低地评价了自己？是什么原因使你成为这样？有没有改善的可能？（不过，如果全是加号，也可能反映出自我认识有所偏差，一般的情况是加减号都有。）

3. 在书写过程中，有没有哪一点是自己犹豫了最终没有落笔的？

这说明在这一方面，你的自我认知是不确定的，不妨自我反思一下，不确定的原因是什么？有哪些你内心的标准没有达到？

4. 20个句子的内容如何？是否有集中的主题？

如果20个句子中有许多句子都涉及同一主题，那集中的主题反映的可能是你当下最关注的自我部分，甚至是你以前自己都未意识到的。

5. 此时此刻，你对自己有哪些新的认识？

让我们对上述答案进行简单的分类，可能会发现其中的一些答案涉及有形的人、物或地点，比如：

"我身体很健康。"

"我是坚定的养猫党。"

"我的家在东北。"

"我有很多朋友。"

从自我内容结构的划分来看，上述回答都属于"物质自我"的范畴，这是自我的第一个部分。物质自我既包括我们的身体以及身体的各个部分，也包括我们生活中的其他人、动物、所有物、地点等，它们构成了我们对自我的感知的一部分，或者在某种程度上延伸和扩展了自我。有时候，一些事物未必具有实际的功用，但如果我们把它们划入了自我的一部分，它们就被赋予了重要的象征意义。这些事物帮助我们定义自己，也向他人展示着我们是谁，比如我们的家乡、穿着的服饰、使用的物品等等。

物质自我受到褒奖、贬低或侵犯时，常常能引发我们强烈的情绪反应。当重要的亲人离世，我们会感到悲痛，就好像我的一部分不存在了一样；当放在宿舍里的物品未经同意被动用时，我们会感到愤怒，觉得自己的一部分受到了侵犯；当朋友夸奖我们的着装有品位，或撰写的论文得到了教师的赞扬，我们会因为自己的这一部分受到了肯定而感到高兴。很多人会花费相当多的精力追求和提升自我的物质部分，比如赚更多的钱、获得更高的学历，这样做不仅是为了获得现实的利益，而且也能扩充和延伸物质自我，让我们对自己的看法更加积极。

自我的第二个部分是“社会自我”，也就是他人对我们的看法和印象以及我们在各种社会关系中的角色、地位、权利、义务等。比如：

“我是个孝顺的儿子。”

“我在朋友中人缘很好。”

“我是个守法的公民。”

“我是社团的骨干成员。”

儿子、朋友、公民、社团成员，这些形形色色的“我”标注了我们在社会关系和群体中的位置，帮助我们确认自己的身份。社会自我既包括我们与其他人的关系和情感联结，也体现了我们在某一群体中的身份认同。虽然自我具有相对的稳定性和一致性，但根据情境和对象的不同，我们会展现自我的不同侧面。在陌生人面前拘谨腼腆的人，和熟悉的朋友在一起时可能相当健谈；在父母和老师面前举止文雅的人，而与同伴在一起时可能粗鲁无礼。

自我的第三个部分是“精神自我”。精神自我是我们的内部自我或心理自我。除去物质自我和社会自我以外，自我的其他部分都可以归为精神自我。它可能被表述为如下一些命题。

“我喜欢古典音乐。”

“我性格外向，善于交谈。”

“我遇事总是能沉着冷静地应对。”

“我常常莫名其妙地感到情绪低落。”

精神自我通常涉及我们感知到的自己的心理品质，它代表了我们对于自己的主观体验。我们所感知到的自己的能力、态度、情绪、兴趣、动机、意见、特质以及愿望都是精神自我的组成部分。

詹姆斯对自我的结构划分能代表我们对自己的真实看法吗？可以试着分析对前文“20 个‘我是谁’”的答案，看每项属于哪一类。一般而言，我们的答案都能归入 3 个类别当中。从自我各部分的发展上来看，我们最初认识到的是物质自我，这从幼儿期就已经开始，然后逐渐认识到社会自我；到了青春期，对心理自我的认识才逐渐得到充分的发展。

对自我的不同部分的划分有什么重要意义呢？审视自己的生活，我们不难发现，一个在现代社会中健康生活的人，通常在物质、社会和精神自我 3 个方面得到比较均衡的发展。我们会重视自己的身体健康、服装外貌，并努力为自身的发展争取更丰富的物质条件；同时，我们也希望与他人建立关系，获得他人的认可和尊重，因此，我们努力营造良好的人际关系并从关系中获得愉悦和满足，在团体和社会中获得归属感，获得适合自己的身份和地位；另外，我们也会注重个人内在世界的充实和完善，努力提升个人能力，丰富自己的兴趣爱好，等等。心理学研究发现，不同层面的自我得到均衡发展的人更能抵抗压力，幸福感更高，心理健康状况也更好。

自我的不同部分对每个人的重要性不同，在不同的文化环境中也具有差异性（参见下文框中：自我意识的文化差异）。但如果完全偏重在其中的一个或两个方面，其他的部分未能得到发展，甚至从来未被重视，就可能使自我的发展出现问题。比如将精力完全投入在追求个人的外表、金钱等物质条件上，忽视自己在关系和群体中的角色和责任，成为“精致的利己主义者”；或是将他人的认可和赞赏放在第一位，缺乏个人的目标和自主性，在他人的要求、社会角色的捆绑下迷失了自我，成为没有主见的“老好人”；或是只注重个人的想法和感受，活在自己的世界里，而对现实世界中的人和事视而不见、漠不关心，成为很难与人合作的“独行侠”。当我们在某方面的发展受到了限制，就可能更多地倚重其他方面来弥补不足，比如用精致的物质条件弥补内心的空虚感，或是沉迷于过度的内省来回避现实世界的困难和冲突。可以结合前文“20个‘我是谁’”练习的结果，看我们自己对自己的认识集中在哪些方面，有哪些方面是我们之前忽略的，这种忽视是否带来了困难和麻烦，以此反思自我发展中的盲点和不足。

自我意识的文化差异

不同自我的层级具有文化差异性。西方国家（如美国、加拿大和西欧国家）非常崇尚个人主义。他们是竞争取向的，强调人的差异性。这种倾向使得他们非常注重个人同一性；相反，东方文化（如日本、中国和印度）更倾向于合作、集体主义和相互依赖。他们的文化并不强调人的差异性，而重视人与人之间的相互联系，因而他们更注重社会同一性。

卡曾斯所做的调查证明了自我重要性的文化差异。此次调查中，美国和日本的大学生填写了一份问卷，在他们认为最能描述自我的5个回答上打钩。研究者再根据这5个反应是属于个人同一性（感知到的特质、能力或气质）、社会同一性（社会角色或人际关系）或其他（如生理特征）来分类。

该调查的结果显示，美国学生有59%的次数列出了个人同一性(如我是诚实的、我是聪明的)，但日本学生只有19%。相反，日本学生有27%的次数列出了社会同一性(如我是学生、我是女儿)，但美国学生只有9%。这些差异证明了人们对于自己的看法存在文化差异。

卡曾斯在该研究中还发现了另一个重要的文化差异。西方人认为自己拥有超越特定情境的心理特质。比如，要求西方人描述自己时，她可能会说“我很有礼貌”。东方人则往往会将自己与特定的人或情境联系起来，要求东方人描述自己时，她可能会说“我在学校很有礼貌”或“我对父亲很有礼貌”。两者之间关键的差别在于，西方人的回答不受情境约束，而东方人的回答则会具体说明关系或情境条件。

引自乔纳森•布朗、玛格丽特•布朗《自我》

自我的发展遵循这样的规律：从外部的、具体的、有明确参照的特征先得到发展，而后发展出内部的、抽象的、参照系统模糊的特征。个体在幼儿时期就已经发展出物质自我，然后才逐渐发展出社会自我，到了青春期，精神自我才得到进一步发展。自我的发展贯穿人的一生，下面我们分别从自我认识、自我体验和自我调节3个方面来了解自我的特点，并寻求提升和完善自我的途径。

第二节　自我认识

一、自我认识的偏差及其影响

你看到的未必是真实的自己

近年来，时尚界以瘦为美之风使一些模特为追求纤细而盲目减肥，导致厌食、营养不良甚至死亡，引起社会广泛关注。2007年9月24日，在米兰时装周举办的同时，一幅以伊莎贝尔•卡罗为主角的拒绝厌食症标题的广告牌在意大利各地林立，同时也在当地各大媒体曝光，触目惊心的广告引发了相当大的争议。27岁的伊莎贝尔•卡罗身高有1.65米，体重却只有31公斤左右。15年前，她就因家庭变故而患上厌食症。卡罗说，尽管知道自己的形象可能引起人们反感，她还是大胆接拍了这组宣传照。她想借此机会让人们，尤其是年轻女性明白“时尚背后隐藏着什么”。她说：“瘦会导致死亡，瘦绝不是美丽。”

引自乐国安《健康心理学》

厌食症患者对自我形象的认识产生了极大的偏差。虽然事实上他们可能已经骨瘦如柴,但在他们仍然认为自己很胖,所以要不断减肥。与之相似,抑郁症患者具有与客观事实不相符的消极的自我认识,认为自己有缺陷、没有能力、毫无价值,受到这种自我认识的影响,他们在行为上习惯于关注生活的消极面,忽视客观存在的积极信息和资源,因而持续地感到悲观、痛苦和绝望。

虽然上述两个例子有些极端,但在实际生活中不难发现类似的情况:我们倾向于记住和接受与自我认识相一致的信息,而忽视或排斥不一致的信息。我们的行为也会受到对自己的看法的影响,如果我认为我是一个懒惰的人,那我就很有可能生活懒散、办事拖拉;如果我想成为一名教授,那我可能从现在开始准备考研,或加强自己科研方面的积累。我们对自己的看法和认识(而不是客观现实)常常会决定我们的行为。如何获得自我认识、怎样维持健康的自我认识,是本节要讨论的内容。

二、自我认识的特点

许多心理学家思考过自我认识与心理健康的关系。一些人的结论是正确认识自我是心理健康的一个标志。比如,准确地认识和评价自己、接受自己和自己的本性、接受自己与理想自我的不符之处。许多心理治疗的方法也持这样的理念,即只有当个体能真实看待自我时才会达到心理健康。

然而,一些研究结果向上述观点提出了挑战。许多心理健康的人并没有客观准确地看待自己。大部分人对自己的看法比真实情况更积极一些。他们认为自己所具有的积极品质比实际上要多,夸大自己的能力,过度积极地看待未来。这些知觉被称为“积极错觉”,它们与真实情况的差距并不是很大,但也不是完全正确的。

积极错觉

有关社会看重的品质和能力(如他们的善良、吸引力和智力),许多(不是大多数)人对于他们自身的判断并不完全准确。他们对自己的评价要比实际更高一些。1976 年进行的一项有 100 万高中生参加的大学委员会调查发现, 70% 的学生认为自己的领导能力处于中上水平, 60% 的学生认为自己的运动能力处于中上水平, 85% 的学生认为自己的交往能力处于中上水平。不仅在年轻人身上发现这种趋势,在成年人身上也发现了同样的结果。在一项调查中,90% 的商务经理认为他们的成绩比其他经理更突出, 86% 的人认为他们自己比同事的道德水平高。另一项研究发现 94% 的大学教授认为他们所做的工作的意义要高于平均水平。大部分人认为自己比其他人更有可能经历各种各样愉快的事件,比如有一个禀赋超人的孩子、有自己的家庭,或者能活过80岁。相反,大部分人认为,其他人比自己更有可能经历各种各样的消极事件,比如遭遇交通事故、成为一桩罪行的受害者或者生病。既然并非每个人的未来都能比其他人的更美好,那么人们表现出的乐观就显得不现实了。

引自乔纳森•布朗、玛格丽特•布朗《自我》

这种有趣的现象让人们以一种新的视角看待心理健康的本质。一些理论家据此提出假设:比实际情况更加积极的自我观念可能是心理健康的重要条件。这些观念对我们的生活具有重要意义,能让人产生更多的幸福感,带来更满意的人际关系,也与职业上的建设性和创造性有关。具有积极错觉的人还更善于应对重大疾病或创伤事件。如果一个人对自我的认识和评价是消极的和负面的,则可能表现出更多不健康的情绪症状,如紧张、失眠、心身疾病。他们特别害怕批评和拒绝,因为这强化了他们对自我的消极看法,因此他们会有意回避社交活动,从而形成恶性循环。

虽然积极错觉能带来许多好处,但这并不意味着越积极越好。对自我价值感的过度夸大是自恋型人格障碍的一个突出特点。自恋者倾向于夸大自己的成就、能力和独特性,总是需要从别人那里获得关注和赞美,对权力、聪明和美貌有强烈的需求和幻想。他们常常将别人当作满足自己目的的工具,期待得到特殊的待遇和关照,而对别人的情绪感受缺乏理解和将心比心的体验,遇到比自己更成功的人就产生强烈的嫉妒。但矛盾的是,在自大的外表下,自恋者往往具有脆弱、不稳定的自我认识和体验,所以任何批评都会引起他们的愤怒或羞耻。在日常生活经验中,过分自恋的人在人际关系中往往会得到他人的负面评价,在亲密关系中遇到困难。因此,只有当积极错觉与真实情况的差距适度时,才是最有益的。

第三节　自我体验

一、自尊的性质和起源

心理学中所说的自尊(self-esteem)不同于日常用语中的“自尊心”。自尊强调个体如何体验和感受自我。最早给自尊下定义的心理学家是詹姆斯,他认为:自尊=成功/抱负水平,自尊是指个体的成就感,取决于个体在实现其所设定的目标过程中的成功或失败的感受,对个体自尊有重要影响的不是个体所获得的实际结果,而是个体对所获得结果的认知,对所获结果的一种主观评价。现在大部分研究者认为,自尊指个体已作出的或通常持有的对自我价值的评价和体验,所表达的是个体对自己的一种肯定或否定的态度,表明个体在多大程度上相信自己是有能力的、重要的、成功的和有价值的。也就是说,自尊是个体自我评价的结果以及由此产生的情绪、情感,是自我意识中具有评价意义的成分,是与需要相联系的、对自我的态度体验。高自尊的人对自己的能力充满自信,对自己感到满意;而低自尊的人认为自己能力不足,低人一等。总体而言,高自尊的人比低自尊的人更加幸福和快乐。因此,自尊水平对个体具有非常重要的意义。

有多种测量方法和工具可以帮助我们了解自己的自尊水平。罗森伯格自尊量表是测量整体自尊最常用的工具。

在解释自尊的性质和起源方面,心理学家的观点可以归入 3 种不同的理论模型中。自尊的认知模型把自尊看成个体的自我价值判断的结果,这涉及个体在各个领域如何评价自己的能力和特质,尤其是在自己认为重要的方面。对于学生而言,较好的学业表现或智力因素可能成为自尊的重要来源;而对一个运动员来说运动才能更为重要。

自尊的社会学模型认为自尊受到社会因素的影响,比如教育程度、收入水平、职业声望和社会地位等。如果我们在这些方面取得了较高的成就,并得到他人的尊重和认可,我们就会拥有较高的自尊水平。

还有一些心理学家采用情感取向来理解自尊的本质,这就是自尊的情感模型。这种取向认为自尊是对自己的一种情感体验,它是一个非理性的、不依靠逻辑的过程。该模型认为个体在生命早期的体验对自尊的形成至关重要。由于婴儿最初并不具备自我意识,它如何体验自己很大程度上取决于养育者如何对待他。如果一个人在早期感觉到自己被养育者无条件地喜爱、接纳和尊重,这能促使他形成这样的感觉:不管我做什么或不做什么,我都是值得被喜爱、被接纳、被尊重的。这样的体验会成为自尊发展的基石。有关自尊的情感模型的更多知识请参见以下框中内容。

自尊的情感模型

自尊的情感模型假设自尊在早期形成,并以两种类型的情感感受为特征。第一种感受(我们称为“归属感”)起源于社会交往经验;另一种感受(我们称为“掌控感”)则更具有个人化的特征。

归属感是指无条件地喜欢或者尊重的感觉,它不需要任何特定的品质和原因,而只取决于这个人是谁。归属感给人的生活提供了安全的基石。它给人这一种感觉,即无论发生了什么事情,他们都会受到尊重。

自尊的第二个重要的方面是掌控感。掌控感是对世界能够施加影响的感觉——但并不一定要在大范围的意义上,而是在日常生活的层面上。掌控感与知觉到的胜任力不同,掌控感的获得并不需要想到我们是有成就的钢琴家或者学校的尖子生;相反,它是我们专心做一件事情或努力去克服困难的过程中获得的感觉。假设一个孩子在用泥巴捏一个东西。挤捏的动作、泥巴在手指间的感觉以及由此产生的高度的愉悦会产生出一种掌控感。这种感觉会提升自尊。但这个感觉不同于认为自己是"捏泥人高手"的感觉。挤捏是过程取向的,它是一种创造和操纵过程中的愉悦;评价是结果取向的,它是对一个人是否擅长做某事的判断。情感模型认为只有前者才与自尊的产生有关。

埃里克·埃里克森的心理发展理论为探讨这些情感的产生提供了理论基础。根据埃里克森的理论,婴儿最初面临的发展任务是建立与抚养者之间的信任感。信任感是在生命的第一年发展起来的,它对应于我们前面讨论到的归属感,而归属感对自尊来说非常重要。埃里克森描述的下一个阶段是"自主对害羞和怀疑"。这个阶段包含了掌控感的获得。通过鼓励孩子探索、创造和修改周围的世界(如搭建、画画、涂色),可以帮助他们形成掌控感。如果父母破坏、嘲笑或者过度批评他们的努力,他们将无法产生掌控感。

引自乔纳森·布朗、玛格丽特·布朗《自我》

二、自尊的作用

上文我们已经简要提到了自尊的作用。总体而言,高自尊的人比低自尊的人更加自信,对自己也更加满意,他们在人际上更加友好,较少贬低他人。下面让我们来结合具体的情境来看看自尊的作用。首先请设想以下两个情境。

你报名参加了学校的英语演讲比赛,并花了一周的时间进行准备和练习,你期待自己可以有好的表现。在比赛当天,你发挥得不错,得到了几位评委的一致肯定,并且被推选作为学校的代表参加全市的比赛。

一年一度的大型社团活动即将到来。作为社团的骨干成员,你需要设计本届的活动方案。你与社团的其他成员认真讨论,并且参考了前几届的活动经验,之后你精心准备了一个活动策划方案,将其交给指导老师。你本以为会得到老师的采纳和认可,没想到老师认为活动的内容与今年的主题不符,因此拒绝了你的方案。

上述两个情境分别描述了成功和失败的不同经历,设想一下,他们会给你带来怎样不同的感受?我们对第一个事件的反应差异通常并不明显。每个人都渴望成功,当我们确实获得了积极的反馈时,都会感到喜悦、满意,这一点无论高自尊还是低自尊的人都会如此。

但对第二件事的反应，不同自尊水平的人反应的差异可能很大。我们都会在失败时感到沮丧、失望，但失败对低自尊的人影响更大，他们会将失败的原因归结到自己身上，为此感到羞耻，认为自己很差甚至一无是处，而高自尊的人则不会这样。当我们没有实现目标，或被别人拒绝、批评或忽视，或得到其他方面的负面反馈时，高低自尊的这种差异都会呈现出来。

低自尊者的自我感觉与他们在某件事上的表现紧密相关：成功时，他们就感觉自己是个成功者，并为之骄傲；一旦失败，他们对自己的感觉就变得很差。而高自尊者不会如此，他们对自己的感觉相对更加稳定，失败固然会让他们难过，但他们不会因此认为自己很差。

为什么不同自尊水平的人会对消极结果产生如此不同的反应呢？对一个高自尊的人而言，在某件事情上的失败只不过代表他在这件事上没有做好或缺乏能力，他不会将这件事情上的表现“泛化”到其他方面，也不会影响他对自己的总体评价。他能够将具体的表现与自己是什么样的人分开，某件事情失败了，并不意味着他是一个失败的人。而对于低自尊的人而言，情况则相反。他们很容易将某件事上的失败泛化到自己其他方面的能力上，乃至影响他们对自己的总体评价，认为自己是一个失败者，并为此感到羞耻和丢脸。

三、提高自尊的建议

提高自尊能帮助我们获得更加稳定、良好的自我体验。在提高自尊方面我们能采取哪些策略呢？在提出有效的建议之前，先来看看我们在这个问题上经常陷入的误区。

一些提高自尊的训练鼓励人们关注自己的优点，以此提高自尊水平。“找到自己的闪光点”“肯定自己的优势”“相信你是最棒的”，想必我们对这些类似的建议并不陌生，这样做似乎也颇有道理。如果我们对自己的能力和特点有积极的评价，是否就意味着有更高的自尊水平？答案是不一定。这样做相当于鼓励我们将自尊建立在具体的能力、表现和成就上：我们只有做得好才可爱，否则就是不可爱的。而上文已经提到，将自尊建立在具体的自我评价上，恰恰是低自尊者的特点。低自尊者在很多方面也可能会积极地评价自己，他们的困难不在于找不到优点，而在于无法接纳自己的缺点，无法与失败的体验共存。

称赞儿童和提高自尊

滥用自尊“助推器”(“你这么聪明!”“你是队里最好的足球运动员!”“你简直是个天才!”)能够增强了儿童的自尊吗?越来越多的研究表明,对儿童天资和智力的称赞并不能帮助他们获得成功,反而会令他们失望。当这些儿童在学校无法得到溢美之词时,他们会备感失落。比起因刻苦用功而受到表扬的儿童,他们更可能逃避没有把握的任务。

卡罗尔·德韦克让两组五年级学生参加了相对简单的智力测验,并对两组学生都进行了表扬,研究者称赞一组学生“智力超群”,而另一组则“非常努力”。在随后的测验中,被赞为“聪明”的孩子在不同难度的任务中选择更为简单的,并把另一非常困难测验中的失败解读为自己并不聪明。最后,他们又进行了和第一次完全一样的智力测验,其成绩却下降了20%。而“努力”的孩子的最后成绩提高了30%。通过赞扬孩子天资聪颖事实上只是“外包”了孩子的自尊。他们得到的表扬越多,就会越小心翼翼,时常琢磨着:“我会得到表扬吗?大家认为这是好的吗?”相比之下,培养儿童能够通过努力发展自身能力的信念才是更好的选择。这要求家长关注孩子的努力和他们应对任务的策略。他们应该对孩子的策略和进步提出表扬,而不是才智。家长们应该表扬社会赞许行为和自我提升行为,而不是才能。表扬要很具体和真诚,不能夸大或随意。退到一边并让孩子依靠自己的能力解决问题能够帮助他们建立起真正的自尊。

引自罗斯•帕克、阿莉森•克拉克－斯图尔特著《社会性发展》

在考虑如何提升自尊时,让我们回顾前文所描述的自尊的形成过程:无论发生什么,自己都会被尊重和接纳的感受,是自尊形成的基石。人本主义心理学家将这个过程称为“无条件的积极关注”,他在自己的心理治疗中这样对待来访者,从而让来访者感到自己是一个值得被爱的、有价值的人。心理治疗提供了一个支持、接纳、理解、包容的环境,重启了个体自尊的发展过程,而类似的情境在其他关系中也可以找到,在生活中,它可以来自亲人、伴侣、朋友或师长。与能够接纳和欣赏我们的人维持良好的关系,有助于提高自尊;除此以外也许更为重要的是,创造一种自我接纳的心理环境。与“我一定要做好”相比,我们应该意识到:“我要努力争取做好,但如果做不好也没关系,我仍然是一个值得被尊重的人”“我可以有缺点,这并不意味着我很差”。当我们在挫折和缺憾中仍然能感受到自我价值和自我尊重,就获得了真正的自尊。

第四节　自我调节

我们可能会遇到一些特别努力的人，他们做事总是竭尽全力，很少会放弃。即使事情进展得不顺利，他们也依然坚持。我们也可能认识完全不同的另一类人，他们在遇到困难时很容易受挫，虽然明知道自己要做的事情很重要，但他们就是迟迟无法动手或者无法完成。为什么有些人在面对困难时会愈挫愈勇，而另一些人却会退缩和放弃？这与我们做事的动机以及自我调节的能力都有关系。本节从这两个角度出发，探讨如何进行更好的自我调控。

一、动机与自我调节

解一道复杂的数学难题，或是读一本难懂的专业著作，对每个人而言都不是件轻松的事。但对于为什么要参与这项困难的活动，不同的人会有不同的原因，而对这个问题的回答会影响活动的心理感受和行为效果。

具有内部动机的个体会出于个人原因而努力，他们或是对活动本身感兴趣，从活动中得到了乐趣；或是因为学到了新东西、锻炼了自己的能力而兴奋。在这种情况下，由于活动本身符合自己的选择和价值观，个体便具有自主性和控制感，因此不需要做自我控制方面的努力。而受到外部动机趋势的个体努力的原因是为了得到外部奖励，包括物质、金钱、荣誉、他人的赞美和肯定等等。这时个体更多是迫于外界的压力而行动，为了达到某种特定的结果而不得不这样做。如果仅仅受到外部动机的驱使去从事某项活动，那么外部奖励一旦撤销，活动也将趋于终止。

心理学研究表明，在学校里，受外部动机驱使的学生成绩往往比受内部动机驱使的学生差，尽管差异并不是很大。外部动机往往也会抑制创造性的发展。

外部动机和内部动机并不是相互对立的，激发学习动机的关键在于将外部动机不断内化，将起初受外部奖励的行为相关准则和价值观念逐渐内化为个体自我的组成部分。有关这一内化过程是如何实现的，自我决定理论提供了可能的解释。

外部动机向内部动机的转化

自我决定理论认为，内部动机和外部动机的内化是一个自然的过程。但是，这一过程需要营养的支持才能发挥最佳的功能，而这个营养的支持就是指 3 种基本心理需要的满足：①自主的需要；②能力的需要；③归属的需要。这 3 种需要的满足为内部动机和外部动机的内化提供了支持。当环境能够让个体体验到自主性（例如，个人意志、发表看法、采取主动等），或者个体在某个活动上的自我决定程度较高时，他体验到的是一种内部归因，感到自己能够主宰自己的行为，自己是自己的主人。此时，他参加活动的内部动机就高。能力的需要是指个体对自己的学习行为或行动能够达到某个水平的信念，相信自己能够胜任该活动。例如，有效力、恰到好处的挑战，能把个人的积极性最大限度地调动起来。归属的需要（与某人相联系或属于某个团体）即个体需要来自周围环境或其他人的关爱、理解和支持，并体验到一种归属感。这时，人们通常会表现出较强的自主动机和更强的环境适应能力。总之，能够满足这3种基本心理需要的社会情境能够促进外部动机的内化，促使个体更长久地坚持某项活动，使个体能够保持积极的心理状态，能够更好地成长，产生更积极的行为结果。而那些阻碍这3种需要满足的环境通常会降低个体的自主动机、工作成绩和幸福感。

引自刘丽虹《动机的自我决定理论及其应用》

二、增强自我控制能力

发展内部动机是自我调节的有效手段，但并不是所有的活动都能与我们的内部动机相一致，这时，自我控制能力就显得尤为重要。

自制力的力量

20世纪60年代，美国斯坦福大学心理学教授沃尔特·米歇尔设计了一个著名的关于“延迟满足”的实验，这个实验是在斯坦福大学校园里的一间幼儿园开始的。实验人员每次带一个孩子到一个房间，向孩子展示一颗棉花糖，然后告诉孩子，自己要离开房间一下。这段时间内，孩子随时可以把面前的棉花糖吃掉，但是，如果孩子等到自己回来后再吃，就可以吃更多棉花糖，通常是两三颗。等实验人员一走，不同孩子之间的差别就显现出来了：有的立即大口吃掉了棉花糖，有的想抵制诱惑但没有坚持住，有的一直坚持了15分钟从而等来了更多棉花糖。成功坚持下来的，往往是那些找事做转移注意力的孩子。这个发现在当时（20世纪60年代）看来足够有趣。

这个实验的最初目的是研究为什么有人可以“延迟满足”而有人却只能投降的心理过程。然而，米歇尔在偶然与同样参加上述实验的三个女儿谈到她们幼儿园伙伴们的近况时，他注意到，未能坚持等到更多棉花糖的小孩好像比其他小孩更容易出问题，不管是在学校里面还是在学校外面。为了看看是否存在什么模式，米歇尔及其同事跟踪调查了几百个参加过棉花糖实验的小孩，给他们的父母、老师发去调查问卷，针对这些孩子的学习成绩、处理问题的能力以及与同学的关系等方面提问。

他们发现，4 岁时意志力最强的小孩，长大后学习成绩较好。坚持了 15 分钟的小孩，长大后的学术能力评估测试成绩比不到半分钟就放弃的小孩高 210 分。意志力强的小孩，长大后更受同伴和老师欢迎、工资更高、体重指数更低（说明更不容易中年发福），更不可能出现吸毒问题。大量的研究得出了相似的结论：自制力是人生成功的一个关键。

引自罗伊•鲍迈斯特，约翰•蒂尔尼《意志力——关于专注、自控与效率的心理学》

人们每天都在进行自我控制，以便使自己的言行符合社会行为规范。一些重要的活动尤其需要自我控制，如作出负责任的选择或慎重的决定、发起或抑制某些行为、制订并执行计划等。自我控制的缺失与很多问题行为相关，如过度拖延、物质依赖、过量饮酒、暴力行为、攻击性言论、非理性消费、不安全的性行为及不健康的饮食习惯等。如果没有自我控制，我们的生活将由一系列冲动、欲望和情绪等的即刻满足构成，长期目标导向的行为和成就将不复存在。相反，合理的自我控制会带来各种积极结果，如优异的学习成绩、出色的工作绩效、和谐的人际关系、健康的身体和心理。

自控力的重要性是毋庸置疑的，很多心理学研究致力于发现提升自控力的方法。研究发现，自我控制既有先天成分又有后天成分，可以通过努力培养和改变。

自控力提升的实验

在一项意志力提升的实验中，研究者让不同被试者做不同练习，然后看他们的意志力是否增强了。研究者让第一组被试者回家后在接下来两周注意身姿。每当想到身姿，他们就要努力站直或者坐直。第二组被试者是用来检验"意志力之所以损耗是因为需要能量进行自我监控"的理念。研究者让这组被试者在接下来的两周记下自己所吃的东西，但不必改变饮食习惯。第三组被试者是用来检验改变心情的效果。研究者让这组被试者在接下来两周努力做到心情好、情绪好。每当发现自己难受了，他们就要努力让自己振作起来。研究者觉得这组最可能成功，于是让这组的样本量是其他两组样本量的两倍，以获得在统计学意义上最可靠的结果。

但是研究者的直觉完全错了。他们最看好的策略最后一点儿效果都没有。练习控制情绪的那组被试者回到实验室再次测评自制力时并没有进步。回头看来，这个失败并不像当时看起来的那样令人惊讶。情绪调节依靠的不是意志力，人们不能仅仅依靠意志力就让自己充满爱、更加快乐或者不再内疚。情绪控制一般依靠的是多种多样的微妙技巧，比如改变对眼前问题的看法。因此，练习情绪控制不会增强意志力。

但是，其他练习确实有帮助，就像实验中注意自己身姿的那组被试者和记录自己每天吃了什么的那组被试者表明的那样。两周后回到实验室，他们的自制力测验得分提高了，而且这一提高显著高于对照组（两周没做任何练习的那组被试者）。最佳结果来自注意身姿的那组。那句烦人的提示——“坐直!”——的效果超出了任何人的想象。通过抑制懒散习惯，学生增强了意志力，在与身姿没有任何关系的任务上表现得更好了。那些最遵从研究者建议的学生进步最明显。

引自罗伊·鲍迈斯特，约翰·蒂尔尼《意志力——关于专注、自控与效率的心理学》

心理学实验表明，想要坚持做某件事，我们不必天生就有超常的自控力；通过恰当的练习，我们的自控能力就会增强。另一个令人兴奋的研究结果是：当我们在某个方面训练自控能力时，其他方面的自控能力也会得到提高。因此，我们可以尝试将一些简单的自控力训练方法应用于日常生活中，以提升总体的自控能力。上文提到的身体姿势练习是一个很好的选择，也可以举一反三地创造适合自己的练习策略。成功的关键是集中精力改变一个习惯行为。如果你既想减轻体重，又希望早睡早起，同时又希望养成每天读英语的习惯，那么最好先集中精力完成一个任务，再转换到下一个；同时改变几种行为需要消耗太多意志力，因此可能都会失败。另外一个建议是：将大目标拆解成具体的小目标；小目标的实现让我们得到及时的奖励，增强了完成任务的自信和愉悦感。比如，“减轻体重”听起来很好，但作为目标，它太过笼统，缺乏一定的评价标准。“在半年内减去 20 斤体重”则是一个更加明确的目标，它可以被进一步拆解成每周和每月的任务。目标的拆分并不是越小越精确越好，过细的计划的缺点是缺乏灵活性，制订起来也太耗时间，要在长期与短期、精确与模糊的目标之间寻求平衡。

【本章小结】

自我意识是人类特有的。自我发展健康的人，既具有稳定、连续的自我统合感，又能在物质、社会和精神自我3个方面得到均衡的发展。维持适度积极的自我认识、培养良好的自我体验、有效地进行自我调节，是提升和完善自我的3条重要路径。

自我的发展是一个终生的过程。本章的内容旨在为读者提供参考和启发，既有勇气接纳真实的自我，也有智慧去创造和实现自我的各种可能性。

【课后思考与实践】

1. 完成文中“20个‘我是谁’”的练习，从物质、社会和精神3个方面认识自我。
2. 根据自身的实际情况，制订一份简单可行的自控力训练计划。

【参考文献】

[1] 乔纳森·布朗，玛格丽特·布朗. 自我. 王伟平，陈浩莺，译. 北京：人民邮电出版社，2015.
[2] 乐国安. 健康心理学. 北京：高等教育出版社，2011.
[3] 罗斯·D. 帕克，阿莉森·克拉克－斯图尔特. 社会性发展. 俞国良，郑璞，译. 北京：中国人民大学出版社，2014.
[4] 俞国良，辛自强. 社会性发展. 北京：中国人民大学出版社，2013.
[5] 戴维·谢弗. 社会性与人格发展. 陈会昌，等，译. 北京：人民邮电出版社，2012.
[6] 凯利·麦格尼格尔. 自控力. 王岑卉，译. 北京：文化发展出版社，2012.
[7] 罗伊·鲍迈斯特，约翰·蒂尔尼. 意志力：关于专注、自控与效率的心理学. 丁丹，译. 北京：中信出版社，2017.
[8] 刘丽虹，张积家. 动机的自我决定理论及其应用. 华南师范大学学报：社会科学版 2010(4)：53-59.

第三章 人际关系与人际交往

【学习目标】

1. 了解人际关系相关理论。
2. 理解人际关系对个人成长的重要意义。
3. 了解人际吸引的因素,学习并提升人际交往的能力

【引言】

呼喊与细语

《呼喊与细语》是瑞典电影大师英格玛·博格曼晚年时期的作品。故事讲述了20世纪初,北欧一座老式乡下庄园里三姐妹的一段生活。美丽的艾格尼斯年纪已近40,但却未曾婚嫁。她身患不治之症,自觉将不久于人世。她的两个姐妹卡琳和玛利亚以及家中的女仆安娜一起看护和照料她。在病痛如影随形,死亡迫近的日子里,艾格尼斯时睡时醒。镜头的一侧充满艾格尼斯的梦幻和回忆,里面是一幕幕自孩提时代起姐妹们生活中饱含情感的瞬间——微笑与爱抚,羡慕与嫉妒;另一侧则是卡琳和玛利亚庸碌的现世人生——金钱与房产,争论与谈判。

死神一步步降临,艾格尼斯感到前所未有的寒冷与孤寂,她大声呼喊着自己的姐妹,却无法得到她们的理解与应答,只有女仆安娜用大提琴低沉地回应。在最后的时刻,安娜将垂死之际的艾格尼斯抱在怀里,如同母亲般轻声细语,抚摸安慰。终于,艾格尼斯如婴孩般沉沉睡去。

葬礼过后,被辞退的安娜得到了艾格尼斯的日记,里面记述了她生命中最后的愿景和回忆——秋日午后,清风徐来,姐妹们和安娜一同坐在庭院的吊床上,在暖融融的阳光下,欢声笑语,彼此偎依。

借垂死的艾格尼斯的眼睛,导演博格曼帮助我们看到:关系和亲密,是人类生命中最重要的事物,甚至是生活意义的全部来源,然而只有死神的脚步声响起,我们才有机会反思和触碰到这一实质。与此同时,只有真实的爱与关怀,才能驱散死亡迫近时孤独的严寒,安娜正代表了爱的救赎。

第一节　人际关系

作为个体来说，人际关系是我们生命图景中的底色之一，它与我们的幸福和成就息息相关。美国当代著名演说家 Anthony Robbins 在一次演说中讲道：“人生中最大的财富便是人际关系，因为它能为你开启所需能力的每一道门，让你不断成长，不断贡献社会。”上升到社会层面亦然。在中国传统政治理念中，和谐的人际关系是最为重要的因素之一，比如《孟子》中所言，“天时不如地利，地利不如人和”。在西方，马克思主义经济学者认为，“由于经济学是研究资本家集团和劳动者集团之间关系的学问，所以也就是研究人际关系的学问”。可以说，人际关系影响着个体的终生发展，也关乎社会的进步和变迁。对人类而言，建立、维持并理解人际关系的能力是不可或缺的。

一、人际关系的概念

人们在社会生活中需要与人交往，不断受到他人的影响并影响他人。人际关系（Interpersonal relationship）是指通过交往而形成的人与人之间的心理关系和社会关系，它就好比心灵之间的桥梁和纽带，显示着人与人之间心理上的距离。人际关系的好坏，反映了人们在相互交往中物质和精神需要能否得到满足的心理状态。需要得到了满足，就会喜欢、亲近和融洽，反之，则会厌恶、疏远和冲突。

人际关系具有直接性。它是人们在面对面或者经由媒介进行交往的过程中形成的，因此个体可以真切地感受到它的存在。没有直接的接触和交往不会产生人际关系。人际关系一经建立或者发生变化，就会被人们直接体验到。比如，当人们的关系变得亲密，个体会感到心情愉悦舒畅，而若是发生矛盾冲突或日渐疏远，则会感到孤立和抑郁。

有别于政治关系、法律关系等其他社会关系，人际关系还具有情感性。人际关系的基础是人们彼此间的情感活动，人际情感的倾向有两类，一类是使彼此接近和相互吸引的情感，另一类是使人们相互排斥和分离的情感。有研究者认为，情感成分是人际关系的主要特征。

人际关系：一种特殊的关系

日本心理学家是本哲雄在他的著作《人际关系心理学》中运用对比和例子，详细阐述了人际关系的直接性，并且强调了同其他“关系”相比，人际关系所具备的特殊之处。

"关系"一词不仅被用来形容人际，同时也指事物之间的"联系和共同性"。比如，在说起大气压和天气情况有一定的关系的时候，那是指人们通过长期的经验积累，总结出来的大气压形成某种特定的形势时天空就放晴或者会下暴雨。换言之，当人们注意到两件事物在联系或者现象上有共同性，我们就说它们之间存在关系，而当人们不能认同这些联系和现象上的共同性时，我们就说它们之间不存在关系。比如，我们通常会说，河流的流速与大气压无关。

"大气压和天气有关""胆固醇和血压有关""人均 GDP（国民生产总值）和居民的消费水平有关"，这些"有关"或"关系"是为人类所"发现"或者"承认"的。看出大气压和天气之间"关系"的是气象学家，看出胆固醇和血压之间"关系"的，是医学家，看出人均 GDP 和居民的消费水平之间关系的是经济学家。显而易见的，大气压和天气本身，胆固醇和血压本身，人均 GDP 和居民消费水平本身，都不可能体验到存在于自身的关系。

在说到自然现象和社会现象中的"关系"的时候，被"关系"所联系起来的两件事物"A"和"B"本身是客观（体）的，它们之间的"关系"却是主观的，是由人类（自然科学家或社会科学家）发现或赋予的。根据相同的一张大气压图，不同的气象学家对明天天气的预报可能存在差异。不过明天的真实天气并不因气象学家的预报而发生改变。

而当人们说到人际关系这一种"关系"时，情况就有所不同了。人际关系与人自身的主观感受直接相关，当事人自身对于这种感受具有认识能力。不仅如此，人们还可以对其加以注意并主动作出一些行为对其施加影响。比如，当我们感受到与一位多年不见的老友的关系被时间和距离冲淡时，会通过写信来巩固友谊，重新拉近关系；而当我们感到一个同学和自己志趣不合的时候，可能不会约他一同去郊外春游，于是彼此的关系就这样变得越来越疏远。

一个经常用来形容和解释人际关系好坏的概念是"距离"。比如，我们常说的关系亲近或疏远，这里的"近"和"远"都是距离概念。距离可以被分为两种，物理距离和心理距离。物理距离是指两个物体在时间或者空间上相间隔的长度，这种长度具有客观性。而心理距离则是指个体对某一事物接近或者远离自己所产生的主观的体验。心理距离是以自我为中心的，它的参照点是自我、此刻和现实性。人际关系更多的是心理层面上的，比如"亲近"的"近"是一种隐喻的表达，恋人之间的亲近情感和关系不受物理上远隔重洋的影响，甚至人间与天堂的距离都不能令其改变分毫。但是在现实的人际交往中，由于人际关系的不同（或者说，心理距离的不同），人与人之间现实的物理距离也会相应地发生调整和变化。

美国的文化人类学家 Hall 在其著作《隐藏的维度》中论述了物理距离对于人际的意义，即在人际交流之中，空间的使用能够和语言一样传达信息，而人们对于这种信息的理解在很大程度上是由文化所决定的。Hall 指出，根据调查，在 20 世纪的美国白人中产阶级中，人与人之间有 4 种人际距离。①公众距离（3.7~7.6 米）：正式场合演讲或者其他公共场合进行交往互动时的人际距离。②社交距离（1.2~3.7 米）：彼此认识的人之间相互交往的距离，商业上的交往一般遵照这一距离。③个人距离（0.5~1.2 米）：朋友之间交往的距离，此时人们说话温柔，可以感受到大量的身体语言信息。④亲密距离（0 至 0.5 米）：亲人、夫妻之间沟通和交往的距离。在这个距离上，双方可以感受到对方的气味、呼吸、体温等私密性刺激。

刺猬隐喻：推荐阅读《叔本华的治疗》

关于人际距离，德国的哲学家叔本华提出了著名的刺猬隐喻："人就像寒冬里的刺猬，互相靠得太近，会觉得刺痛；彼此离得太远，却又会感觉寒冷；人类必须保持适当的距离才能过活。"

刺猬隐喻十分简单，但却真实地刻画了人类生活中的真相：相对于作为个体的人类的脆弱性，现实的世界便如同凛然的寒冬，人类与生俱来地需要在联结和关系中生活。然而人际关系远近对于个体来说是一个恒久存在的课题：在一段过于紧密和亲近的关系中可能会发生纠缠或令人感到窒息，而过于淡漠和疏远的关系则会让人感觉冰冷和缺乏支持。如何依据情境、文化和个体的需求，找到人际关系中令彼此舒适的位置和模式，调整合适的人际距离是每一个个体所必须面对和不断反思的。

令人遗憾的是"刺猬隐喻"的提出者叔本华本人未能在他的人生中给出一个值得大多数普通人借鉴的范本或答案。尽管过着物质和精神上都很富足的生活，如果用世俗的眼光来看，叔本华与他人的关系却似乎总是不甚亲近和融洽，尽管曾经有过恋爱关系，但这位哲学和思想的巨匠终生未婚，最终在 72 岁孤独地去世。其一生的轨迹也恰如他所提出的刺猬隐喻，在与人亲近的刺痛和疏远的寒冷之间摇摆和转换。

当代存在主义心理治疗大师 Irvin Yalom 在他的小说《叔本华的治疗》中介绍了叔本华精彩而孤独的一生，同时也尝试借故事的主人公菲利浦通过团体治疗，在真实的人的情感和关系中获得痊愈，暗喻了叔本华困境的解脱之路。

二、人际关系与个人成长

歌德在《少年维特的烦恼》中留下这样一句名言,“青年男子谁个不善钟情? 妙龄女人谁个不善怀春? ”这不仅歌颂了青春男女初生情愫时的纯善与美好,也明确地指出了人类在青春期时对异性产生好感,对性萌发好奇是一种普遍的现象。经历过青春期的个体可能都有过这样的体验:在一段时间里自己全部的视野和注意力完全被一个异性同伴或好友所占据,自己的心情起伏,甚至行为表现和生活选择也会为其所左右。这一切,恰如影视剧《大明宫词》中的皮影戏所唱:“她蓬松的乌发涨满了我的眼帘,看不见道路山川,只剩下漆黑一片。”可以说,在青春期时,异性成为我们生活中的极其重要的部分,是我们生活所围绕的核心。

类似地,套用歌德的话,我们还可以说,“初生婴儿谁人不依恋母亲?”观察和照顾过婴儿的人都知道,一个呱呱坠地的婴儿,不需要周围的人教导他,便知道在自己母亲的胸前寻找乳头吮吸奶水,在母亲手臂所形成的怀抱中寻找温暖和安慰。一旦母亲离开或者没有注视和及时回应婴儿,婴儿就会立刻啼哭不止。对于刚刚出生的婴儿来说,母亲几乎构成了他生活的全部。

美国的精神病学家 Sullivan 在他的著作《精神病的人际关系理论》中提出了重要他人(Significant other)这一概念,用以描述在生命发展的某一发展阶段对个体的生活产生重要影响,令个体感到不可或缺,并为之投注情感的人物。比如,对于春心萌动的少男少女,心仪的对象便是他们在青春期阶段的重要他人,对于刚刚出生的婴儿,母亲便是他们在婴儿阶段的重要他人。重要他人传递给个体赞赏、支持的态度时,个体会感到满足,而当重要他人消失不在或者传递出否定的态度时,个体便会天然地感受到紧张、焦虑、安全感不足甚至痛苦。一个少年被心爱的姑娘拒绝常常会感到挫败、自尊受损、自我怀疑、情绪悲伤,一个柔弱的婴儿得不到母亲的关注,可能会哇哇大哭、惊惶不定、痛不欲生。

Sullivan 认为,任何生命体都离不开自己所生存的环境,有机体的生存有赖于不停地同环境进行能量交换,人类生存在人群中,因此人在本质上也是由人际关系所塑造和定义的。人类的人格即是其人际关系的相对持久和稳定的模式,人格的发展过程是人际关系不断扩展的过程。

> 人格永远无法与个人生活其中并因此具有其本质的人际关系的背景相脱离。
>
> Harry Stack Sullivan

基于以上人际关系理论, Sullivan 提出了自己关于人格发展的序列,他将人格的发展划分为6个阶段,并从人际关系的特点出发,对每个阶段做了详细的说明。

(1)婴儿期(0至18个月),从出生到语言能力成熟。这一时期,喂奶给婴儿提供了人际关系的原始经验。婴儿通过啼哭来表现饥饿和焦虑,而啼哭通常能够带来婴儿期望的安慰,婴儿借此发展出预见力以及对原因和结果的理解。

(2)童年期(18个月至6岁),从有能力发出清晰的声音到学会寻求玩伴。这一时期儿童的人际关系主要是家庭。语言的发展促进儿童自我系统的发展,他们开始用语言而非啼哭来降低焦虑。

(3)少年期(6至9岁),从进入学校生活到亲近同性同伴。孩子离开家庭,开始学习适应教师等新的权威人物的要求、奖赏与惩罚;同时学习与同伴相处,进入竞争与合作的社会化过程。

(4)前青年期(9至12岁),从亲近同性同伴发展到需要异性朋友。这一时期最显著的特点是个体开始发展爱的能力。先前的所有人际关系都是自我中心的,建立在满足个人需求的基础上,而此时个体开始理解他人的满足与安全的重要意义。

(5)青年早期(13至18岁),从生殖欲到情欲行为的模式化。前青年期所产生的亲密关系的需要在青年早期继续存在,同时个体还产生了独立的需要。青年早期是人格发展的一个转折点,顺利度过这一阶段的个体能够获得亲密关系,控制性爱能量的转化,反之,个体可能发展出对异性的厌恶和恐惧,导致独身、过多的幻想。

(6)青年晚期(19岁至成熟),从生殖活动到完全成熟而丰富的人际关系。这一时期的突出特点是亲密和情爱的融合。个体不再只把异性当作性爱的对象来追求,而是能够给予对方无私的爱。同时,这一阶段,个体所承担的社会责任不断增加,自我系统趋于稳定,人格逐渐成熟。

陌生情境实验

英国精神病学家 Bowlby 及其学生 Ainsworth 于1969年进行了一项巧妙的实验。实验的对象是母亲及2岁以下的婴儿,一共设置了6个情境。

起初,研究者让母亲和婴儿一同待在房间里,这时,婴儿在忙着探索这个陌生的房间,而母亲待在房间里什么都不做。过了几分钟,一个陌生人走了进来,并且会不时和母亲讲话。又过了几分钟,母亲离开了,婴儿被和陌生人留在一起。毫无疑问,婴儿变得紧张起来。很快,母亲回到房间,给婴儿以安抚,然后再次离开。不久,陌生人也走了,只剩下婴儿一个人留在房间里。最终母亲返回到婴儿身边。

猜一猜,婴儿们在整个过程中会作出怎样的反应呢?

在生命之初，婴儿和母亲之间的情感互动是怎样的呢？这样的早期互动对个体的成长与发展又有着怎样的意义？陌生情境实验的设计正是为了探索上述问题的答案。在许多对母婴身上重复实验之后，研究者们发现婴儿们在实验过程中的反应可以被分为以下 3 类。

第一类：婴儿在陌生的环境中比较放松，能够以母亲作为“安全基地”进行自由的探索，与母亲分离会表现出悲伤，与母亲重聚时哭声会减弱并开心地接近母亲。母亲在场时，对陌生人也表现出积极的兴趣。大约有 65% 至 70% 的婴儿属于这种类型，研究者们将这些婴儿与母亲互动的模式成为安全型依恋。

第二类：婴儿在与母亲分离时没有表现出明显的焦虑，当与母亲团聚时倾向于回避，对陌生人也没有产生过多的焦虑不安。大约 20% 的婴儿属于这一类型，研究者将这一类型称为回避型依恋。

第三类：婴儿在陌生的情境中总是表现得非常不安，在母亲离开时更加焦虑。但当他们与母亲重聚时，却表现出一种矛盾的状态——对母亲很生气，甚至会推开母亲。大约有 10% 的婴儿属于这一类型。这一类型被称为焦虑－矛盾型依恋。

而在随后多年的研究中，研究者又区分出了第四类：紊乱型依恋。也就是说，存在极少一部分婴儿（约 4%），他们没有固定的与母亲互动的模式，行为紊乱反常而缺乏规律，因而无法将他们纳入前 3 种依恋类型中。这些孩子仿佛对母亲或抚养者存在恐惧、迷惑的情感。研究者认为，这或许折射出他们在被抚养过程中的两难处境：养育者既是威胁和恐惧的来源，又是唯一可以寻求保护的对象，即他们的养育者可能存在情绪问题或者虐待倾向。

在上述 4 种依恋类型中，只有第一种依恋是安全和健康的，后 3 种都属于不安全的依恋类型。依据 Bowlby 的依恋理论，婴儿会自发地形成一种人际关系的内部关系模式，即前文所提到的“依恋”。如果一个孩子在早期和母亲的关系中得到满足，体验到“母亲是爱我的、是值得信任的”，那么他的内心也会认为自己是可爱的、值得被满足的，认为外在世界是值得信任的，反之，他的内心则会形成“自己是糟糕的、不值得爱的”或者“外在世界是糟糕的、不值得信赖的”的印象与工作模式。与此同时，这样一种早期的关系模式会以“无意识”的形式持续保留下来，就如同一块模板，在个体成长过程中，个体会按照模板的样式去加工和理解新的信息。也就是说，个体早期所形成的关系模式将会对其成长及成年以后的人际关系产生持久而稳定的影响。

第二节　人际交往

人是具有社会属性的动物。在社会生活中，人们会扮演各种社会角色（如子女、父母、同事、朋友等），这些角色都是在关系中定义的，没有人可以脱离关系而存在。

人际关系是人们赖以生存的重要基础。在现实生活中，人际关系的建立和维持主要有赖于人际交往（Interpersonal communication，在一些场合中也译为“人际沟通”）。诚如马克思所言：“交往是人类的必然伴侣。”

一、人际交往与人际交往能力

心理学领域将人际交往理解为人与人之间通过一定方式进行接触，从而在心理和行为上发生相互影响的过程。人际交往包括交往的双方、交往的信息和交往的背景这 3 个要素。其中交往的双方是主体，具有主动性：交往的一方发出信息，另一方依照自身的状态、能力和交往的背景接收和加工信息，然后注入新的信息，返还给信息的发出方，实现信息的交流和相互影响。交往的信息是媒介，它包含着广泛的内容和形式：知识经验、情绪情感、态度倾向、意志行为等，都可以在人际交往中得到传达。交往的背景是指交往发生的情境（context），会对交往的整个过程产生影响。交往中的许多意义是由背景所提供和决定的，因为语词和表情的意义会随背景的不同而改变。具体来说，交往的背景主要包括物理背景、心理背景、社会背景和文化背景等。人际交往的模式和要素如图 3-1 所示。

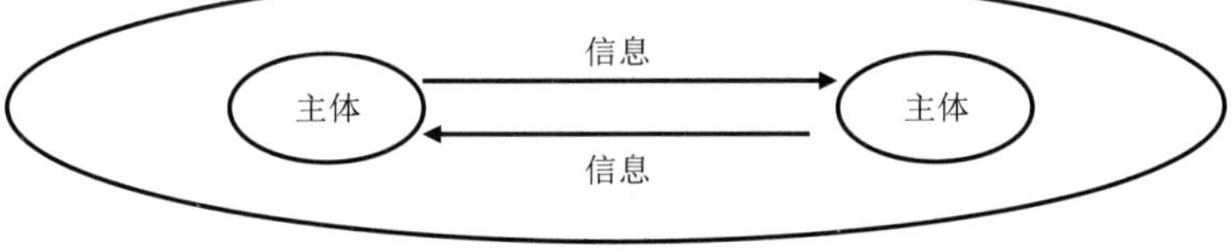

图 3-1　人际交往的模式和要素

背景提供意义

维特根斯坦在其著作《哲学研究》中，以“石板”为例，生动地向人们介绍了背景在日常交往中所扮演的角色。

一个母亲带着孩子悠闲地散步，途径一片建筑工地。突然，小男孩指着一块石板，兴奋地对他的妈妈喊出了一个词：“石板”。妈妈温柔地笑了。在这一背景下，“石板”是一个名词，通过它，小男孩希望妈妈理解的含义是“这是一块石板”。

在建筑工地上，有两位辛苦工作的建筑工人甲和乙。干得热火朝天的甲对乙喊道：“石板！”只见工人乙迅速搬起一块石板，递到甲的手边。在这一背景下，“石板”作动词用，通过它，工人甲所传递的含义是“我需要石板，请递给我一块。”眼神接触在西方文化中意味着尊重。（英文“respect”的词根“-spect”即有“看”的含义。在与人交往时，西方人期待眼神交流，而在当众发言过程中，西方人也喜欢不时环顾观众，寻求良好的互动。东方人则习惯于通过在注视对方时把眼神放低来表示尊重对方，特别是在面对上级的情境中。而这在西方人看来往往是羞涩或不够尊重的表现。

上面两个例子告诉我们：沟通与交往无法脱离背景而存在，因为信息的意义需要背景来赋予。人际交往过程中，我们需要时刻观察并理解背景，以保证信息能够被正确地表达和理解。

通过人际交往，我们可以实现以下功能：获取信息，进行思想理念和经验的交流；实现情绪的分享与互动；表达并推动需求的满足，维持内部心理平衡；减少人际冲突，维持和改善人际关系；协调群体内部关系和行动，促进效率的提高与组织目标的实现。

心理学家 Trenholm 提出，人际交往能力是指个体使用有效的和在社交上适当的方法进行交往的能力。其中，有效性是指交往能够达到目的，社交上适当则是指交往适用于当时的情境。有效性和适当性是评判人际交往能力的两个核心标准。

人际交往能力的过程论认为，人际交往能力分为表层水平和深层水平。其中表层水平是指人们经常表现出来的有效的和适当的人际交往行为。这一水平与人际交往的具体表现息息相关，因而也被称为"表现能力"。表现能力反映了个体在信息处理中的功能，包括以下 3 个方面的能力。

（1）言语能力：用有效的加工处理的言语信号来传递信息的能力。

（2）非言语能力：用有效的加工处理的非言语信号来传递信息的能力。

（3）关系能力：在信息加工和产生过程中，将个体已经拥有或者期待的关系传达出来的能力。

深层水平则是指获取人际交往过程中的每一件事（包括信息和背景）的能力，因而也被称为"过程能力"。过程能力由交往所必需的认知、行为能力和知识经验所组成，用以支持人们产生有效的、适用于情境的表现。具体来说，在深层水平，一个具有良好人际交往能力的人需要具备以下 4 种能力。

（1）解释信息能力：能够解释自身所处的世界；标示、组织和解释互动场景的能力。

（2）角色能力：能够在生活中扮演合适的社会角色并了解这些角色的适当行为的能力。特别是当个体面对矛盾的需求时，需要有在二者间作出抉择的能力。

（3）自我能力：能够认可并形成自我在这个世界的价值，也即选择并表现出理想自我的能力；具备自我能力的人知道自己是谁，自己想要成为谁，并能将这种状态呈现给其他人。

(4)目标实现能力:能够使用策略来明确或制定目标、预测结果,并选择有效实施路径的能力。

人际交往能力的过程论模型如图 3-2 所示。

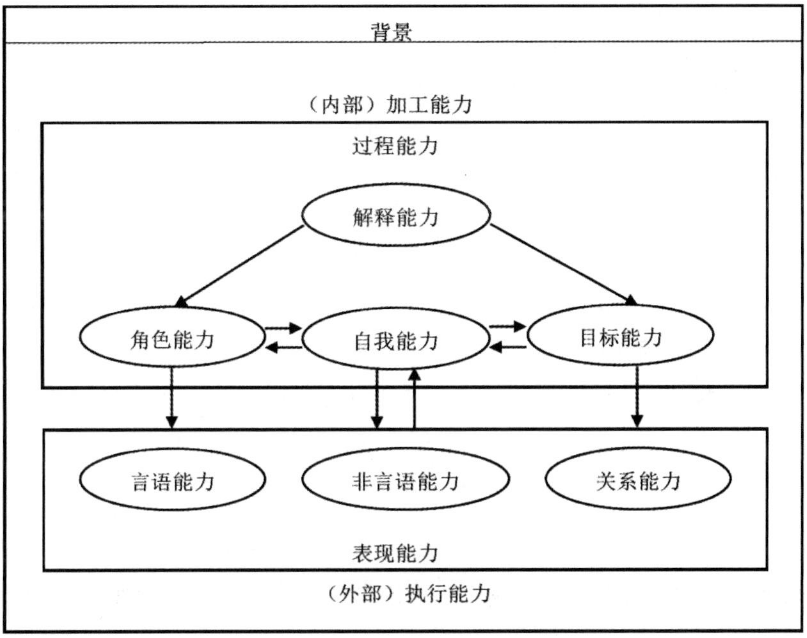

图 3-2 人际交往能力的过程论模型

(一)人际交往能力的提升

依据人际交往能力的过程论模型,人际交往能力的提升有赖于内部过程能力和外部过程表现能力的双方面的提升。内部过程能力涉及个体自我功能和社会功能的诸多方面,因篇幅有限,本章不再对这些部分做详细论述,感兴趣的读者可以通过阅读本书的其他章节来了解具体内容,相信将会有所收获。针对外部执行能力的提升,我们将从非言语能力、言语能力和关系能力 3 个方面做简要介绍。

1. 非言语能力

1)学会倾听

小说家 Charles Brown 曾经指出,"人类的交往主要经由两种语言:沉默的语言(倾听)和公开的语言,后者必须以前者作为媒介才能被了解,因此表达的能力永远不能胜过沉默的能力。"倾听是有效交往最重要的因素。它需要相当的耐心与全神贯注。良好的倾听能够帮助营造一种安全、稳定、舒适的关系(或者说心灵的空间),在这样的关系里,人们可以更加自如地叙述和呈现困扰,更加勇敢地探索内心,发掘资源，寻找可能的出路。可以说，倾听的态度对交往的效果有着至关重要的意义。

人本主义心理学家 Carl Rogers 在其著作《论人的成长》中写道："真正的倾听可以让我与被倾听者紧密地联系在一起，从而丰富自己的生活体验。当我钟情于倾听时，我听到的是思想、想法和情感基调，我能听到话语中带着个人特色的意义，甚至这些意义是说话者自己都没有意识到的，很多时候话语的表面意义并不重要，我们可以听到那些隐藏的来自个人深处的内心诉求。"

那么怎样才算是真正的倾听，并利用这种倾听营造一个有利于交往，乃至于促进个体成长的环境呢？Rogers 给出的答案是"真诚、接纳和同理心"。真诚是交往沟通的基础，是由内而外的，有时候，真诚的目光注视比言语更加具有安慰和鼓舞人心的力量。接纳表现为尊重差异和不加评判。正如世间没有两片完全相同的叶子一样，在人际交往中，我们总会注意到对方与自己的差异，当我们抱着一颗尊重、开放和好奇的心去探索不同的来源，可能会收获一个崭新的世外桃源。而当我们尝试按照好和坏的标准对事情进行评价，不仅丧失了发现新美景的机会，也会使对方感受到被评判的压力，从而破坏了交往的流畅性。同理心是指共情和理解他人，设身处地地和对方站在一起，从情感而不仅仅是理智上去体验对方的感受。

小练习：我听到了什么？

在倾听时保持专注和增进觉察可以帮助我们获得更多的信息，从而促进人际交往。在倾听过程中，你是专注的吗？你的觉察是敏锐的吗？通过这个小练习来检验一下吧！

3 至 5 人 1 个小组围坐在一起。由组长设置闹钟进行计时工作。在 3 分钟的时间里，大家一起闭上眼睛，对环境进行专注的倾听。同时请每个成员在心中默记自己听到的声音种类。3 分钟后，大家睁开眼睛，在纸上写下自己听到的声音以及听到声音时自己内心的感受，并分享给小组内的伙伴。和身边的小伙伴对比一下有什么不同。在这个过程中你都有哪些新的想法，对自己又有了哪些新的觉察？

2）促进交往效果的身体姿势（SOLER）

美国社会心理学家 Egan 发现，在人际交往过程中，特别是和陌生人交往的初期，在身体姿势上按照 SOLER 的模式来表现自己，将会提升自己在交往过程中被接纳和喜爱的程度，从而促进交往效果。SOLER 分别为 5 个英文单词的首字母缩写，具体阐释如下。

- S（Face squarely，真诚面对）：让对方觉得你很投入，同时不会感觉受到威胁。
- O（Open posture，保持开放的姿势）：通过坐姿与身体语言让对方感受到你的开放友善，而非评判和敌意。

· L(Lean toward the client，身体向前微倾)：表示专注、认真、尊重，愿意亲近对方并把对方放在心上。

· E(Maintain good eye contact，保持良好的眼神接触)：专心倾听并注意察觉对方的情绪状态。

· R(Try to be relatively relaxed，尽量放松)：保持自然的姿势，减少紧张。

小练习：SOLER 的角色扮演

两人一个小组进行角色扮演。在第一次扮演中，由甲扮演倾听者，乙扮演倾诉者。甲先按照 SOLER 模式调整身体姿势进行倾听 1 分钟，然后尝试变换身体姿势(比如：双手交叉叠放在胸前)1 分钟。第二次角色扮演将甲乙二人的角色颠倒过来。

两次角色扮演结束后，请两人分别谈谈刚刚的过程中，自己有哪些体验和想法。

2. 言语能力

1)及时回应和反馈

心理学家 William James 曾经这样说过：“如果可行，对一个人最残忍的惩罚莫过于——让他在社会上逍遥，却不给他丝毫的关注。当他讲话时，无人回应，也无人在意他的任何举止。要不了多久，他的心里就会充满愤怒和绝望，相对于这种折磨，残酷的体罚将变成一种解脱。”

后来，这一说法得到了科学的证实。在一项婴儿观察研究里，科学家设置了两个情境。在情境一中，让母亲与婴儿待在一起，婴儿看着母亲，母亲微笑、跟他说话、摸摸他的头、不时逗弄他。婴儿与母亲都开心地笑着，气氛十分轻松愉悦。而在情境二中，母亲依然面向婴儿，然而却换上了一副冷漠的面无表情的面孔，不对婴儿做任何回应。起初，婴儿一如既往地微笑着，继续跟母亲“咿咿呀呀”地说着话，当他发现当母亲的面孔没有变化时，仍然努力想着母亲作出些一些表情和动作，试图唤起母亲的回应。几经尝试，母亲仍然无动于衷，最终，婴儿变得着急和烦躁，最终哇哇大哭起来。可以看到，人类对回应的需要是与生俱来的。

如果把人际交往比作一个传球的过程，那么接球的技术就是回应：我把球抛出去，你接住；然后换你来抛球，我再接。每个人都希望自己抛出去的球能够被对方接受，因为每个人都希望自己的存在获得肯定。一旦接球手让球落到地上，交往的效果也就应声落地，大打折扣。那么在日常生活中，人们通常都会作出哪些种类的回应呢？请参看“小剧本:我升职了”。

小剧本:我升职了

故事的主人公Mike是美国一家咨询公司的职员，自大学毕业起就在某基层部门工作，经过5年的不懈努力，终于获得了上级主管的认可，得以升职。获知这一消息后，Mike激动不已，想要第一时间和自己在部门里的同事和好友分享这一好消息。

场景一

首先，Mike来到了邻座Alice工位前。Mike:“亲爱的Alice，刚刚头儿通知我升职了，下周我要搬到新的办公室去了，我会想念你的……”Alice头也没抬，一边继续手上的工作，敲着电脑，一边回应道“好棒！这真是太棒了！”Mike感到有些尴尬，只好说“OK，那不打扰你，我们回头再聊啦”。

场景二

然后，Mike来到了Lily的办公室。听闻Mike升职的消息，Lily表现得十分积极:“哦，这真是太棒了！顺便，你的好消息提醒了我，我这个月还清了房贷，为了庆祝这件事儿，我买了新的家具和窗帘……”听闻此言，Mike只好回应道:“真棒啊！恭喜你，我先走啦!”

场景三

接下来，Mike在走廊里遇到了好友Bob，并和他分享了自己的喜讯。Bob一脸不可置信地回复:“哦，真的吗？太好了！不过，晋升意味着变化和责任，你会有许多事情要处理。你可能每天要工作15小时，连周末也要加班。你告诉你太太Cathy了吗？她能接受你这么长时间不在家吗？她怎么看你每两周就要出差的事情呀?”Mike的表情冻结住了，他沉默了一刻，说，“嗯，我确实还没有考虑过这种情况。”

场景四

最后，Mike在楼梯上遇到了Owen。听闻Mike的消息，Owen回复:“太棒了！什么时候的事?”Mike:“下周一我就要换办公室了。”Owen:“所以你会有新的同事和办公设施了!”Mike:“是的！我去三楼。”Owen:“你告诉Cathy了吗?”Mike:“是的！她很开心！”Owen:“你们怎么庆祝这件事?”两人一边开心地聊着一边走下楼梯。

在上面一个剧本中，Alice，Lily，Bob和Owen的回应分别对应了4种回应模式：Alice的回应属于被动建设型。在这种类型中，回应者作出倾听和表示理解的行为，但却对对方缺乏真诚的关心和兴趣，被回应者往往感到自己是不重要的和尴尬的。Lily 的回复属于被动破坏型。在这种类型中，回应者会将焦点转移到自身，使对方无法开启原有的话题，被回应者往往感到困惑和失望。Bob 的回复属于主动破坏型。在这种类型中，回应者聚焦于对方信息中的消极细节进行回应。被回应者感到尴尬和内疚。Owen 的回复属于主动建设型。在这种类型中，回应者真诚地倾听，表达关心和兴趣，不时询问细节。被回应者感觉自己得到了有效的理解与支持。主动建设型是 4 种类型中唯一能够帮助双方建立紧密联结关系的模式。

据此，我们可以看到，良好的回应应当包含以下 3 个要素。

（1）及时和主动回应：除了使用言语信息，回应者还可以使用肢体语言进行回应，比如频频微笑、点头和目光示意。

（2）回应情绪感受：情绪感受是人际交往中的重要信息。当交往中出现较为激烈的情绪感受时，只有回应者先对感受进行承接和舒缓，双方才能有效地进行后续沟通和讨论。

（3）积极和建设性地作出回应：回应者应当关注对方信息中有建设性的和积极的部分，给予对方以鼓励和支持，以促进交往在良好的氛围中继续下去。

特别地，在人际交往与沟通中，积极、及时进行回应和反馈还可以保证信息得到有效的传达，提升交往的效率和准确性。

小练习：你说我画

两人一个小组，合作完成下面两幅图案。其中一人扮演描述者，一人扮演绘画者，抽签决定各自的角色。描述者负责向绘画者描述图案的具体样貌，绘画者在不被允许看到图案的情况下根据描述画出图案。在第一次练习中完成图 A，绘画者被禁止发言，只能依据描述画图。在第二次练习中完成图 B，这一次，绘画者被允许发言，双方可以对信息进行反馈和确认。看一看，两次练习中完成的画作分别有什么不同，又会带给你怎样的启发？

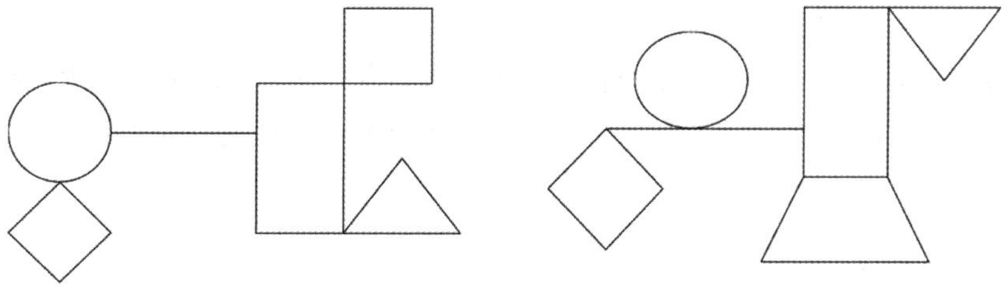

图 A　　　　图 B

2)良好的表达

如果我们继续把人际交往看成一个抛接球的游戏,那么表达即可被类比成抛球的环节。抛球的方向是否准确、力度是否适宜,决定了对方能否顺利接到球,交往能否顺利进行下去。良好的表达即意味着一次成功的抛球,良好表达所需要具备的要素见表 3-1。

表 3-1　良好表达所需要具备的要素

良好表达的形式要素	良好表达的内容要素
· 清晰和聚焦的语言 · 富有感染力的情感流露 · 真实诚恳,心口如一	· 表达你想要的,而不是不要的 · 表达你的情绪,而不是带着情绪去表达 · 表达你的想法,而不是引导别人进行猜测 · 表达你想要去的方向,而不是抱怨自己所处的位置

3. 关系能力

人际交往或沟通中的关系能力是指在信息加工和产生过程中,将个体已经拥有或者期待的关系准确传达出来的能力。家庭治疗师 Satir 在她的治疗工作中发展出了关于沟通模式的理论模型(Satir Model),其中最为核心的是冰山理论和一致性沟通。她指出,人与人理想的沟通模式是具有一致性的,即个体在沟通中能够顺畅地表达自己对关系的需求,倾听对方的感受并作出积极的回应。在这种沟通模式下,沟通双方能够完整和一致地表达自己,感受到支持、尊重和爱,从而在关系中实现个人成长。

在冰山理论中,Satir 将人类的“自我”比喻成一座漂浮在水面上的巨大冰山。其中,能够为外界所观察到的行为表现或应对方式只是露在水面上的冰山一角;而隐藏在水面之下的巨大山体则是长期受到压抑并为人们所忽视的“内在”。内在冰山是一幅藏宝图,引领每个人找到自己生命能量的源头,帮助人们获得成功和成长。在日常的人际交往中,往往只能看到浮在水面上的冰山一角,无法对水面下的内在部分进行观察。

冰山的内容包括 7 个层次,具体见表 3-2。

表 3-2　Satir 冰山理论的 7 个层次

层次一	行为(具体行动和故事的内容)
层次二	应对方式与姿态
层次三	感受(喜悦、兴奋、着迷、愤怒、悲伤、恐惧等等) 关于感受的感受(如:我为什么有这种感受? 我是否该有这种感受?)
层次四	观点(信念、假设、思考、想法、价值观)

续表

层次五	期待(对自己的期待、对他人的期待、来自他人的期待)
层次六	渴望(被爱、被关注、被认同、归属感、价值感、安全感和独立)
层次七	自我(生命力、精神、灵性、核心和本质)

在应对方式与姿态层次上，Satir 区分了“讨好”“指责”“超理智”“打岔”“和表里一致”这 5 种类型，详见表 3-3。这 5 种模式可以在同一个人身上同时存在。其中，前 4 种模式都是表里不一的，在表里不一的模式中，交往的双方都无法完整、真实地表达自己，从而会在交往过程中体验到孤独、焦虑、不被尊重等不良的感受。而只有当个体能够对自己的内在有所觉察和内省，有能力触碰到内心深层次的期待和渴望，诚实地对待自我，才能够实现表里一致的沟通。可以说，一致性沟通不仅代表了一种良好的应对方式与姿态，更是我们在冰山的内部不断探索，发现自我和内部精神世界的旅程，也是实现联结和关系的心灵与心灵之间的桥梁。

表 3-3 Satir 提出的 5 种姿态

讨好型	指责型	超理智型	打岔型	表里一致型
都是我的错 我不重要 我没有价值 我要迎合和取悦别人	都是你的错 你不该这样做 咄咄逼人	只关心事情 满口道理原则 我就是权威 我都是对的	逃避现实 脱离重点 心不在焉 充当和事佬	真诚地表达自己的感受、观点、期待和渴望，同时关注他人和情境

第三节 人际吸引与印象

一、人际吸引

在人际交往过程中，我们会发现人群中的个体受欢迎程度并不相同。有些人总是能够非常受欢迎，大家都争相与之交往。而有些人则总是在人群中被孤立和排斥。社会心理学家将这种个体与他人之间在情感方面相互喜欢和亲和的现象称为“人际吸引”(Interpersonal attraction)。相信许多大学生都会对如何在交往中增加自己的人际吸引力感兴趣。下面为大家介绍一些关于人际吸引的研究结果。

(一)熟悉性

尽管在我们的幻想中，意中人应当是来自远方的盖世英雄，他身穿金甲圣衣，踩着七彩祥云。而事实上，真正对我们有吸引力的却往往是身边的熟人。心理学的一项研究揭示了熟悉性与人际吸引之间的关系。选取一些研究志愿者从未见过的人物照片，将它们随机分成多组，按照一定的规律展现给志愿者：其中第一组不呈现，第二组每张照片呈现 1 次，第三组呈现 2 次，第三组呈现 5 次……逐步递增。在志愿者看完全部照片后，研究者再次出示照片，请志愿者按照自己喜爱的程度给这些照片打分。结果发现，呈现次数越多的照片越受志愿者喜爱。这一研究表明，在人际交往的初期或较远的人际距离中，熟悉性可以增加人际吸引。也就是说，“有点面熟”或许是让自己具有吸引力的第一步。

（二）态度接近性

《世说新语·德行》中记述了“管宁割席”的故事。管宁和华歆是东汉末年的两个读书人，也曾是好友。一天二人同在菜园里锄草，看到地上有一枚铜钱，管宁依旧挥动着锄头，像看到瓦片石头一样，而华歆却高兴地捡起了铜钱，然而看到管宁的神色后又把铜钱扔掉了。又有一天，二人坐在同一张席子上读书，有一个穿着官员礼服的人从门前经过，管宁专心读书如故，华歆却放下书，出去围观。于是，管宁割断席子，和华歆分开坐，并且说，你不再是我的朋友了。正所谓“道不同不相为谋”，管宁和华歆绝交的过程让我们看到，态度相近对于人际吸引和人际关系具有关键性的作用。

当代心理学家也发现了同样的效应，让一组陌生人居住在同一栋宿舍里，并在接下来几个月内对人们之间的关系进行追踪研究，结果发现，在初期，居住位置相邻的人更容易结成好友，而随着时间的推移，态度（包括信念、兴趣、爱好、价值观等）的作用开始显现出来。人群开始按照态度和观念的不同结为群体，恰如中国古语中所描述的那样“物以类聚，人以群分”。

（三）互补性

文学或影视作品里总会描写一些有趣的小团体或者“couple”（恋人），比如《哈利·波特》中作为主人公的哈利、赫敏、罗恩三人组，郭靖与黄蓉夫妇，作为配角的“格兰芬多捣蛋四人组”“江南七怪”“全真七子”，等等。如果仔细观察，就会发现这些小团体的成员间不仅具有态度的接近性（比如哈利、赫敏和罗恩都是格兰芬多学院的学生，崇尚勇气、善良与正义），同时也会具有奇妙的互补性（比如郭靖愚钝忠厚，黄蓉却是个“聪敏的小妖女”），这种互补性在赋予人物个性的同时，也让团体或者“couple”变得丰富起来，战力倍增。

互补性是指人们在交往过程中通过对方获得自己所不具备的要素，从而达到相互满足的心理状态。以下 3 种互补关系会增加人际吸引：现实需求的互补，社会角色和职业的互补（例如，在一些家庭中，夫妻双方分别从事存在风险和相对稳定的职业），某些人格特征的互补（例如，内向与外向、支配与被动）。一般而言，人际吸引中的互补因素多发生在交往密切的朋友、恋人或夫妻间，互补因素可以让个体之间形成紧密的协作，充分调配资源，增强作为共同体的应对能力和灵活程度。

（四）外表和样貌

对于初次交往的人来说，外表和样貌是影响人际吸引的极为重要的因素，特别是在与异性交往时这一现象尤为突出。无论何时何地，舞会上受欢迎的对象总是美丽灵巧的女人和英俊潇洒的男人。外貌的美不仅能够给人良好的第一印象，还能够产生光环效应，让人们倾向于认为外貌美的人也具备其他的优秀品质和能力（例如，在我国古代，推选和任免官员的标准包括仪容是否雄伟俊美，良好的仪容被认为与学识和才干有关）。

进化心理学假说对人际吸引中的外貌偏好作出了这样的解释：人们渴望头发浓密光泽、肌肤柔软细腻、身材高挑健美的异性与内在本能的驱使有关。在人类进化的历程中，种族的繁衍是最为重要的，彼时，拥有上述体貌特征是个体更可能具有良好的身体状态和机能，能够生殖并哺育更加有生存能力的后代，帮助种族繁衍下去的表征。这些作为人类的原始动物性本能被写在基因里一代代保留下来，留存至今。

然而人类终究与动物不同，事实上外表和样貌对人际吸引的作用是有限的，其更多发生在交往的初期。随着交往的深入，双方对彼此的了解日益丰富，外表与样貌的影响作用将会不断降低。

（五）才能

如果在中国做一个小调查："在小说《三国演义》中，你最喜欢哪几个人物，为什么？"相信调查的结果中一定会包含诸葛亮这个人物，喜爱他的理由之一是他的聪明机智。尽管鲁迅先生说"状诸葛之多智而近妖"，诸葛亮这个角色的吸引力仍未见减少。许多天才人物都有这样或那样的怪癖，因而被人们称之为"怪才"，而大家却愿意接受他们甚至喜爱他们（比如美剧《生活大爆炸》中的"谢耳朵"），可见有才能的人确实更容易受到他人的喜爱。一个解释可能是，当人们与有才能的人在一起时，有机会得到更多的指导，从而一方面提升自己，另一方面减少犯错的可能，感到更安全。

然而，如果一个人的才能对他人构成了社会比较的压力，让他人感受到自己是无能的和失败的，那么这种才能将不会对人际吸引有所帮助，而是可能带来负面的影响。例如在小说中，周瑜就对诸葛亮产生了嫉妒的心理，欲除之而后快。

（六）个性品质

个性品质的吸引力也常常被称作"内在美"或者"心灵美"。外表的美丽是一时的，而心灵的美丽则是经久不衰的。比起容貌和才能，人格品质对个体吸引力的影响更加持久、稳定而深刻。在小说《简·爱》中,故事的主人公简·爱既没有美丽的容颜,也没有华贵的衣饰,而仅仅是一位“长相平庸,个子瘦小”的女子,但却因为其自立、自强、坦诚、真挚的个性赢得了罗切斯特先生的爱,也赢得了无数读者的喜爱。直至近200年后的今天,简·爱所代表的,在生活的磨难中不断追求自由、平等与尊严,敢于反抗,坚持自我的精神仍然为当代女性所追求和倡导。小说的作者夏洛蒂·勃朗特只用寥寥数笔交待了简·爱朴实的外貌,却格外突出描述了她的眉毛:“两道眉毛给予她的眼睛一种特别的美——这是两条淡褐色的、松软的、差不多是笔直的线条,而且很少有对称的时候,一道比另一道高出一点,因此这道眉毛上面出现一条小小的皱纹,其中仿佛含着寓意,隐藏着思想。”这种“特别的美”便是无关“皮相”的人性和心灵的美丽。

那么,什么样的个性品质最具人际吸引力呢?20世纪60年代,美国心理学家研究了影响人际吸引的个性品质,结果发现,对人际吸引具有积极作用的品质中排在前列的是真诚和忠诚,而起消极作用的品质中排在前列的是敌对和自私。

(七)自我表露

自我表露(self-disclosure),也称“自我开放”,指在人际沟通和交往时把自己私人性的方面(包括自己的爱好、态度、价值观等等)展示给他人。研究表明,良好的人际关系是在自我表露逐渐增加的过程中发展起来的。一般情况下,交往双方的关系越密切,自我表露就越广泛和深刻。自我表露是一个强有力的信任和亲近的表征,可以增加人际吸引力。

自我暴露分为4个层次:第一个层次是关于自己的兴趣爱好、生活习惯方面;第二个层次是关于自己的态度方面;第三个层次是自我意识和个人的人际关系方面,比如自己与家人、朋友的关系;第四个层次是关于隐私方面,比如自己不为人知的秘密、态度、想法、行为等等。

并非所有的自我暴露都会带来积极正面的影响,自我暴露是一个需要审时度势、循序渐进的过程。人际交往中过早或过多地进行自我暴露会使他人感到不适。比如,过分“自来熟”的人可能在认识的第5分钟就开始叙述自己的成长史和恋爱史,而这会让人感到不知所措。同时,自我暴露也需要在安全的环境中进行才能推进人际交往。《晋书·阮籍传》中记载阮籍“发言玄远,口不臧否人物”(虽然说起话来玄妙高远,但是从来不褒奖或者贬低任何人)。在魏晋这个黑暗动荡的社会背景下,表露自己的态度有可能给自己和对方带来祸患,谨慎而不轻易自我表露也是获得现实及内心安全的必要选择。

二、印象

(一)印象的形成与管理

1. 印象的形成

在人际交往中,印象是至关重要的。一段关系能够建立并继续深入下去,很大程度上取决于双方能否而给彼此留下良好的印象。心理学将印象定义为个体头脑中相关客体的形象。个体在接触新的社会情境时,一般会按照既往的经验,将情境中的人或事物进行归类,明确其对自己的意义,使自己的行为获得明确的定向。这一过程被称为"印象的形成"。印象在形成的过程中存在诸多心理学效应,了解并灵活运用这些效应,可以帮助我们在人际交往中给别人留下更好的印象,或者帮助我们更加客观准确地去看待他人。

1)首因效应与近因效应

首因效应和近因效应最早被发现于认知心理学领域。心理学家在研究人类的记忆能力时发现,当要求被试记忆单词时,最初呈现和最新呈现的单词记忆效果最好。在印象形成的过程中亦然,信息出现的顺序对印象的形成有着重要的影响。个体最初获得的信息的影响比后来获得的信息的影响更大。这种现象也被称为"首因效应"。个体最新获得的信息的影响比原先获得的信息的印象更大,也被称为"近因效应"。在人际交往中,首因效应可以被看成"第一印象",而"第一印象"一经建立,对其后的信息的组织、理解都有着较强的定向作用。个体对后续信息的解释往往是根据第一印象来完成的。而近因效应则是指交往双方在上一次接触时留给彼此的印象比之前的印象更重要。比如,在某一次约会中,一位男士不经意间吐露了粗俗的言语,极大地破坏了之前在女士心目中建立的"彬彬有礼""教养良好"的印象。

2)光环效应

光环效应由美国心理学家 Thorndike 提出,也叫"晕轮效应",是一种在无意识情况下发生的、定向的以偏概全的现象。在光环效应中,个体的某一个优点被变成光圈并夸大,其他的优点或缺点也就隐退到光圈背后而不见了(俗称"一美遮百丑")。例如,中学时期一个有着良好学业成绩的学生可能在性格、动手能力等诸多方面并没有非常优秀,但老师对这些不足可能视而不见;一个事业有成的中年男士可能会有酗酒、脾气暴躁、身材管理不佳等问题,但在大众的眼睛里,这些缺点也完全被覆盖在事业的光环之下。

3)刻板印象

人们通过自己的经验形成的对某类人或某类事物较为固定的看法叫作"刻板印象"。人们会基于性别、种族、外貌等特征对人进行归类,认为一类人具有比较相似的人格特质、态度、行为方式或能力等。这种刻板印象往往是十分坚固,难以通过新的经验改变的。比如在中国,人们惯常的刻板印象是:在北方地区,男人更容易有大男子主义,女人更加爽朗活泼;在南方地区,男人更容易照顾家庭,女人更加细腻温婉。而即使我们上了大学,在班级里见到来自五湖四海的朋友,发现上海女孩子笑起来也非常爽朗,山东小伙子厨艺高超,甚至四川也有不能吃辣的个别人存在时,脑海中的刻板印象可能仍然挥之不去。

4)投射效应

在五代十国时期,有一位名叫李载仁的朝廷重臣,他有一个怪癖,就是厌恶猪肉的味道,把吃猪肉视为一种灾难。有一次,家里的仆人打架斗殴,李载仁大怒,叫人立即从厨房拿来大饼和猪肉,让打架的人当着他的面吃下去,并且警告仆人们说,如果以后有人再敢行为不轨,一定在猪肉中加上酥油作为惩罚。这件事在当时被传为笑谈。尽管这只是一个笑话,但是却反映了人们生活中的真实现象。“以己度人”在心理学上也被称为“投射效应”。

在人际交往的过程中,人们常常假设他人与自己有着相同的属性、爱好或者倾向等,认为别人理所当然地和自己心中的想法相一致,对别人的印象也受到自己内心“模板”的限制。特别是当别人的行为或选择与我们自己很不相同时,我们习惯用自己的标准去衡量别人,认为别人是十分“奇怪”或“不可理喻”的。比如,一个极其重视钱财的人常常将别人的行为动机归因于谋求金钱,如果看到一位新同事非常努力地工作,他会把这种努力解释为为了挣取更多的金钱,从而在内心留下“贪财”的印象;而如果看到一个同事无私奉献,他可能会感到非常陌生,留下“难以理喻”的印象。

5)移情效应

“移情”一词来源于心理治疗的精神分析流派。在精神分析的话语体系中,“移情”是指在分析的过程中,来访者对治疗师产生强烈的情感,这种情感可以理解为来访者将与自己过去生活中的重要他人之间的情感和关系转移到治疗师的身上。脱离精神分析的语境,在日常生活中,移情效应仍然存在并且影响着我们的人际吸引和关系模式。比如一位女士在无意识中把自己小时候对弟弟爱恨交织的情感转移到比自己年轻的约会对象身上,并且对这位约会对象的印象也与过往对弟弟的印象糅合在一起。

2. 印象管理

印象管理(Impression management),也称“自我呈现”(self-presentation),是个体试图控制他人对自己所形成的印象的过程。在社会生活中,我们往往会通过调整自己在他人面前表现出来的行为和特质,给他人呈现一个合乎时宜的形象。人们留给他人的印象在一定程度上决定了他人对自己的评价和态度,甚至会使他人形成对自己的特定的应对方式。因此，进行印象管理是我们适应社会的重要策略。国内一项研究证实，积极使用印象管理策略的人的心理健康水平更高。

在现实生活中，每个个体都会承担不止一个社会角色。因此，怀抱不同的目的，在身处不同的情境的时候，人们会给自己塑造不同的形象。例如，当我们面对家人和面对职场上的竞争对手时会表现出不一样的自我形象，对前者，你希望自己能够得到他们的喜爱，因此会表现得热情温柔、真诚友善，对后者，你希望自己能够得到他们的尊敬和仰视，因此会表现得自信满满、精力充沛。又如，赴异性朋友约会的你可能想要表现得亲和讨喜，因此会穿着休闲装、雪地靴，而正要参加面试的你则希望自己看起来精明干练，因而往往会穿着正装。

不同的印象管理策略是为不同的印象管理目的服务的。在某个既定情境下，个体所使用的印象管理策略不仅能反映出他当前的任务目标，还能体现其长期的心理目标。通常，印象管理的心理目标分为 4 种：受到喜爱、表现得有能力、传达地位与权力、让他人服从。这些印象管理目标的重要性排序也取决于具体情境。

个体在传达印象管理目标时，有多种具体的策略可以选择，包括讨好、谦虚、自我提升、恰当的自我表露、强调自己和对方的相似之处、自我推销、声明成功的难度、为失败寻找借口、自我设障等等。印象管理的策略不是固定和僵化的，而是需要具体问题具体分析，成功的印象管理的基础是正确理解自身的状态、正确理解他人以及正确理解自己在某一种情境下所承担的社会角色的社会期待。

【本章小结】

本章结合人际关系的概念、人际关系理论，帮助大家理解人际关系对个人成长的重要意义。同时，结合人际交往能力的过程论模型，指出人际交往能力分为表层水平和深层水平，并为我们如何提升人际交往能力提供了方向，包括非言语能力、言语能力和关系能力。

【课后思考与实践】

1. 请思考并列出你在人际交往过程中曾经有哪些困惑？你是如何应对的？

2. 请列出你通常更愿意和喜欢跟哪些特征的人交往，这对你有什么样的启发？

3. 请结合本章所学，反思并总结自己在人际交往过程中的模式及内在的心理需要？

【参考文献】

[1] 樊富珉，何瑾. 团体心理辅导. 江苏教育,2016(40).

[2] 冯愉涵. 基于过程论的大学生人际沟通能力提升团体干预研究. 北京:清华大学,2017.

[3] 郭本禹. 沙利文人际精神分析理论的新解读. 南京师大学报:社会科学版，2017(3)：86-96.

[4] 郭永玉. 沙利文的精神医学的人际理论. 中国临床心理学杂志，1997(3)：182-185.

[5] 是本哲雄. 人际关系心理学. 北京:经济管理出版社,2005.

[6] 张国成，邸卫民,王占龙,等. 大学生心理健康教程. 北京:北京大学出版社,2008.

[7] WEBSTER M，FOSCHI M. Status generalization：new theory and research. American Journal of Sociology，1988,68(3)：948.

第四章　情绪的识别与管理

【学习目标】

1. 重新认识情绪，了解情绪的定义和类型。
2. 认识情绪的积极意义，能够从功能性角度理解情绪。
3. 掌握调适情绪的有效方法，学会调节自身情绪。

【引言】

情绪，是何？源何？有何作用？如何对待？

每个人每天都会有喜、怒、哀、惧等各种情绪产生。有人会因为日出而欣喜，有人会因为受辱而愤怒，有人会因为失恋而痛苦，有人会因为挂科而恐惧……或多种情绪同时产生，“哀其不幸，怒其不争”“五味杂陈”。

情绪与我们的生活如影随形。我们几乎每碰到一件事情，都可能产生一些情绪，或许很强烈，外人一眼就看到“怒发冲冠”的样子；或许很微弱，自己都没有觉察到。

我们在体验自己的情绪，也在体会他人的情绪。看到被心仪大学录取的同学手舞足蹈，我们知道他内心是狂喜的；看到没有吃到冰淇淋的小妹妹嚎啕大哭，我们猜测她可能很委屈。看到许许多多张面孔，呈现出形形色色的表情，我们都能大概体会到，他们此时此刻的情绪是怎样的。

“情绪就是心魔，你不控制它，它便吞噬你。”类似的话，仿佛在昭告我们：情绪是一件“多么可怕的”东西啊！有人“一怒之下”行了凶，有人“积郁成疾”丧了命，有人“意气用事”赔了夫人又折兵。好像如果不能够“管理”或“掌控”情绪，一旦“失控”，后果不堪设想。

然而，从进化论的角度来看，情绪既然在亿万年的人类发展历程中，得以“生存”，它一定是有益处的。不仅仅是大家梦寐以求的“快乐”保存在了我们的生命中，人们避而远之的“伤心”和“愤怒”也刻进了我们的“基因密码”。

在日常生活中，我们强调太多情绪的负面影响——或者说负面情绪的消极作用，而忽视了情绪的积极意义，尤其是负面情绪也会有积极、正向的功能性。我们每天面对的林林总总的情绪，或喜，或怒，或哀，或惧，或多种兼备。只有科学地认识它们，了解它们,明确情绪对于我们的各种影响、作用,才能利用情绪帮助我们更好地生活。

参悟情绪的奥秘,拥抱更好的自己。

第一节　情绪的识别

一、情绪的内涵

情绪似乎是一种很简单的事情。然而想要真正研究它、认识它,却不是那么容易的事情。有研究者曾经统计过情绪的定义,发现不同的研究者会从不同的研究角度来定义情绪,因而在心理学界出现过至少90种不同的定义。

"身体知觉观"认为情绪是对身体变化的知觉。当人们面临可能引起情绪的事件(即"诱发事件")时,身体的生理机能会首先作出反应,例如血压升高、心跳加速,之后人们才会体验到情绪感受。也就是说,情绪是神经系统活动之后产生的结果,是生理变化导致情绪体验。

"进化主义观"认为情绪是进化而来的,是对自然环境的一种适应,是由基因编码的反应程序。在被环境中的刺激事件或情境诱发后,生理反应、外部表现、主观体验同时产生。

"认知评价观"认为情绪来源于我们对某一事件意义和重要性的评价。这一观点可以很好地解释"同一事件在不同的时间、地点会引发不同个体(甚至同一个体)产生不同的情绪感受"这一现象。例如,面对同样分数的成绩,有些同学会伤心,而有些同学会开心。

虽然不同理论取向持有的侧重点不尽相同,却也比较一致地认为情绪都伴随着一定的主观体验、外部表现和生理唤醒,只是对于这几种成分的产生顺序与表现方式存在着分歧。在此,我们可以引用傅小兰教授的定义方式,从各种研究取向中比较一致的地方入手,给情绪一个相对狭义的定义:情绪是伴随着生理唤醒和外部表现的主观体验。

(一)情绪的主观体验

情绪的主观体验就是个体对不同情绪和情感状态的自我感受。

为了更好地理解主观体验,研究者将情绪分为基本情绪和非基本情绪(或称"复合情绪")。基本情绪是人和一些动物所共有的,是先天的、与生俱来的,在发生上有共同的原型或模式,在个体发展早期就已经出现,每一种基本情绪都有独特的生理机制和外部表现。而非基本情绪则是多种基本情绪混合的产物,或是基本情绪与认知评价等相互作用的结果。

1. 基本情绪的主观体验

不同的研究者认为大概存在 6~12 种独立的基本情绪，如兴趣、快乐、悲伤、愤怒、恐惧、厌恶、惊奇、害羞、蔑视、嫉妒等。其中 Ekman 提出的 6 种基本情绪分类是多数研究者所认可的，分别为快乐、悲伤、愤怒、恐惧、厌恶和惊奇。

（1）当人们遇到喜欢的事物，满足内心的需求时，体验到的一种愉悦、舒服的感觉，就是快乐。

（2）悲伤往往是失去了所盼望、所追求的有价值的事物时，体验到的低落、痛苦等内心感受。

（3）愤怒的体验较多时候来自于目的和愿望不能达到或一再受到挫折的场景，当挫折是由于不合理的原因或他人恶意所造成时，最容易激起愤怒。

（4）当面对可怕的事物或情景，或认为无法摆脱其对自身造成伤害时，产生的害怕、担忧的内心体验便是恐惧，恐惧比其他任何情绪都具有感染性。

（5）当遇到令人不愉悦、反感的事物或场景时，人们会体验到一种厌恶的情绪。厌恶在个体发展早期主要针对物理刺激，后逐渐发展为对社会影响和道德要求的反应。

（6）惊奇则是指事物或刺激超出了个体以往的认知范围，并且拓展了个体对于世界认知的多样性。

2. 复合情绪的主观体验

复合情绪是个体在发展过程中逐渐习得的，也称“社会情绪”，可分为依恋性社会情绪、自我意识情绪和自我预期的情绪。

（1）依恋性社会情绪涉及人与人之间的情感联结。其中既有亲子之间的依恋，即通常意义上所说的“父母之爱”；也有男性、女性之间的依恋关系，即我们狭义上所说的情爱，包括恋爱和性爱；还有深入他人主观世界，了解其感受并产生共鸣的情绪感受，也就是我们所说的“共情”（empathy，也译为“同理心”“同感理解”等等）。

（2）个体在社会环境中，由于关注他人对自身或自身行为的评价所产生的情绪被称为“自我意识情绪”，分为正性和负性两类。正性的自我意识情绪是个体把成功事件或积极事件归因于自身能力或努力的结果时所产生的积极的主观体验，如自豪等；负性的自我意识情绪是一系列指向自我的痛苦、难堪或耻辱的负性情绪体验，如内疚、害羞、尴尬等。

（3）在面临机会选择或竞争情境时，个体对不同行为方式的后果作出预期，并根据自身的期望和价值取向调节对社会信息的认知和加工过程，在这一过程中引发的情绪被称为“自我预期的情绪”，如后悔、嫉妒等。嫉妒是指个体意识到自己所占有的某种价值（可以是具体的实物如财富，也可以是抽象的关系、品德等）将要被他人占有，或者缺乏他人所拥有的某种价值，进而感觉自己在某一方面处于劣势时所产生的包括焦虑、担忧、悲哀、失望、愤怒、敌意、憎恨、羡慕等多种不愉快的情绪，是一种错综复杂的情绪体验。

3. 情绪状态的主观体验

依据情绪发生的强度、持续性和紧张度，可以把情绪状态分为心境、激情和应激。

（1）心境是一种比较微弱、持久且具有渲染性的情绪状态，构成其他心理活动的“背景”并影响其功能执行。心境不是关于某一事物的特定体验，而是以相同的态度体验对待一切事物。例如，一提起林黛玉，我们首先想到就是“多愁善感”，于是，我们可以说林妹妹的心境就是如此。反之，我们身边也不乏“乐天派”的心境。

（2）激情是一种持续时间短、表现剧烈、失去自我控制力的情绪体验，通常是由强烈的欲望和明显的刺激引起的。在激情状态中，个体所体验到的愤怒、绝望、喜悦或悲伤都是很难克制且程度强烈的。此时的个体有剧烈的状态变化和明显的表情动作，甚至发生痉挛。人们常常不能意识到自己在做什么，不能控制自己，不能预见行为后果，不能评价自己的行为及意义。

（3）应激是在出乎意料的紧张情况下所引起的情绪状态，例如遭遇威胁生命安全的突发事件。人体会把各种资源（首先是内分泌资源）都动员起来，应付紧张的局面。在应激状态下，个体会产生一系列的情绪体验。应激状态的持续时间也较短，在刺激事件结束之后，会很快消失。

4. 情绪主观体验的终生发展

人类情绪产生的时间很早。一般认为，婴儿在 5 至 6 周时就会出现兴趣和微笑（即社会性微笑），3 至 4 个月开始出现愤怒和悲伤。6 至 8 个月开始体验到对母亲、抚养者等亲近者的依恋，并随之产生对陌生人的焦虑和与重要抚养者（如母亲）分离的焦虑等。大概从 1 岁半至 2 岁，婴儿逐渐体验到羞愧、自豪、同情、内疚等更高级、更复杂的自我意识情绪。进入幼儿期（1 岁半至 3 岁），儿童情绪的体验由生理性体验向社会性情绪体验过渡，例如在成人满足其安全的需要和爱的需要的情况下会产生愉快的情绪体验。3 至 5 岁的儿童已经可以反省自己的情绪体验。学龄儿童（7 至 12 岁）情感日益丰富，随年龄增长出现高级情感，如道德感、尊重、怜悯等。青春期（11、12 岁至 17、18 岁）是个体心理更复杂的时期，青少年开始内省个体的情绪体验，并且对他人尤其是同伴的情绪十分敏感，情绪体验的时间也有所延长，情绪体验的内容更加深刻丰富。但与儿童和成年人相比，青春期少年的情绪体验表现出波动性明显的特点，具有更多的极端而短暂的情绪。

情绪的发展从婴儿早期一直持续到成年，但成年期的发展特点已经产生了变化。成年人往往通过职业、伙伴的选择和其他活动来寻求建立稳定而个性化的生活方式，以满足情绪体验，而不再追求各种新异的复杂情绪体验。换句话说，成人会努力通过各种方式在自己的生活中融入自己选择的情绪体验，例如职业选择、婚姻、养育后代、休闲活动等。

大量的证据表明情绪体验会随年龄增长变得越来越积极，即人们体验到了更多的正性情绪，而负性情绪体验在减少。但进入老年期，尤其是65岁之后，随着生命终结的接近，负性情绪体验开始增加。

（二）情绪的外部表现

如果说主观体验感受是觉知自我情绪的主要方式，那么，外部表现即是了解他人情绪的首要途径。我们通过对情绪的外部表现（也称"表情"）的识别来达到对情绪状态的确认，表情包括面部表情、姿态表情以及语调表情。

1. 面部表情

早在20世纪70年代，达尔文就曾指出，情绪是先天的、非习得的反应，由一整套复杂的肌肉运动（特别是面部肌肉的运动）构成，世界各地不同文化中的个体，情绪表达的方式是大致相同的。人们在开心的时候都会嘴角上扬。

达尔文的发现被Ekman等人再次证实。1971年，Ekman和Friesen来到一个与世隔绝的新几内亚部落里，调查部落成员识别西方人面部表情的能力，他们发现部落成员能够轻松地完成任务，反过来，他们的面部表情也很容易被西方人识别。一些基于先天失明、后天失明与视觉正常人群的对照实验也为此提供了证据。最终，人们得到较为一致的结论：基本表情的识别和产生具有跨文化的一致性。

因为影视作品、综艺节目等为大家所熟知的"微表情"也能够证实基本表情的跨文化一致性。"微表情"是指在时间上呈现特别短暂的表情，持续时间约为1/25至1/2秒。微表情既可以是整个面部肌肉的动作，也可以只是面部中一部分肌肉的动作。已有研究发现微表情都在主要基本情绪范畴内：高兴、悲伤、愤怒、厌恶、恐惧、惊讶等。尚未发现超出基本表情的微表情。微表情表达的是人们想要压抑、隐藏的真实意图，所以往往出现在说谎的时候，且本人难以觉察。一些研究者就发现，即使说谎者故意采用掩饰策略去隐藏，仍然无法阻止真实表情的泄露，微表情还是会出现，一般是不可以被自主控制的。微表情被认为是通向谎言识别的最好方式。

多读一点：微表情的故事

临床心理学者Haggard和Isaacs在1966年率先发现"微表情"，认为微表情与自我（ego）防御机制有关，表达了被压抑的情绪。他们的研究当时并未引起其他研究者的重视。

因一个偶然的机会，Ekman 和 Friesen 在 1969 年也发现了微表情。他们受一位精神病学家的委托，对一段抑郁症患者撒谎以掩盖其自杀意图的录像进行检测。起初，Ekman 等人并未从这段视频中发现该患者有任何异常表现：该患者显得很乐观，笑得很多，表面上没有表现出任何企图自杀的迹象。但当对该录像进行慢速播放并逐帧进行检查时，他们发现，在回答医生提出的关于未来计划的问题时，该患者出现了一个强烈的痛苦的表情。在整段视频中，这个表情只占据了两帧的画面，持续时间仅为 1/12 秒。因持续时间特别短暂，Ekman 和 Friesen 称之为“微表情”。

2. 姿态表情

身体姿态与面部运动相比要更为丰富和复杂。某些特定的身体运动和姿态伴随特定的情绪，比如两手机械地搓、手指交叉分合、玩弄手指或小物件等，常代表内心紧张不安；摇头、摇手、突然急速反复调整坐姿，常是不耐烦、不同意的表示。但较之面部表情，失去了跨文化的一致性——在大多数文化中，摇头表示“反对”，但在印度，其代表的含义却是“赞同”。

另外，有些身体运动和姿态（不包括面部运动）只能表现情绪的强度，而无法表现情绪的具体内容。例如，举起紧握的拳头在空中挥舞，可以是球迷在喜悦、激动时刻的“振臂欢呼”，也可能出现在愤怒、咆哮的人身上。

3. 语调表情

日常说话时，除了所要表达的内容外，还有语音语调也能提供丰富的信息。高兴时说话声音通常音高更高、响度更大、语速更快；而相反地，悲伤时说话声音音高较低、语速较慢。

Sauter 等人设计了一个 Ekman 和 Friesen“新几内亚实验”的声音版本。他们邀请了使用英语的欧洲人和与世隔绝的纳米比亚北部村庄土著作为被试者。被试者首先会听一则故事，然后听两段不同的声音（叹息、呻吟、大笑等），其中一段与故事表达的情感吻合，结果发现，两组被试者都能毫不费力地选择出恰当的声音信息。由此说明：语调表情的识别与产生也具有跨文化的一致性。

目前，在心理学界普遍认为非言语行为（主要包括姿态表情、语调表情）所包含的信息和意义十分丰富且重要，在心理咨询与治疗工作中尤为重视姿态表情。临床心理学工作者认为，非言语交流可以提供认识隐蔽的情绪感受的线索。有证据表明，“非言语信息”比“言语信息”更加可靠，前者往往会无意识地“泄露”当事人的真实感受，因为较少受到意识层面的控制。识别这些信息，有助于更好地理解当事人及其问题所在。其实，大多数人在成长过程中，经过长期的人际交往，已经具备了“察言观色”的能力。进一步讲，我们不仅能够“读懂”他人的姿态表情的意义，也在日常生活中，有意或无意地应用着这些非言语行为来进行人际互动。

（三）情绪的生理激活

情绪的生理激活包括自主神经系统、中枢神经系统以及内分泌系统中神经化学物质的改变。

1. 自主神经系统

自主神经系统是控制各种腺体、内脏和血管的神经系统，这种神经控制的活动如心跳、呼吸等都是不受个体意志和中枢神经系统支配的，所以也称为“植物性神经系统”。

当个体受到情绪性信息刺激时，或机体处于某种情绪状态时，自主神经系统内部会发生一系列的生理变化，生理唤醒水平和器官激活程度都会明显地不同于常态生理节律。常见的生理表现有 5 大类：①心血管，包括心率、血压和心率变异性等指标；②皮肤，主要指皮肤电导水平和皮肤温度；③呼吸，包括呼吸频率、呼吸变异性和呼吸潮气量等；④肠胃，主要是胃电；⑤眼睛，一些研究者将眼睛的瞳孔直径变化、眨眼等也作为情绪自主神经反应的一项生理指标。害怕时的心跳加速、呼吸急促，即是自主神经系统活动的最好证明。

2. 中枢神经系统

中枢神经系统是神经系统的主要部分，包括位于椎管内的脊髓和位于颅腔内的脑。

以往诸多研究发现，与情绪有关的大脑区域主要包括前眶额皮层、腹内侧前额皮层、杏仁核、下丘脑、脑干、扣带回皮层、丘脑、海马、伏隔核、脑岛及感觉皮层等。例如，人们通过实验发现，用微弱电流刺激下丘脑、边缘系统（边缘系统是指高等脊椎动物中枢神经系统中由古皮层、旧皮层演化成的大脑组织以及和这些组织有密切联系的神经结构和核团的总称，其重要组成部分包括海马结构、海马旁回及内嗅区、齿状回、扣带回、乳头体以及杏仁核）的某些部位，可使人或动物产生快感，由此，许多心理学家认为，在下丘脑和边缘系统内存在“快乐中枢”。

随着正电子放射断层扫描（PET）、功能性磁共振成像（fMRI）、脑磁图（MEG）和事件相关电位（EEG）等高时间和空间分辨率技术的发展，心理学和认知神经科学研究者采用这些技术系统考察人类情绪活动的中枢神经机制，得到更多更翔实的成果。

3. 内分泌系统

内分泌系统由内分泌腺和分布于其他器官的内分泌细胞组成。神经系统与内分泌系统经常被认为是两个彼此独立的系统，但实际上二者是紧密联系、密切配合和相互作用的两大生物信息传递和调控系统。

情绪中的许多生理变化都同内分泌腺的活动有关，其中肾上腺与情绪的关系最为密切。肾上腺既受自主神经系统所支配，又受中枢神经系统的直接调节。肾上腺由皮质和髓质两部分组成。一些研究认为消极情绪与皮质醇之间关系密切，恐惧、焦虑、无望、失控的情境可以造成皮质醇的释放，因此皮质醇又被称为“压力荷尔蒙”。而髓质分泌的肾上腺素、去甲肾上腺素、多巴胺等能够促进生理应激反应，这些激素统称为“儿茶酚胺”。其中，多巴胺能影响一个人对事物的欢愉感受，从理论上讲，增加脑内的多巴胺含量，就能让人兴奋。例如可以尝试食用富含酪氨酸的食物（谷物、乳制品、豆类等），而酪氨酸可以在体内生物酶的作用下转化为多巴胺。

二、情绪的意义

在我国，很早就有“七情内伤”的说法，加之“怒伤肝，喜伤心，忧伤肺，思（悲）伤脾，恐伤肾”等思想一直延绵至今，过度的、负面的情绪对健康有消极影响这一观念可谓早已深入人心。

现代情绪应激的众多研究也已经表明，不良情绪——特别是由令人紧张的刺激所引起的不良情绪，如焦虑、抑郁、惊恐、害怕、孤独、自卑、烦恼等，可以改变机体的机能，而增加个体对疾病的易感性。不良情绪会导致机体的免疫细胞（如“自然杀伤性细胞”）水平的降低，进而使得人体免疫能力下降。而几乎所有的慢性疾病的发病及死亡都与负性情绪有相关性，包括癌症、哮喘及心血管等疾病。

除去躯体上可以看到症状的疾病之外，长期的负性情绪也同样损害心理机能。由美国精神医学学会编写的，最常用的诊断精神疾病的指导手册《精神疾病诊断与统计手册》（第5版）将情绪障碍分为焦虑障碍、抑郁障碍、双相情感障碍等。无论是哪种损伤，不良情绪都是致病的重要中介因素，是看不见的隐形杀手。

值得一提的是，当前学者们在谈到情绪与健康问题时，更多的是从情绪不利于个体健康的角度来关注的。实际上，像愤怒、恐惧、绝望这些情绪在某些时候也是能促进个体健康发展的。而且，我们必须强调，只有长期或者过度的不良情绪反应才最终导致个体出现破坏性适应，即产生疾病。

诚然，情绪确有消极的影响。然而，情绪之所以能在亿万年的进化中保留下来，成为人与动物的本能，一定也存在着积极的意义。心理学工作者在此方面的努力，也形成一片广阔的研究领域，其理论与结果给我们更全面地理解情绪提供许多参考。

（一）情绪的适应功能

俗语云：“会哭的孩子有奶吃。”婴儿刚出生时，由于包括大脑、肢体在内的有机体都尚未发育成熟，无法用言语表达自己的需求，更无法独立觅食以维持生存，只能依赖情绪、表情来传递信息，使得哺育者及时调整婴儿的生活条件，以保证其健康成长。这对于婴儿——甚至上升至整个人类繁衍的高度——具有重大的意义,这就是情绪的适应性功能。情绪能够帮助有机体作出与环境相适宜的行为反应,从而有利于个体的生存和发展。

个体(不仅指人类,也包含许多高级动物)利用情绪来评估当前环境或事物对自己的意义,并根据评估结果来调整适应性的应对行为。例如,当目标受到威胁或阻碍,或者目标需要作出调整时,往往伴随着焦虑情绪的产生,个体便需要停下正在进行的活动,警惕周围环境,思考是否作出下一步的行为转变,以进行自我保护或适应环境。

(二)情绪的动机功能

在日常生活中,人在缺水或缺氧的情况下,血液成分会发生变化,产生补充水分或氧气的生理需要,于是乎我们会感觉到口渴或憋闷。在这种情况下,我们也许会作出行为上的改变,以获取水源或新鲜空气;也许这种生理驱力不足以使我们作出行为上的改变。而与此生理需要一并产生的情绪感受,如恐慌感、急迫感,却可以增强这种生理驱力,两者合并起来成为驱策个体行动起来的强大动机。这就是情绪的动机功能。

情绪是动机系统的一个基本成分,它能够驱策有机体发生反应、从事活动,在最广泛的领域里为人类的各种活动提供动机。最为典型的当属情绪的学习动机功能:与兴趣和好奇心有关的情绪感受,能够激发出个体积极的学习行为,获得较佳的学业成就。正所谓:"知之者不如好之者,好之者不如乐之者。"

(三)情绪的组织功能

情绪不仅能够激发和维持个体的行为,还能够影响行为的效率。近年来的研究证明,情绪可驱动认知活动,调节认知加工过程和人的行为,同时认知过程对信息的评价也会诱导情绪产生。在这样的相互作用中,情绪起着调节和组织的作用。情绪心理学家把情绪对其他心理过程的影响称为"组织作用"。

可能我们都有这样的经历,心情沮丧时容易回忆起生活中痛苦的、不开心的经历,而开心时则更多地回忆起幸福、快乐的时光。这种现象称为"情绪一致性记忆",也就是当我们处于某种积极或消极的情绪状态中,更容易对相同或类似情感色彩的信息进行认知加工。研究发现,带有情绪色彩的内容,较之非情绪性信息,更容易记忆,且回忆得更精确。可以称之为"情绪记忆增强效应"。该效应有助于人类更好地记住危险或有利情境等信息,从而趋利避害作出决策。这可以帮助我们应用于日常的学习、生活,想要记得住,就给事物多加一点儿情绪色彩。

同样,人们的行为也会被当时的情绪所支配。如上所述,当人处在积极、乐观的情绪状态时,倾向于注意事物美好的一面,态度和善,乐于助人;而消极情绪状态则使人产生悲观意识,失去希望与渴求,也更易产生攻击性。通常人们会认为,正性、积极的情绪对认知、行为起到协调、组织的作用,而负性、消极的情绪会起到破坏、瓦解或阻断的作用。但不尽然,如愤怒、焦虑等负面情绪也可以促进人的认知活动。研究者认为,愤怒情绪具有自信度较强的性质和指向于外的倾向,中等强度的愤怒一旦爆发出来,有可能组织个体倾向于面对的任务,导致较好的操作效果。可见,负性情绪并不一定就会破外、干扰认知过程。

另外,即便是正性情绪,也不是完全起积极、协调作用的。研究发现,中等唤醒水平的愉快和兴趣情绪,能够为认知活动提供最佳的情绪背景,愉快强度与操作效果的关系呈现倒"U"形曲线,过低或过度的愉快唤醒均不利于认知操作。正如范进因中举喜极而疯。

(四)情绪的信号功能

前面提到了婴儿通过情绪、表情来表达自己的需求,让养育者来作出相应的反应,其实已经提到了情绪的另一个重要功能,就是"信号功能"。情绪在人际间具有传递信息、沟通思想的功能。例如,微笑能够传递积极信息,可以被视为一种愿意建立关系的信号。

语言是人际交流的主要工具,而情绪信息的传递则应当说是语言交际的重要补充。在许多情境中,表情能使言语交流所造成的不确定性和模棱两可的情况明确起来,成为人的态度、感受的最好注解;而在另一些场合中,人的思想或愿望不宜言传,也能够通过表情来传递信息。在电影业发展早期,无声电影正是通过演员的各种表情和动作来向观众传递信息的。

长久以来,研究者们一直尝试理解情绪与行为之间的关系,并由此展开了许多以"情绪"与"行为"为主题的各项研究。研究结果比较一致地表明,情绪和行为之间是互相影响的。例如,人们微笑是因为快乐,同时人们也会因为微笑而变得更加快乐。而日常人们所描述的与情绪相关的行为,如一怒之下产生的伤人举动,更多的是一系列心理评价过程的结果。若想理解此类行为与情绪之间的关系,须逐步了解情绪的意义以及个体的应对问题的方式,综合解析。一味归咎于情绪,失之偏颇。情绪并无好坏、对错之分,关键是我们如何对待它。

“情商”（EQ）哪里来？

决定一个人能否成功的因素有很多，最初心理学家们关注的是智力因素。但在20世纪80年代，狭义的智力概念受到越来越多的挑战，越来越多的心理学家认识到，还有很多因素（例如音乐能力、运动能力、人际交往能力等）会影响一个人的认知能力，也会进一步影响一个人的发展与成就。1990年，耶鲁大学的Peter Salovey和新罕布什尔大学的John Mayer根据情绪和智力研究领域的研究成果，逐步提出了“情绪智力”这一概念——包括：精确的知觉、评估和表达情绪的能力；接近或产生促进思维的情感的能力；理解情绪和情绪知识的能力；调节情绪促进情绪和智力发展的能力。由此，“情绪智力”作为智力的一部分受到越来越多的民众的关注。

1995年，美国一家杂志社的编辑Goleman基于Salovey和Mayer的情绪智力理论，同时搜集许多关于大脑、情绪和行为的有趣信息和日常生活素材，编写了《情绪智力》一书，将情绪智力定义为“自我意识、自我管理、自我激励、认识他人情绪以及处理人际关系”，声称“情绪智力是成功的最好预测指标”。经过《时代周刊》在其封面为此书做的宣传工作，该书立即成为风靡全世界的畅销书，“情绪智力”的概念也很快传遍世界。而中国台湾学者在翻译这本书的时候，擅自在书名上添加了“情商（EQ）”字样。成功将“情商”的概念带入大众视野。

Salovey和Mayer多次在著述中进行区分，试图为情绪智力的科学发展提供更好的出路。1999年9月，Mayer在美国心理学会的在线网络上发表题为“情绪智力：通俗或科学的心理学?”，明确指出：“情绪智力”是两个世界的产物，一个是畅销书、新闻报纸和杂志中的通俗文化世界；另一个是科学杂志、学术专著和同行评审的世界。不过，这两个世界的定义都扩展了人们对智力的认识。

时至今日，各种励志类、成功学书刊充斥市场，不少有关“情商”的出版物和文章都宣扬“二八原则”——“成功＝20%智商（IQ）＋80%情商（EQ）”的成功公式，但这一观点却曲解了原作者的意思。Goleman（1995）在原文中是这样阐述：“智商（IQ）至多只能解释20%的生活成功变异，还有80%需要其他因素来解释”。但后来的出版物把其他因素完全理解为“情绪智力”（EI）——甚至描述为“情商”（EQ）——这一个因素是不妥的，这过分夸大了情绪智力的作用。

第二节 情绪的应对

了解过情绪的“秘密”，我们会明白所有情绪都有其价值，都有适应性的一面。然而，生活中难免有一些情绪会成为困扰，让自己束手无策，甚至在情绪的驱动之下，作出了不合时宜的行为，导致了不良的后果。我们不能对情绪置之不理，放任自流，也不应一味地克制情绪、否定情绪。如何科学地应对情绪问题，将是本节的主要内容。

首先了解一下最为常见的两种情绪困扰——焦虑、抑郁以及如何应对焦虑和抑郁。

一、焦虑与抑郁

（一）焦虑

焦虑是一种极其常见的情绪，尤其面临重要事件之时，心里难免产生紧张、焦虑的感觉，乃至“寝不安席，食不甘味”。现代心理学将焦虑界定为：个体受到威胁和处于危险情境中的退缩或逃避的体验。焦虑是恐惧和其他多种情绪（如愤怒、痛苦等）的结合。

焦虑可以分为两种形式：一种是由于客观环境对个体造成威胁而引发的焦虑。刺激源是具体事件或情境，例如考试、演讲、求职等。另一种焦虑是由于某种威胁或危险感受长时间在心理上盘踞，导致长期的失败感和挫败感，以致对任何情境都感到紧张着急、惶恐害怕、心烦意乱，注意力难以集中，思维迟钝，记忆力减弱，同时常常伴有头痛、心律不齐、失眠、食欲不振及胃肠不适等身体反应。

适当的焦虑是有好处的。有研究表明，一定程度的焦虑能让人表现得更好，中等程度的焦虑会带来最佳的学习效果，而焦虑程度过高或过低才会降低学习效果。适当水平的焦虑能帮助个体客观认识自己的处境，能够看到各种利弊。近年来，一个研究发现了这样一种相关性：焦虑水平高的人，在智商测试中表现更好，尤其是语言表达方面的智力。

从焦虑的内涵可以看出，生活中的大部分焦虑情绪，源于压力情境。在当今社会，压力无处不在，焦虑便已经成了生活中的一部分。也就是说，在面对生活中的许多状况时，产生焦虑是合情合理的。认识到这一点是大有裨益的。若要消除焦虑，积极的、建设性的办法就是消除生存压力，从而实现人生的进步与发展。从这个角度来说，焦虑也是人类进步的一种阶梯。

使用“深度放松练习”可以缓解焦虑情绪。此处提到的放松不仅仅是看视频、玩游戏、泡个澡，尽管这些方式能够起到暂时放松的效果。深度放松是指让自己处于一种不同于平时的生理状态，这种状态与身体在压力或遭受恐慌时的反应完全相反。

（1）腹式呼吸。人处于紧张状态时，呼吸通常变得浅而快，并且是用胸部呼吸。放松时，呼吸会更加充分、更深，并且是用腹部呼吸。因而，刻意地练习腹式呼吸将帮助人们体验到放松的感觉。

（2）渐进式肌肉放松，是指将全身肌肉划分区块，依次用力拉伸一组肌肉群，持续大约 10 秒钟，然后放松，体验肌肉放松的感受。渐进式肌肉放松尤其对因肌肉紧张而导致的焦虑有帮助，缓解长期紧绷的身体部位。

（3）冥想、瑜伽、舒缓的音乐都可以对焦虑情绪有调节作用。冥想可以让人进入一种平静的状态，忘却之前的或之后的事情，只是单纯地关注此时、此地的状态。这对缓解大脑的紧张和劳累十分有用。瑜伽对身体的帮助与渐进的肌肉放松运动相似，对大脑的益处又与冥想类似。而舒缓的放松性的音乐，不仅可以使人平静下来，也可以结合其他方式，如作为渐进式肌肉放松或冥想的背景音乐，也能发挥作用。

向他人诉说内心的感受，寻求他人的温暖陪伴与支持，可以帮助自身缓解一定程度的焦虑情绪。临床心理与心理咨询领域的研究发现，温暖、理解的人际关系氛围是具有疗愈作用的。一方面，任何情绪得以表达，疏泄出来，就会如释重负；另一方面，在理解、接纳的氛围中，人们对自己的看法会更加积极，进而激发内心深处的自我效能感。当自己无法应对时，身边人也不能帮到自己时，及时寻求专业的心理帮助，也是明智之举。

前文中提及，当焦虑情绪超出一定的程度，对一个人的身心机能产生损害之时，焦虑则成为机能适应不良的一种障碍，便划为精神医学认定的情绪障碍范畴。符合相关诊断标准时就会被诊断为“焦虑症”，也称为“焦虑障碍”。焦虑障碍与生活中的焦虑情绪区别在于：①前者程度更重（例如“惊恐发作”）；②前者持续时间更长（焦虑的感觉不会随着压力情境的消失而消失，并可能持续几个月）；③前者引发的恐惧会干扰正常的生活。

目前，精神医学界对于焦虑障碍的发病机理尚无定论。焦虑作为一种常见的情绪，是认知和生理系统的重要中介机制，因而，焦虑障碍的病因也可以从认知与生理病理两方面进行解释。通常认为不合理的认知是应激生活事件的诱因，比如 Ellis 提出的非理性情绪理论。而神经递质（5-羟色胺、γ-氨基丁酸、去甲肾上腺素等）与内分泌机能（下丘脑和垂体）异常是主要的神经病理原因。当然，某些躯体疾病也是导致焦虑的原因之一，如甲状腺亢进、肾上腺肿瘤等。相关研究还进一步表明，焦虑的发病与遗传因素也有密切关系。在对焦虑障碍起因的研究中，不同学派的研究者也有不同的意见，这些意见并不一定是相互冲突的，而很可能是互补的。

腹式呼吸练习

1. 记录下你紧张的程度。然后,把一只手放置在胸腔右下的腹部处。

2. 通过你的鼻腔慢而深地吸气到你肺的最底部,换一种说法就是,尽你所能把空气呼吸到身体的最深处。实际上,如果你从腹部呼吸,你手放的位置要高一些。当你的腹部膨胀时,你的胸腔会有些轻微的移动(在腹式呼吸中,横膈膜会向下移动,在这种情况下,腹腔周围的肌肉会向外推)。

3. 如果你已经深深地吸了一口气,暂停片刻,然后慢慢地从鼻腔或口腔(视你自己的喜好而定)呼出,并确定气体完全呼出。当呼出气体时,要让你的整个身体放松(你可以看到自己的胳膊或腿变得放松而柔软,就像一个布娃娃)。

4. 做 10 次慢而深的腹式呼吸。试着保持你的呼吸平稳而有规律,不要猛地吸一口气或一下子把气完全呼出。当你吸气时慢慢地数到 4,然后呼气时再慢慢地数到 4,这样做有助于让你的呼吸慢下来。记住在每次吸气后要暂停片刻,然后慢慢呼气。每次呼气时从 10 开始倒数到 1。这个过程进行如下:

慢慢吸气……暂停……慢慢呼气(10)

慢慢吸气……暂停……慢慢呼气(9)

慢慢吸气……暂停……慢慢呼气(8)

……

直至倒数到“1”。练习腹式呼吸时,如果你开始感到有点儿头晕,那么就停止 15 至 20 秒,再接着进行。

5. 如果你愿意,可以通过做两组或三组腹式呼吸来扩展练习,记住每组练习都要从 10 倒数到 1(每次呼气时数一下)。5 分钟的腹式呼吸对减轻焦虑或者早期恐慌的症状有重要影响。也有一些人更愿意从 1 数到 10。不管是从 1 数到 10,还是从 10 数到 1,只要觉得适合你,就放心大胆地这样做吧。

每天进行腹式呼吸或者平缓呼吸练习 5 分钟,至少坚持两周。如果可能,每天固定一个时间做,使呼吸练习成为一种习惯。在练习过程中,你可以在短时间内学会如何使焦虑或恐慌的生理反应减弱。

引自 Edmund Bourne《心理医生为什么没有告诉我》

(二)抑郁

抑郁,也是一种常见的情绪体验。几乎每一天,我们都有可能产生不止一次的抑郁感受。而当今社会,抑郁、郁闷之类的感受,已经成为一种流行,经常被人们挂在嘴边。同时也说明了抑郁情绪存在的普遍性。

一般来讲，抑郁是指由于生活学习中遇到挫折而引起的暂时失去活力和动力的状态。抑郁是一种复杂的复合情绪，主要包含痛苦，并按不同情况而合并诱发愤怒、悲伤、忧愁、自罪感、羞愧等情绪，它比任何单一负性情绪的体验都更为强烈和持久。

而抑郁情绪的功能性在于，当个体处于抑郁情绪状态时体验到的痛苦和悲伤，会促使个体远离对自己不利的情境或刺激物，这会警示个体努力避免重要的资源再次丧失。也可以促使人们更加冷静理性地分析自己的所作所为，完善自我，走向成熟。从而增强了人类的生存适应性。

已有研究发现，抑郁情绪通常能使人们更多地去高度思考和分析问题——沉思，从而无法关注其他事情。抑郁的人可以将一个极为复杂的问题一步步分解，更易于解决。也就是说，抑郁情绪可以帮助个体专心于一件事情而不受到外界干扰或分心，进而可以帮助个体分析、解决复杂的问题。有一个研究就发现，在智力考试中，越抑郁的人得分越高。所以有些时候当你体验到抑郁情绪时，也不一定就是坏事。

目前较多的研究一致认为，体育运动能够明显地缓解抑郁情绪。短时有氧运动有利于个体积极情绪的改善。跑步（多指慢跑）一直是最受欢迎的有氧运动形式。大量的研究证明跑步对克服沮丧有好处，因为跑步能够提高大脑中 5- 羟色胺等的含量。骑车会带来许多与慢跑相同的好处，但为了达到有氧运动的目的，骑车需要较大的强度。游泳、有氧健身操、快走、各种球类运动等，也被认为是非常好的运动类型。

另外，向他人诉说内心的感受，寻求他人的温暖陪伴与支持，积极寻找自身的“闪光点”，对缓解抑郁也有一定的作用。此外，不要忘记，必要时应寻求专业的心理帮助。

但是，如果抑郁情绪持续时间过长，眼前的一切仿佛都笼罩着一层暗淡的灰色，学习效率大大降低，自我评价极低，常常自怨、自责，认为自己无能无用，对他人有愧疚之情，对生活失去信心，甚至产生自杀的念头和行为，那就要引起自己的警惕，有可能遭遇了抑郁障碍（或称“抑郁症”）。

抑郁症是一种常见的精神疾患，也是世界范围内造成精神障碍的主要原因之一。据世界卫生组织（WHO）2017 年发布的数字，全球各年龄层共有约 3 亿人患有抑郁症。2005 至 2015 年，这个数字增加了 18% 以上。在西方国家，抑郁症也被称为“心灵感冒”。抑郁症的主要特点是悲伤、空虚和易激惹的情绪，并且伴随着显著的躯体和认知的改变，而这种改变会很明显地影响到个体的各项机体功能。最严重时，抑郁症可引致自杀，每年有数十万人因此而失去生命。

正如绝大多数精神障碍一样，抑郁症的具体病因目前并不清楚。多数学者倾向于认为环境应激事件、生物因素及认知因素这三者的交互共同导致了抑郁症的病发。与焦虑症一样，当前抑郁症的病理神经学上的研究主要涉及脑皮层区域、神经递质

（5- 羟色胺、去甲肾上腺素、多巴胺以及乙酰胆碱等）、内分泌三方面的研究。此外，研究者在遗传因素上也发现相关证据。从临床的治疗效果来看，5- 羟色胺假说得到较多的证据支持。

（三）焦虑、抑郁情绪的评定

关于焦虑、抑郁水平的测量与评定，网络上充斥着庞杂的信息。大家在选用时，要注意甄别，一定选取专业、正规的心理学或精神医学测量与评定方式，以免因为“糟糕”的结果带来心理上的负担。

可以测量焦虑情绪（或称“焦虑障碍”）的量表有很多，临床中常用的有汉密尔顿焦虑量表（HAMA）、焦虑自评量表（SAS）、7 项广泛性焦虑障碍量表（GAD-7）、90 项症状清单（SCL-90）等。常用来评定抑郁情绪（或抑郁障碍）的量表有汉密尔顿抑郁量表（HAMD）、抑郁自评量表（SDS）、贝克抑郁问卷（BDI）、9 项患者健康问卷（PHQ-9）、90 项症状清单（SCL-90）等。

即便是专业的心理测验、医学量表等工具，其结果也需要有专业工作人员进行解读。切忌盲目根据文字描述“对号入座”。心理测量、精神医学评估具有间接性和相对性，也存在测量误差和变化因素，因此解释量表评估结果时应谨慎、客观，要考虑可能会影响测量结果的各种因素。有时需要更多的背景信息来辅助理解测验结果。又比如，某测验的结果比正常临界值高 1 分，未必就具有临床显著性意义。而这些信息是很容易被没有相应的心理学、精神病学知识的大众忽略的，不应当随便给自己扣上“焦虑症”“抑郁症”的帽子。

二、情绪的调节

情绪的产生和发展过程是不能完全由理性控制的，也不能完全由意志改变。因此，重视自身情绪发展的规律，明白哪些是主观可以调节的，哪些是情绪发展的客观过程，可以帮助我们更好地与情绪相处。

情绪的应对，可以是短暂的、即时的情绪处理，也包含长期的、心境的调节。以下将介绍调节情绪的一些具体技巧和理念，既能够应对可能的情绪困扰，又可以更加科学地对待情绪，了解并运用情绪背后的意义，帮助我们更好地生活。

（一）认知并接纳自己的情绪

孙子兵法中谈到“知己知彼，百战不殆。”我们虽不至于与情绪为敌，但若要好好调节情绪，却也少不了对其有一个全面的认识。上文已经从普适角度描述了许多情绪的“奥秘”，接下来我们需要了解自己情绪的“秘密”。

首先，学会识别情绪的能力。对于简单的情绪，我们可以轻易地说出它的名字：

愤怒、悲伤……然而,由于文化、教育等各种因素的影响,当心头浮现一些复合、复杂的情绪时,我们却可能无法准确说出那是什么感受,只能含糊地说“感觉很不好”“很难过”……或者,情绪出现的当下,我们没有觉察到自己已经产生了情绪,直到自己的表情、姿态出卖自己……对于前者,我们可以主动学习一些情绪词汇,透过文字意义了解更多的感受。表达愉悦、兴奋的词汇有:欣喜(若狂)、欢喜、幸福、欣快、振奋等。表达生气、敌意的词汇有:恼怒、盛怒、狂怒、怒发冲冠、烦躁、愤慨等。表达困惑、迷惑的词汇有:糊涂、疑惑、慌乱、混乱、迷失、不知所措等。对于后者,需要我们首先培养一种自我觉察的意识,试着记录自己的情绪反应与表现,并积极反思。将复杂、复合的情绪体验,抽丝剥茧,分解为更加简单的情绪,也有利于进一步理解情绪的意义。

其次,了解自己的情绪特点。一个人的情绪特点,往往与其气质和性格特征密切相关。甚至在描述一个人的性格特征时,也会使用形容情绪的词汇,如多愁善感。与之相反,性格大大咧咧的人,在情绪体验、表达的内容和形式上,肯定与前者天差地别。因此,了解自己的气质与个性,对于认识和把握自己的情绪特点有着重要的意义。

觉察自己情绪的一个有效方法是进行横向与纵向比较。横向比较即与自己相似的人比较:若相同情况发生在和自己同龄、情况相近的同学身上,同学会有怎样的反应,我的反应与之有何异同?如果大家的情绪反应相似,至少说明这是普适的情绪;如果反应不一,我们可以进一步思考自己产生这种情绪的意义。纵向比较即与自己之前的情绪经验相比:我之前也遇到过这种情况,当时的情绪是怎样的,和这次有什么不一样吗?如果相似,可以帮助自己认识到自己的情绪特点;如果不一样,我们依然需要进一步思考。

但不管自己的情绪特点是怎样的,我们都要接纳自己的情绪,因为情绪无好坏、对错。接纳就是不批判、不抗拒,承认自己拥有情绪感受,并去体会它。当你真正能够与情绪“和平共处”的时候,你会发现情绪没有原来你想象中那么可怕、不可控,它就像潺潺流水,静静地来,也会静静地走,却不舍昼夜。

(二)表达与疏泄自己的情绪

可以说,情绪是一种能量,表明我们是鲜活的生命体,表明我们有敏锐的感受力。而这种能量会积累,那些未被合理表达和释放的情绪会累积下来,储存于我们的身体之中。它不会自然而然地消失,每当新的事件诱发了旧有的情绪,我们就可能受到它的控制,而不再能掌控自己的行为……因而,情绪需要表达和疏泄。

1. 情绪表达

一般来说,情绪的表达可以分为3种途径。

（1）向自我表达情绪，即通过自主学习有关情绪的知识，增强识别自身情绪的能力，能够分析自身情绪产生的性质、特点及原因等，以便利用合适的方式进行自我调节。

（2）向他人适当表达情绪，适当地向朋友、亲人表达自己的情绪，既能增进相互理解、促进关系，又能够获得来自别人的支持。有研究认为，倾诉对于情绪的疏解有重要的作用。

（3）升华表达，情绪的升华表达就是将情绪的能量指向高层次的需要，如尊重、自我实现等。情绪的升华表达能够对强大的心理能量加以疏导，凝聚到学习、工作或生活中。著名作家歌德在失恋以后把失恋后的情绪转化为创作的灵感，写出了著名的《少年维特之烦恼》。化悲痛为力量是典型的情绪的升华表达。

2. 情绪疏泄

情绪疏泄的具体方式可以有很多。例如，上文已经提到的“深度放松练习”可以缓解焦虑情绪，同时其对恐惧的情绪也有调节作用。而有氧运动对于焦虑、抑郁等多种负面情绪均有缓解、弱化的作用，甚至可以辅助产生积极的情绪。

除此之外，每个人可能还有属于自己的特殊的疏泄情绪的方法，比如捏气泡膜或者捏方便面，能够让人减压，舒缓焦虑的情绪；用拳击、打沙袋的方法，释放心中的愤怒；等等。其实疏泄的途径不一而足，不胜枚举，每个人都可以去探索自己的方式，只要没有危害，不逾矩，“随心所欲”也无妨。

（三）心境调节策略

上文所提到的放松方式与运动，不仅具有短期的、及时的情绪调节效果，长期的、规律性的练习与运动，也有长久的效果，能够改变一个人的心境，使得个体产生“有活力、情绪愉悦”等美妙的体验。每天或每周，拿出一些固定的时间来，有规律性地进行情绪调节，形成一种稳定、健康的生活方式，从长远角度来说，对于情绪调节是大有益处的。若采取运动的方式，也可以促进身体健康。

如果想有更多的时间休息、运动，合理的时间管理便是一项重要的技能。把事情按重要程度排序，这意味着要学会按照任务或者活动的重要性区别对待。把日常的任务和职责分为三类：必要的、重要的和不太重要或一点儿也不重要的。必要的任务或者活动是指要马上做的事情：这种事情是绝对必须要做的事情。另外，可能是指一种非常重要的活动，例如，如果你正在努力减轻自己的焦虑，那么体育锻炼就是非常必要的任务。重要的任务是指有重要价值的事情，但是可以往后稍稍拖一拖再办，但是，重要的事情拖得时间不能太长。不太重要或一点儿也不重要的事情可以拖很长时间，也不会产生严重的后果，或者可以委派给别人去做。

除此之外，假期休息也很重要。即便是机器，连续运作一段时间之后，也总要停下来，接受检修。人也一样，需要一些假期来彻底地休息一番。休假就是停止目前的学习、工作或者放弃其他职责，给自己机会去休息并补充能量。休假的首要目的是要打破已有诱发情绪的循环——不让情绪连续累积。有时候对一些人来讲，这需要转变一种基本的观点，即成绩、成就不是全部，而一种较简单、平衡的生活方式也尤为重要。同时，不要过分苛求自己。学会给自己留下一定的空间，把目标锁定在能力所及的范围之内。推己及人，对别人、对任何事都不必期望过高。

久而久之，当"会休息"变成一种习惯，学习、工作、运动、休息各部分保持平衡，形成了新的生活态度和方式，整个人的情绪状态也会更加积极。

（四）理性－情绪－行为理论

美国心理学家 Ellis 在临床经验的基础上，开始探索理性－情绪－行为的关系。在此过程中，Ellis 逐渐认识到，一个人如果有一种合情合理的生活哲学，就几乎不可能产生情绪的困扰。自 20 世纪 50 年代开始，他逐步巩固了自己的人性观与心理观，并提出了一套关于说明情绪失调机制的理论，至 20 世纪 90 年代，Ellis 最终将其定名为"理性－情绪－行为疗法"。

Ellis 认为人的情绪不是由某一诱发性事件的本身所引起的，而是由经历了这一事件的人对这一事件的解释和评价所引起的，即 ABC 理论。在 ABC 理论模式中，A 是指诱发性事件（Activating events）；B 是指个体在遇到诱发事件之后相应而生的信念（Beliefs），即他对这一事件的看法、解释和评价；C 是指特定情景下，个体的情绪及行为的结果（Consequence）。

通常人们会认为，人的情绪的行为反应是直接由诱发性事件 A 引起的，即 A 引起了 C。Ellis 认为人们的情绪及行为反应与人们对事物的想法、看法有关。在这些想法和看法背后，有着人们对一类事物的共同看法，这就是信念。合理的信念会引起人们对事物的适当的、适度的情绪反应；而不合理的信念则相反，会导致不适当的情绪和行为反应。当人们坚持某些不合理的信念，长期处于不良的情绪状态之中时，最终将会导致情绪障碍的产生。因此，用理性思维的方式（合理信念）来替代非理性思维的方式（不合理信念），最大限度地减少由非理性思维所带来的情绪困扰的不良影响，便是 ABC 疗法的主要目标。

Ellis 提出"非理性思维"有以下 3 个主要特征。

（1）绝对化要求是指个体以自己的主观意愿为出发点，认为某一事物必定会发生或不会发生的信念。例如：对自己，"我必须干得不错，必须赢得他人的赞赏，否则我就是个糟糕的人"。

（2）过分概括化指以偏概全。过分概括化的一个方面是人们对其自身的不合理的评价。一些人当面对失败或是极坏的结果时，往往会认为自己一无是处、一钱不值、是废物等。

（3）糟糕至极是一种对事物的可能后果非常可怕、以为会非常糟糕甚至会产生一种灾难性预期的非理性观念。例如：我必须考上大学，现在竟然没有考上，天下再也没有比这更可怕的事了！

按照上述理论，我们不难看出，改变B（信念）——认知改变了，情绪和行为困扰也就会在很大程度上解除或减轻。所以，与非理性信念进行辩论，向其提出质疑，证明其不现实、不合理之处，认识其危害，便可以放弃之前的非理性的想法和行为。然后再慢慢找到理性的信念和实事求是的、指向问题解决的思维方式，替代原有的方式，并逐步巩固理性信念。

【本章小结】

文中提到的一些关于情绪的"奥秘"，或许与我们日常生活中所理解的有出入，或许与社会文化的行为规范有冲突，这也正是研究情绪的意义所在。理解情绪背后的意义，让它来指导我们的生活，向着更美好的方向发展，同时，也改进现有的道德、规范，有利于整个人类的生物进化与科技文明发展。

回归到自身，首先对自己的情绪有一个清晰的认知，学会一些调节情绪的方法和措施，让理性与情感和谐一体，而不是割裂争斗，才能发挥自己的潜能，实现自己人生的价值。

【课后思考与实践】

1. 通过学习到的情绪的意义等内容，思考当自己的抑郁情绪出现的时候，它有怎样的积极意义。

2. 试着探索自己调节情绪的多种方法。

【参考文献】

[1] 傅小兰. 情绪心理学. 上海：华东师范大学出版社，2016.

[2] 江光荣，吴才智. 大学生心理健康教育. 武汉：华中师范大学出版社，2012.

[3] 江光荣. 心理咨询的理论与实务.2 版. 北京：高等教育出版社，2012.

[4] 吴奇，申寻兵，傅小兰. 微表情研究及其应用. 心理科学进展，2010，18（9）：1 359-1 368.

[5] 张明园，何燕玲. 精神科评定量表手册. 长沙：湖南科学技术出版社，2015.

[6] ANDREWS P W，THOMSON J A. The bright side of being blue：depression as an

adaptation for analyzing complex problems. Psychological Review，2009，116(3)，620-654.

[7] EDMUND B. 心理医生为什么没有告诉我. 邹枝玲，程黎，等，译. 重庆：重庆大学出版社，2010.

[8] NEIL R C. 生理心理学——走进行为神经科学的世界 9 版. 苏彦捷，等，译. 北京：中国轻工业出版社，2016.

第五章　恋爱心理

【学习目标】

1. 了解爱情相关心理学理论，理解成熟爱情的三要素：亲密、激情与承诺。
2. 学习用心理学视角理解爱情中的有关现象，对自己的亲密关系模式进行觉察。
3. 树立“爱有自我才能双赢”的理念，学习通过不断完善自己的性格和内在世界来为自己赢得和建构一份良好的亲密关系。

【引言】

诗词赏析——《摸鱼儿·雁丘词》

问世间，情为何物，直教生死相许？天南地北双飞客，老翅几回寒暑。欢乐趣，离别苦，就中更有痴儿女。君应有语：渺万里层云，千山暮雪，只影向谁去？

横汾路，寂寞当年箫鼓，荒烟依旧平楚。招魂楚些何嗟及，山鬼暗啼风雨。天也妒，未信与，莺儿燕子俱黄土。千秋万古，为留待骚人，狂歌痛饮，来访雁丘处。

在金庸先生的小说《神雕侠侣》中，赤练仙子李莫愁在坠崖那一刻，留下了一句经典的话：问世间，情为何物，直教生死相许？这句话来自金代文学家元好问的一首词。这句话充分呈现了李莫愁这个角色在那时那刻为爱所困、为情所伤的真实感受，同时也唤起了许多爱情当中人的高度共鸣。爱情是个神奇的东西，它看不见、摸不着；它是一个情感的巨擘，当爱情来到的时候，无论是喜是悲，总能搅得人内在翻腾不已。究竟爱情到底是什么，怎会叫人内心如此跌宕起伏？

《凤求凰·琴歌》中写道：“有美人兮，见之不忘，一日不见兮，思之如狂。”美好的爱情可以带给人们美妙的感觉和无穷的创造力。但是，爱情犹如一把双刃剑，在带来甜蜜的同时也带给人们痛苦、徘徊和不安。而大学生正值青春年华，有强烈的爱与被爱的情感需要。因此，了解恋爱心理，不断培养爱能力，是大学生成长中的必修课，也是人生发展的重要课题。那么，什么是爱情？如何从心理学视角解读爱情？在恋爱过程中会遇到哪些心理困扰？应该如何培养爱的能力？如何看待与爱相伴相生的性？这些是本章所讨论的主要内容。

第一节　爱情内涵

每个人的心中都有一个关于爱情的定义。有人说，爱情像咖啡，甘苦共有；有人说，爱情像浮云，难以把握；有人说，爱情像烈火，炙热无比……那么，到底什么是爱情呢？

小练习

如果用一种物品代表爱情，会选择什么？为什么？

一、爱情概述

爱情是在现实生活中双方基于一定的社会关系、客观物质基础和共同的生活理想，在各自内心中形成相互倾慕，并渴望对方成为自己终身伴侣的最强烈的持久的感情。爱情这一浪漫之爱是人性中一种本能的部分。爱情的产生离不开重要的生理基础。海伦·费希尔（Helen Fisher）提出了爱情中 3 种相关的动机系统——依恋、吸引（浪漫之爱）和性驱力，分别有着对应的神经中枢，性驱力尤其与睾丸激素相关，浪漫之爱与去甲肾上腺素、5- 羟色胺有关；依恋和催产素、抗利尿素有关。在所有的驱力（包括神经介质多巴胺、去甲肾上腺素、5- 羟色胺）背后都存在导致动机产生的一般性的唤醒成分，还可能存在一个更特殊的大脑系列，激发与爱相关特殊的想法、感觉和行为。但爱情不仅仅源于两性间的自热吸引，更重要的一点在于，它是一种社会情感生活的产物和要求。需要两颗心的互相理解、支持和相互的向往，涵盖着深刻的思想内涵。而爱情也具有自主性、互爱性、平等性、专一性和排他性以及持久性等鲜明特点。

爱情对于人类的意义也是多方面的。从生物学的角度，爱情是一系列以基因优化为目的而进化出来的决策偏好，这种目的有利于繁衍后代。从社会文化的角度，爱情像一面镜子，会照出许多东西，促使我们更好地认识自己、完善自我；爱情可以带给人们一种安全感、满足感，可以使个体得到支持和抚慰，有利于个体的身心健康；爱情还可以使人们更多地去探索生命的意义和人生的价值、激发人的创造力和生命潜能。

二、人们为何会相爱

(一)吸引及其相关研究

人与人的关系可以发生在很多地方:教室里、上班时、旅途中、相亲时甚至网络上。但从心理学的角度来说,关系开始的第一步往往都是一样的:人与人之间的吸引以及接近某人的渴望。两个人之间的吸引,并不一定就能带来爱情,但是相互的吸引确实为爱情的开始提供了可能性。那么,哪些因素容易促成人们的相互吸引呢?让我们来看一些研究结论。

1. 吸引的基础:一种回报

根据多数理论,我们会被那些能带给我们回报的人所吸引。这里的回报既有直接性的:某人带来的直接回报性的行为、特性,或者是某种可以得到的好处。还有一种是间接性的回报:这个人的出现总能为你带来一些积极的体验。这种回报里,这个人的出现带来的不是直接的好处,而是一种积极的情绪体验,这对他人也是蛮有吸引力的。所以你想要有一些吸引力,别忘了分析一下,你是否能够带给对方一些“有用”的东西呢?有用的东西不仅是“高富帅”这些外在的因素,还包括了温暖、尊重、乐观、可靠等等一系列的内在情感回报。

2. 影响吸引的因素:接近——喜欢我们周围的人

前面我们提到,吸引要考虑回报的问题。关系的方便获得性成了促进吸引的一个因素,因为距离有时也是有成本的:与远方的伴侣保持关系通常比伴侣近在咫尺的关系要付出更多,而满足感要少,这很有可能因为远距离的交往提供更少的回报,但需要更大的成本。

但是,我们也要注意一个风险:接近确实有助于加深一个人对另一个人的感情。这个加深包括:我们会更加喜欢在我们身边的人,但我们可能也会更讨厌我们不喜欢的人。所以,要不要在一个人面前多露脸,也许首先我们得先搞清楚现阶段对方对我们的态度如何。

3. 影响吸引的因素:外表吸引力——喜欢你是为见到你

关系中经常有人暗自神伤,为何?因为总觉得自己不够漂亮,不够有吸引力。吸引似乎容易与外貌吸引力挂钩。

不过,是不是所谓的漂亮就比所谓的不漂亮高人一等了呢?其实,对外表的看重,实际是人们的“定式思维”开的一个小玩笑,定式思维会让我们假设貌美的人同时也具有其他一系列的优点。所以对美貌的偏见是“美的即是好的”。当然,作为一个理智的人,自会看透这大脑玩的小把戏。但是这个心理现象仍然提醒我们,外表值得重视。这涉及我们带给别人的第一印象,也涉及印象管理。我们不需要人人都有漂亮的脸蛋，但是管理好自己的形象往往也会在关系中为我们加分不少。

4. 影响吸引的因素：相互性——喜欢那些喜欢我们的人

般配现象表明，为了在关系中获得最大的成功，我们应该追求对我们可能有所回报的那些伴侣。人们通常是不愿意冒被拒绝的风险的，我们喜欢那些很有可能接受我们的人。设想一下，你从舍友那听到一位之前不太熟悉的同学在夸奖你的好，难道你不会相应地对他 / 她产生好的印象吗？

5. 影响吸引的因素：相似性——喜欢和我们相像的人

遇见喜欢我们的人是一种回报，如果能遇见和我们相像的人，如背景、兴趣和品位的相似，同样会令人愉快。事实上，人际关系的一个基本原则有一条就是相似性。古语说的好：物以类聚，人以群分。

6. 影响吸引的因素：障碍——喜欢我们不能得到的人

心理逆反理论认为：当我们面临失去的威胁时，我们可能会更想得到。研究人员在对未婚情侣观察中发现一种有趣的模式，称为“罗密欧与朱丽叶效应”：父母越是干涉他们的交往，他们彼此之间会越相爱（Driscoll，Davis，Lipetz，1972）。“想要但又得不到”有时会让关系显得格外有吸引力，有时甚至超过了真实的关系质量本身。

说了那么多，那么人们到底想要什么呢？

研究者发现，其实无论距离的远近、外表的美丑、亦或是相似的多少，对于男性还是女性来说，热情善良、性格好及感情能够得到回应这 3 点才是他们对朋友或者伴侣最基本且最重要的要求。

（二）依恋理论及其相关研究

研究：恒河猴母爱剥夺实验

实验者将刚刚出生不久的恒河猴带离他们亲生猴妈妈身边，另外制作了两种代理猴妈妈，这两个代理妈妈都是圆柱体的体型。其中一只身体围了铁丝网，但是有可以供奶的管子；另一只身体则先覆上一层泡沫塑料，再围上一层柔软的毛绒织物。幼猴们被放到两个代理猴妈妈身边，最后研究者发现，所有小猴子大部分时间都一直黏着、攀着、把自己挤进软布妈妈柔软的身体。而那个虽然可以供给养分，却是由铁皮制作的猴妈妈则很少受到幼猴们的关注和需要。

恒河猴母爱剥夺实验是一个有趣的，同时也是心理学史上非常经典的实验。实验的结果启发人们开始关注哺乳动物的这种依恋需要。看起来这是一种生而具有的需要，是哺乳动物们最基本的需要之一。某些时刻，依恋需要看起来还远远大于了吃喝这样基本的生理需要。当然，随着后来更多的观察和研究，发现依恋需要也是人类一种基本需要，对于人类的生存和发展至关重要。

关于依恋行为，著名的研究者是鲍尔比（Bowlby）。他对早年依恋行为的观点：儿童的行为受“安全”与“探索”这两个基本目标所引导。安全的环境让儿童得以生存下去；而探索和游戏帮助儿童发展出应付未来成年人生活所需的技能和智力。儿童会有一种专门来侦测周遭安全的自动调节器来调节安全与探索行为。当安全达到一定程度，儿童就会嬉戏玩耍、四处探索。但一旦安全度大幅滑落，安全调节器就会开始运转，安全需求成为首需。这时候，孩童会停止玩耍去找妈妈。如果找不到妈妈，孩子就会开始哭闹；直到确认妈妈回来，得到妈妈的爱抚，才能让自己安心，之后系统便重新启动，游戏得以继续。这就是一整套的依恋系统在工作。

当然，根据鲍尔比的理论，不同的环境改变会启动孩童不同的依恋机制。研究者艾因斯沃斯设计了一个小型场景，来观察不同的母亲儿童互动过程，也就是著名的“陌生情境实验”（Strange Situation）。

研究：陌生人情境实验

第一幕，母亲和自己的孩子一起进入一个舒适的、满是玩具的房间。在实验里，大部分的小孩都很快便开始在房间里四处爬行或蹒跚而走地展开探索。

第二幕，一位和善的女士走进房间，跟母亲交谈几分钟后，跟小孩一起玩。

第三幕，母亲起身离开房间，让小孩单独跟陌生人共处几分钟。

第四幕，母亲回来，陌生人离开。

第五幕，母亲又再次离开，让小孩单独一个人留在房间里。

第六幕，陌生人回来了。

第七幕，母亲回来不再离开。整部戏的重点就是逐步增加儿童的压力，看看儿童的依恋关系如何应付每一幕的变化。

结果艾因斯沃斯发现了 3 种典型的互动模式。第一种：“安全型依恋”，这类依恋在美国儿童中占比 2/3：当母亲离开时，儿童会减少或停止游戏活动，然后开始焦虑不安，就算陌生人安慰他，也没办法让他完全放松下来。而当看到母亲回来后，这类孩童马上就跟着开心起来，然后一直跑去找妈妈，或摸摸妈妈，重新建立自己和安全基地之间的联系；但是他们很快就平静下来，又继续玩了起来。第二种：其他 1/3 的儿童对场景的变化就没那么敏感,大部分这类儿童对妈妈走进走出不太在意,但之后的心理学研究却显示,他们其实对母亲的离开相当苦恼。也就是说,这类儿童似乎是依靠自己的力量来压抑心中的不安,而不愿靠母亲来安慰自己。艾因斯沃斯称这种模式为“回避型依恋”。第三种:剩余约 12% 的儿童,则在整个实验过程里一直显示焦虑不安、爱黏人。母亲一离开,他们就变得极度不安,在母亲回来后,有时还会抗拒母亲的百般安抚,他们一直没办法在这个不熟悉的房间里安静下来玩。艾因斯沃斯则称此模式为“矛盾型依恋”。

在依恋理论中,依恋类型被当作一种特质,这项特质是经过数千次亲子互动后逐渐形成的。在这样的过程中,可能没有特别关键的单一事件,但一段时间过后,孩子会针对自己、母亲及自己与母亲间的关系建立一套依恋的“内部工作模式”(Internal working model)。如果这套内部工作模式告诉孩子,妈妈会一直在自己身边,那么孩子去玩、去探索时就会比较勇敢大胆。在一次又一次彼此相互可预期的互动下,亲子间便建立起信任感,那时的关系也日益强固。但回避型依恋、矛盾型依恋可能刚好相反,无法建立起足够安全可靠的关系,进而也影响到了儿童形成不同的行为和心理状态。

以上是依恋理论对生命早期亲密关系的一些描述,那么成年人之间的亲密关系又如何呢?

小练习:发邀请大家看看下面哪个叙述最能描述在爱情关系中的你?

①我觉得自己比较容易亲近别人,而且不管是依赖别人或让别人依赖自己,都觉得相当舒适自在。我不会老是担心自己会被抛弃或跟别人太亲近。

②跟别人亲近会让我觉得有点儿不舒服;我发现自己很难完全信任别人,也很难让自己去依靠别人。只要有人跟我太亲近,我就会觉得坐立难安,而另一半对亲密的需求常让我不自在。

③我觉得别人是勉强顺我的意来亲近我。我经常担心另一半并非真心爱我,或不想跟我在一起。我想要完全地与另一个人达到水乳交融的境界,但这种想法有时会把别人给吓跑。

辛迪·哈赞(Cindy Hazan)与菲儿·谢弗(Phil Shaver)这两位专门研究依恋理论的专家发展出上述 3 项简单的测试,借此观察艾因斯沃斯发现的 3 种依恋模式是否也适用于成人间的感情关系。答案是肯定的。有些人长大后会改变其依恋模式,但大部分的成人还是会选择跟童年时期一样的依恋模式,其实上述 3 项选择相当于艾因斯沃斯的安全型依恋、回避型依恋及矛盾型依恋模式。

回顾以上内容，为什么人类会有爱情，人类的依恋需要在其中起着至关重要的作用。更重要的是，虽然不是所有研究都能够完全证实成人的亲密关系就是早年亲密关系的翻版，但是大家都比较认可，这两种关系系统中存在着一致的动力系统。俗话说"缘分命中注定"，早年与重要他人互动后形成的内在关系模型对我们后来与他人建立关系，乃至寻找恋人时是有重要影响的。

三、爱情的实质

（一）爱情三因论

美国耶鲁大学斯腾伯格教授提出了爱情三因论，从心理学的角度解构爱情，探讨爱情的实质。斯腾伯格认为，人类的爱情虽然复杂多变，但基本上是由 3 种成分所组成，即亲密、激情和承诺（责任）。他认为，这三个因素构成了三角形的三条边，组成爱情三角形。真正的爱情应该是以上 3 种要素的有机结合与完美统一，缺少其中任何一种要素，都不是真正完美的爱情。

1. 亲密

亲密是指爱情关系中那些促进双方心灵相近、互相契合、互相归属、不分彼此的感觉。亲密属于爱情的情感成分。亲密产生于人与人之间强有力的、频繁的和各种方式的相互联系。通向亲密的关键是情感的质量，包括信任、诚实、尊重、责任、安全感、支持、慷慨、忠诚、互惠、理解、接受等。由此看来，亲密是爱情的基础，是经过一定的时间逐渐发展起来的。

2. 激情

激情是指强烈被对方吸引，渴望与对方结合，满足归属、支配和性的需要的内在情感，属于爱情的动机成分，也就是与性相关的驱动力。爱情中的激情常常与亲密交织在一起，互相影响与转化。例如，双方的亲密关系可以激发激情的产生，而激情过后双方会变得更加亲密。但有时亲密和激情则相互冲突，过于激情投入对感情的亲密反而不利，当然这是因人和情境而异的。

3. 承诺

承诺包括短期和长期两个部分，短期的承诺是指个体决定去爱一个人，而长期的承诺是指对维护两人之间的亲密关系所做的持久性承诺。承诺属于爱情的认知成分，对情绪和动机起控制作用，是爱情中的理智层面。斯腾伯格认为，承诺的两个部分不一定同时发生。决定爱上某个人不一定意味着承诺对这份爱情的责任。相反，在一种你并未作出决断的爱情关系中你却可能要承诺责任，包办婚姻就是如此。

4. 亲密、激情与承诺的关系

在爱情关系中，承诺与亲密和激情也是相互关联的。正是因为不断深化的相互了解，两个人变得越来越亲密，彼此吸引。终于有一天，双方愿意为对方承担责任，愿意与对方保持持久的关系，这就是责任感。因此，对大多数人来说，承诺是亲密和激情导致的结果。只有激情而没有亲密和承诺的“爱”是不能永恒的。当激情消退以后，留下的只是伤害。所以说，责任是爱情关系中不可缺少的要素，它虽然缺少亲密和激情的“热度”和“电荷”，但它可以帮助人们维系爱情关系，使伴侣之间不仅能享受恋爱的激情与美好，也能共度爱情的平淡与艰难。

5. 爱情关系组合

斯腾伯格进一步提出，在 3 种成分下有 7 种不同的爱情关系组合，分别如下。

1）喜欢

喜欢只包括亲密成分，即对另一方感到亲切、和谐与温暖，但没有强烈的激情或长期的责任承诺。或者说，你对一个朋友情感上感到亲密，但他（她）并未激起你的激情或使你产生想和他（她）共度此生的想法。

2）迷恋式爱情

迷恋式爱情只存在激情成分，但不具备亲密和承诺这些爱情成分。迷恋可以在瞬间发生，但也可以很快烟消云散。迷恋一般会伴随强烈的生理反应。

3）空洞之爱

空洞之爱只有承诺的成分，而缺乏亲密和激情。这种爱情常见于某些已维持若干年但早已失去原有的情感投入，并且生理上的吸引力已处于停滞状态的关系之中。在包办婚姻中，这种情况比较常见。

4）浪漫式爱情

浪漫式爱情结合了亲密与激情。在这种爱情中，男女不仅在身体上互相吸引，而且在感情上也结合在一起。但由于种种原因（如经济上不独立、思想上不成熟、发展上不定型），双方都不准备永远对这种关系承担责任，或者暂时没法作出这种承诺，而是享受现在的每 1 分钟。不少大学生的爱情即属于这种类型。

5）伙伴式爱情

伙伴式爱情指包括亲密和承诺。在这种爱情关系中，双方都把对方视为自己最好的朋友和生命中最重要的人，互相信赖，彼此分享。尽管在他们的爱情关系中，激情已经退却，但他们从未想过去寻觅其他人，而是要为对方负责到底。

6）虚幻之爱

虚幻之爱指激情加上承诺。这种爱情常见于闪电式结婚的婚姻中。往往双方一见钟情，闪电结婚。但是，由于双方是在激情基础上互相承担责任的，而缺乏需要时间才能逐步发展起来的亲密关系，因此这种爱情关系是很难持久的。

7)完美的爱情

3种成分齐集于一个关系当中,彼此既有深厚的感情基础,关系亲密,又有和谐的性生活,能够唤起对方的激情。在此基础上,双方都很珍爱对方,发誓与对方长相厮守,白头偕老。

斯腾博格认为,随着相识时间的增加及相处方式的改变,上述3种成分将有所改变,激情维持的时间最短,亲密和承诺会随着时间的推移不断上升。爱情三角形的形状与大小也会跟着改变。三角形的面积代表爱情的质与量,面积越大,爱情越丰富。

在斯腾博格看来,亲密和承诺都是后天培养的能力,与人的心理成熟程度息息相关。一个人越自信,就越能向别人敞开心扉,越能接纳别人与自己的不同,也就越有能力与他人保持亲密的关系。同时,他也有能力对自己负责,对所爱的人负责。

(二)爱情故事亚理论

为了进一步理解爱情,斯腾博格又提出了爱情故事亚理论:爱情三角形源于故事。几乎我们所有人成长过程中都会接触到大量的各种各样的故事(生活事件),这些故事往往是我们理解爱情的脚本。

斯腾博格提出,我们每个人的人格特征与环境的互动导致了爱情故事的发展,然后我们会尽可能地在生命中演绎这个故事。尽管我们创造的故事是基于我们自身的,但它们蕴含着我们在生活世界中的体验——小时候听到的神话故事、从我们身边的父母和亲属那所看到的爱情关系模式、电视/电影的情节、与他人交谈获得的关于他们关系的信息,等等。

爱情故事亚理论:一些爱情故事的类别

1. 成瘾(Addiction):焦虑型依恋,执着的行为表现;一想到失去伴侣,就会感到焦虑。

2. 艺术(Art):因伴侣富于吸引力的外表而坠入爱河;伴侣看起来总是状态良好,是很重要的。

3. 商业关系(Business):爱情关系如同商业提案,金钱是动力,处于亲密关系中的伴侣如同商业伙伴。

4. 收藏(Collection):伴侣被看作符合其收藏"图式";伴侣终究只被看作收藏品。

5. 食谱(Cookbook):以特定的方式(秘方)行动,爱情关系更容易解决;离开"秘方",失败的可能性就会增加。

6. 幻想(Fantasy):总是期待着被一个穿着金色盔甲的骑士所救,或者娶了一位公主,从此过着幸福的生活。

7. 游戏(Game):爱情是一种游戏或运动。

8. 园艺(Gardening):爱情关系需要持久不断的浇灌与抚育。

9. 政府(Government):①独裁(Autocratic),一方支配或者控制另一方;②民主(Democratic),双方平等享有权力。

10. 历史(History):爱情的关系事件形成持久的记录,保存大量精神或物质方面的记录。

11. 恐怖(Horror):当你恐吓伴侣或者伴侣恐吓你时,爱情关系变得有趣。

12. 房子和家(House and home):爱情关系的核心在于家,关系通过家的发展和维持而表现。

13. 幽默(Humor):爱情是奇怪而又有趣的。

14. 神秘(Mystery):爱情是神秘的,你不应该让对方对自己有过多了解。

15. 警察(Police):你需要密切注意伴侣是否会不越雷池;或者处于伴侣的监督下,从而注意自己的所作所为。

16. 色情(Pornography):爱情是肮脏的,爱就要降低身份或被降低身份。

17. 复原(Recovery):存活者的心理状态;经过以往的创伤再回头看,一个人实际上能接受所有的事情。

18. 宗教信仰(Religion):把爱情看作宗教信仰或者宗教信仰驱使的一整套感觉和行为。

19. 牺牲(Sacrifice):爱就是奉献自己或别人把自己奉献给你。

20. 科学(Science):爱情就是被理解、分析和剖析,就像其他自然现象一样。

21. 科幻小说(Science Fiction):感到伴侣就像外星人一样——不但不可思议,而且很奇怪。

22. 裁缝(Sewing):你让它是什么样子,爱情就是什么样子的。

23. 戏剧(Theater):爱情就是剧本,拥有无创意的表演、布景和台词。

24. 旅行(Travel):爱情就是一场旅行。

25. 战争(War):爱情就是一系列破坏性的但持续的战争。

26. 学生—老师(Student-teacher):爱情是一种师徒关系。

进而,斯腾博格以对文献中爱情故事的分析、研究者及他人先前的心理研究和非正式渠道收集的个案资料的解释为基础,总结制作了一个包含26种类型的爱情故事列表。这26种类型呈现出广泛的爱情概念,这对概念化人们的爱情观念是特别有用的。

爱情故事理论中的一部分重要特征如下。

（1）一个特殊的爱情故事脚本引导着我们对一种爱情关系的描述，这与认知治疗中的“自动思维”相似。我们甚至可能没有意识到自己持有这样的观点，这些故事脚本已悄然影响着我们的生活、我们的关系。如果伴侣不符合这些观点，可能就会认为伴侣是不恰当的；同样，如果我们不符合自己对关系的观点，也会认为自己是不恰当的。

（2）爱情故事中有两个互补的角色，他们可能对称，也可能不对称。我们寻找那些共享自己故事的人，或至少与自己的故事大致相符的人，而不是总去寻找像自己的人。

（3）一个故事的存在或多或少都要与其相应的文化社会环境的要求相一致。

（4）某些故事似乎比其他故事更具备成功的可能性；而一些故事中的人似乎可能更快分手。

故事即是因又是果。关系中的故事可能导致我们以特定的方式作出行为，甚至其他故事也会引发特定的行为。同时，我们自身的发展和我们与他人的互动可能会塑造和修饰我们的故事，并带入关系中。

（三）小结

其实从某些角度看，斯腾博格的爱情故事亚理论与依恋理论一样，强调亲密关系的形成不只取决于此时此地的这两个人，每一个人都是带着自己的生活脚本进入到关系的，甚至是在用过往的生活脚本演绎着今天的亲密关系。只是过往生活脚本的形成原因各式各样，脚本的质量有优有劣。当然爱情故事理论也告诉我们，故事的好处在于可以续写、改编、扩展。我们自身的发展成熟或与他人的良好互动，反过来也可以修饰完善我们的故事脚本。

关于爱情的研究和理论还有很多。正如人们所看到的，爱并不是一个统一固定的现象，对爱情也很难有一个统一的定义。但有关爱情的研究，包括生物学方面的研究也在不断增进着人们对爱情的认识和理解。

第二节　爱的能力培养

一、爱是一种能力

爱不只是一种感觉，更是一种能力。心理学家弗洛姆在《爱的艺术》中描述到：“爱是人的一种主动的能力，是一种突破使人与人分离的那些屏障的能力，一种把他和他人联合起来并克服孤独感的能力。”真正意义上的爱是一种为成长和幸福所作的积极奋斗。因此,爱是一种主动的活动,而不是一种被动的情感;爱是给予而不是接受;爱是分担而不是迷恋。

爱是一种与他人建立亲密关系的能力。当你具备了这种能力之后,你就有可能在充满偶然的爱的世界中,真正获得属于自己的一份礼物,从而去真正地爱他人、爱自己,与他人建立起亲密的关系。

爱的能力首先看内心储存了多少爱可以给予,如果一个人内心是干枯的,没有爱可以付出,也就缺乏拥有爱的能力的基础。那么我们内心中储存的爱从何而来呢?一是父母毕生的馈赠,二是个人的成长。而过去的时光不可能倒流,但是个人的成长也许是从现在可以做起的,这也正是本节的意图所在。

二、走出爱的陷阱

爱情既可以让人们甜如蜜,也可以搅得人翻江倒海。人在爱情里最容易被治愈,但也可能受到深深的伤害。爱情是个神奇的东西,它有“光鲜亮丽”的一面,但深谙爱情之道的人,也清楚爱情之中荆棘密布、陷阱重重。它看起来能满足我们的一切需要,但它经常也映射了人们匮乏的内在。那么究竟有哪些爱情“陷阱”值得人们反思呢?

1. 投射、理想化及贬低

你在爱情中有没有过这样一种感受,恋爱之初,感觉到这个人对自己好极了,可是时间一长,发现他/她其实也有好多让我们不满意的地方,每想到这些不好的地方,心理就难受至极,经常有这么几种声音在心间萦绕:我的要求过分吗?凭什么你就不能这样对我?你现在是我最重要的人了,难道不能为我做这些吗?而我们的伴侣听到我们这些抱怨时,常常也无言以对,大家最终在这种看似矫情的抱怨中渐行渐远。

实际上,在关系之初,我们对伴侣充满了理想化,觉得终于遇到一个可以满足自己一切需要的人、终于遇到一个可以让全世界围绕着自己转的人。可是很遗憾,当一项需要达成,转到下一项,又转到下一项,又一项,终有一天我们的理想伴侣不再能满足我们。那时候一种强烈的愤怒、悲伤或委屈的感觉油然而生,心里只觉得自己好惨,似乎一生的需要还是没有办法满足,对对方反感至极、贬低至极,哀伤自己也悲愤对方。热恋退却,冲突却如影随形。

真的是对方没有特别好的照顾到自己吗?其实不然。

在恋爱中,人的两个基本需要可以同时得到满足:一是无条件被接纳,二是在所爱的人心中身居首位。这对于很多人是非常有吸引力的。心理学家欧文·亚隆说过:热恋时,你热切凝视自己的倒影。所以热恋,爱上的不是对方,是你自己。一开始的爱情，我们只是爱上了由内心投射出来的自己，而非爱上真实的另一个人。在这个阶段，对方的缺点尚未出现，在对方的配合下，我们只看见镜中的自己，一个理想的自己。而我们也确实需要这么一份良好的自我感觉。而热恋期亲密关系的特点也给了我们一个空间去投射和满足这些感情和需要。只是一旦热情消退，生活中的柴米油盐等问题会使每个人最原始的一面，或者说真实本性的一面，一一现形。热恋过后，失望、责怪或愤怒便随之而来。

所以恋爱当中最容易跌入的其中一个陷阱，就是对伴侣对亲密关系的过度理想化。而我们也需要知道，这种理想化里面其实是投射了我们太多内在的需求，越匮乏的需求越渴望在新的一段关系中去寻找、去获得。

我们需要觉察，当我们情不自禁为某人神魂颠倒，其实是饥渴的内在在发出信号，我们需要遵循一个最现实的原则：放弃使对方变成完美的幻想，不要只盯在对方身上，而应该回头重新专注在自己不完善的人格整合与成长上。有意思的是，你会发现当你停止了对对方的抱怨、放弃改变对方，更专注于自身的成长时，对方竟然越来越多地作出你所期待和需要的回应。而不知不觉中你们会变得越来越像、越来越同调。热恋固然是好，但我们也需要接受冲突的洗礼，才能将浪漫的投射转为成熟的自我肯定。

2. 强迫性重复

强迫性重复是许多心理工作者从事临床治疗时常见的一个现象，意指我们在不知不觉中，特别容易与某一类型的人产生深刻而强烈的互动。而在亲密关系中，可以理解为我们会特别被他们吸引，不由自主地与他们发生或爱或恨的关系，当然，更有觉知力的人可能会发现，我们迷恋的对象往往是因为这些人身上具有我们成长中重要人物（例如父母）的心理特征。

我们经常会看到这样的情形：有些男士对温柔体贴的淑女毫不“来电”，但却深深迷上高傲挑剔、永不满足的女性。后来发现，这些女士某种程度上像极了他们那些好掌控、标准极高的母亲。这些男士从小不管他们多努力要做好，却总达不到母亲的标准，无法取悦母亲，讨她欢心，从她身上得到温馨的母爱。当他们长大了，又都无意识地寻找了类似性格特征的伴侣，从内在心理世界角度来说，也是他们潜意识中希望再来一次，通过与这样的女士建立稳定的关系，象征与母亲建立关系，获得母亲的认可。可是这样的关系又谈何容易。

生活中很多的例子，我们都应能清楚看到“婚姻关系”与“亲子关系”是息息相关、丝丝相扣的。父母婚姻的不幸，造成家庭病态，影响了子女人格的形成。而子女的心理创伤，又使他们成长后，在择偶与爱情的路上，要比常人遭遇更多的痛苦坎坷，使婚姻与家庭之病态，一代一代地传下去。这就是我们所说的强迫性重复。

有的心理学家认为，人在恋爱之时，心理上“退行”回小孩子的状态，因为恋人之间的互动与婴儿和慈父或慈母间的关系极为相似,缺乏“心理疆界”(Psychological boundary),情绪纠缠不清,分不出彼此的感觉。尤其是那些心灵受创,对爱饥渴,却不懂得学习如何真正去爱的人,陷在迷恋、心理疆界不清的状态中时,会勉强对方来为自己幸福快乐的情绪负责。他们双方在潜意识中会这样想:“过去只要你一笑,我就开心,你明明有能力带给我美好与快乐的感觉,为什么现在不能再使我快乐?是不是故意处罚我?”这个片段中,我们把自己的幸福快乐完全依赖在对方身上,期盼对方来成全自己。

亲密关系中强迫性重复的旋涡如何改变呢?深刻的亲密关系一定需要每个人内在坚实的成长。如果我们只是寄希望于不断寻找、不断遇见“有可能拯救我们的人”,那最后可能只会是两颗寂寞的心像饮鸩止渴一般,只能暂时减轻双方的痛苦,却可能陷入更深的痛苦中。所以很多时候,亲密关系中的问题,其实只是我们掉进了一个自己成长过程中无意识埋藏下的“陷阱”里。与其不断抱怨伴侣哀怨自己,不如更多地自我觉知,积极地通过各种手段和途径完善自我。

三、具体爱的能力

爱情是美好而甜蜜的,但是不具备爱的能力的人,只能收获爱的苦果,难以品尝到爱的甘甜。

下面我们就具体来谈谈几种具体爱的能力。

1. 识别爱的能力

识别爱是指能分清什么是好感、喜欢和爱情,什么是理智和冲动。好感是一种直觉性的感情,只是爱情的前奏;感情冲动不是爱情,往往是两性吸引的结果;异性的友情更不是爱情;单相思也不是真正意义上的爱情。爱情需要相互投入,爱情的三要素亲密、激情、承诺缺一不可。识别爱更是指能觉察我到底因何而爱,察觉为何我要跟这个人在一起。

案例:因何而爱

一个男孩心理想,“我想和那个女孩在一起,是因为她有个特别温暖的大家庭,而这正是我特别缺乏的。我跟她在一起了,就等于我也有了这个大家庭”。男孩的心声朴实而真切,但是他忽略了一点,他把自己未来的幸福押在了这个女孩身上。因为害怕好不容易得到的“幸福”消失,男孩对女孩特别好,紧紧地“抓着”这个女孩,后来,女孩还是离开了男孩,她只说了一句话:“你的爱我承受不起”。

千万不要以为爱情就是理所当然，恋爱开始前一定要问问自己：“想和你在一起，是因为我过度地渴望，你可以弥补我那些在成长中缺失的心灵上的需要，还是就因为你这个人的本身，已令我魂牵梦绕。”只有这样的反思和觉察才能促使我们明白到底应该跟谁在一起，是“Mr.Best”！还是“Mr.Right”？

其实选择什么样的伴侣，甚至要不要选择爱情并不重要，重要的是我们要尽可能地明白我们到底想要什么、需要什么。

2. 拥抱爱的能力

这个能力可能往往是人们讨论爱情时容易被忽视的。因为人们常想，爱情本就是大多数人求之不得的事情，当爱情到来时，有哪个傻瓜会拒绝呢？可是当一份爱的可能性摆在眼前时，有的人真得会望而却步。

拥抱爱的能力包括表达爱的能力和接受爱的能力。表达爱需要技巧，更需要勇气、需要自信。同样，接受爱的能力源自于对自我价值的认可——我是值得被爱的。被爱常常意味着我们在别人眼中具备价值或吸引力，反过来说，一个缺少自我价值感的人，很难感受到能真正被别人所爱和眷恋，他们常常处在焦虑和担心之中，特别担心一旦建立关系，随时会失去对方。依恋关系部分也提到，心理学家鲍尔比认为，如果孩子在早期与父母的关系中感受到爱与信任，他就会觉得自己是可爱的、值得信任的；但如果他的依恋没有得到满足，他就会对自己产生不好的感受，这种关系模式常常会一直延续到成人阶段，进而影响到成人期爱的关系。

而表达爱和接受爱还意味着，一旦我们开始建立亲密关系，就会卷入一段深度的关系之中，这会打破我们原来习惯了的关系距离，尤其对那些在成长中，关系议题方面存在创伤的人来说尤为难以适应。过于亲密的关系往往也会唤起很多诸如被控制、被抛弃的焦虑和恐惧。

所以当一份爱已经出现，但是自己却无法去拾起时，一定要学会增加对自己的觉察，想办法处理成长中的创伤、完善自己的内心世界。记住，只有当我们首先感受到被自己所爱的时候，才能全然地享受被别人所爱带来的幸福感。

小贴士：如何与不太熟悉的异性进行交流

1. 吸引力法则也提到，人们喜欢那些让我们感觉好的人。所以，女的喜欢帅的和让自己高兴的人，而男的喜欢美的和让自己高兴的人。帅不帅、美不美因人而异，不容易改变。但是你是不是个有趣的人倒是可以试试改变。开阔视野、积累素材、学习模仿，一个人真的可以变得很有趣。不过需要注意分寸。比起内向，其实人们有时更讨厌自大（以为自己懂很多、以为自己很有趣）。

2. 相识交流,不是生意会谈、不是给人上课,需要的是勾起对方的兴趣和表达对对方的兴趣。多听少说,要说也以好奇发问为主。交流的重心是话题中有对方,而不完全是自我展示甚至炫耀。尝试着每句话中都有"你"字。

3. 夸对方。你想和他/她交流,他/她肯定有一些地方是吸引你的。适度地夸奖他/她的优点。任何人都喜欢受到别人的关注和赞赏。夸人不难,只需要一个善于发现美的眼光即可。有时对方很细小的一个穿戴可能都是值得你去发现和赞赏。赞赏的功效在于我们喜欢"喜欢我们的人"。

4. 向他/她求教、请他/她帮忙。求助当中包含了对对方能力的认可,能极大地满足他人自尊。而且帮忙后,一般都要回报,一来二去,两个人的互动机会就增加了。

5. 其实聊天的方法千千万,重要的还是有一颗敢于去聊天的心。很多时候没法跟异性交流、没法建立初步的关系,可能首先与我们的自卑心理有关系。当你有信心与别人相处时,各种各样的交流方法自然而然就涌现出来了。所以有时想解决两个人的问题,首先得解决一个人的问题。

3. 婉拒爱的能力

婉拒爱意味着敢于理智地拒绝暂不希望得到的爱情,还能够共情理解,妥善表达,不对双方造成心灵上的伤害。

婉拒爱的能力,首先表现为对他人的尊重,要感谢对方对自己的欣赏和厚爱。其次要态度明确,将决定表达清楚。再次,表达婉拒原因时不贬损他人不抬高自己,注重对他人自尊自恋的保护。从次,共情他人在收到拒绝信息后的心情,对未来双方关系做一个新的规划。最后就是要行动与语言一致。总之,珍重每一份真挚的感情是对他人的尊重,也是一种自重,同时还是对一个人道德情操的检验。

当然,婉拒爱的能力也涉及心理层面,如同上一点拥抱爱的能力一样,因为过往的经历,有的人是很难对别人说"不"的。所以除了学习如何说不,更需要从个人成长的角度让自己有朝一日可以说出"不"。

4. 呵护爱的能力

恋爱只是爱情生活的第一步,在人生漫长的道路上,维系爱情需要智慧、耐力和付出。

(1)呵护爱是要保持对恋人的恰当期待。

热恋的人就像上瘾一般,爱情很容易让人陷入理想化的状态。可是人无完人,个体的局限性,决定了爱情的不完美。对恋人的期待不要过度理想化,不要期望从恋人那里得到你过往缺失的一切。在热恋期,你之所以感觉那么好,其实你爱上的不是对方,而是你自己。一旦热恋过后、理想化退去,对方的缺点一一暴露,会产生很强烈的失望和挫败感。因此要减低对恋人的期望值,多为对方着想。配偶不是神,没有超能力,也不应该由他们满足我们所有的需求。我们自己内在的幸福快乐,需要由我们为自己负责,别向配偶“讨债”。这样,当爱情中出现矛盾的时候,才能处事不惊,理智对待,为幸福寻求解决的途径。

小练习:男生女生大不同

各自填写清单,谈谈女生眼中的男生,男生眼中的女生;分组讨论,大班总结。

小贴士:男生来自火星、女生来自金星

	女性	男性
在感情上的需求	关心照顾、了解、尊重、专一、肯定、保证	信任、接纳、欣赏、羡慕、认可、鼓励
在爱的关系中的需要	需要感到被珍爱,而不是生活照顾、物质满足	需要感到他的能力被肯定,而不是不请自来的忠告
在情绪低落时的需要	需要别人聆听她的感受,而不是替她分析和给出建议	需要独自安静,而不是勉强他细说因由
寻找自己价值的途径	在人际关系中肯定自己	从成就中建立自我
恋爱初期表达感情的节奏	相对含蓄,不愿轻易过早表态、方式曲折、间接,甚至心里喜欢,口头却不承认,以考验对方	恋爱中较为急躁,表现为速战速决,不喜欢隐晦曲折
在增进爱情时的需要	需要感到被对方了解和重视	需要感到被对方欣赏和感激
在男女互相沟通时常出现的误区	总是以为男的沉默代表对她的不满和疏离	总是以为女的宣泄表达向他寻求解决问题的方法

温馨提醒:其实比起性别间的差异,个体间的差异可能更多,所以生命中每一个人都值得我们仔细琢磨、认真对待

(2)呵护爱是要理解并满足对方的需要。

美国心理学家弗洛姆写道:爱是主动的给予,而不是被动的接受。人在任何时候都会有需要,有需要才会带来动机,需要的满足可以带来愉快、积极的情绪体验。恋爱双方的个人需要如果能被对方看到,也是一种被关注被重视的良好体验。亲密关系与早年关系有个很形似的地方,就是“被关注被重视”的重要性。人们在关系中最渴望的就是被看到。但是,被关注不代表就是简单地陪伴聊天。被关注是一个人的需要能够真正地被对方了解到、看到,能够被对方很深刻地理解和接纳。所以恋人之间需要多去观察对方,理解对方,主动地满足对方的需要,这样才能使你们的爱情之树常青。

(3)呵护爱需要进行充分的感受交流。

在恋爱的过程中,恋人之间的相遇、相识可能是多种多样的,但相识之后,交流才是培育爱情的关键。古话"对症下药,药到病除"放在爱情里也特别适用。究竟用什么样的方式能改善爱情,当然是首先知道爱情的症结在哪里,从何知道,唯有沟通。诉说自己的故事、倾听对方的故事,才能加深相互之间的理解,加速爱情的发展。有专家提出家庭健康第一宝就是"话聊"(伴侣间的谈心、交流和沟通)。"话聊"可以帮助伴侣消除彼此之间的矛盾、隔阂、误解和猜疑。否则,伴侣间有了矛盾和误会,不去沟通,而是进入"冷战"状态,只会使矛盾越积越多,关系越来越紧张,彼此"投射"更多自己的猜疑,让关系更加恶化。但是,沟通什么呢?一定不只是沟通想法、沟通观点,更需要沟通情绪感受。而沟通情绪情感,也请一定注意只是表达内心真实感受,而不是"抨击"和"轻蔑",后两者可是亲密关系沟通中的大杀手。当然,善用肢体语言也很重要。一个关切的眼神,一个温暖的怀抱往往也能为爱情加温不少。另外,沟通交流一定是双向的。有人高呼"我沟通了啊,我表达了……",实则是一种"背身沟通",只是表达了自己的观点(抱怨),却完全没有顾忌对方会听到什么、没有考虑对方会想到什么,没有真正重视对方。

(4)呵护爱要学会欣赏和赞美对方。

有人说,赞美是让人心动最有效的办法。的确,每个人都有自恋的需要,都需要对自己感觉还不错。在恋爱期间,恋人的欣赏和赞美是爱情保鲜的秘诀。因此,要善于发现和寻找恋人的优点,能够去发现、关注恋人在你们关系中所做的点点滴滴,并大方地表达出来。通过赞美,既能满足恋人的心理需要,也会产生标签效应,使恋人逐渐向着你喜欢的方向发展和完善。有的时候,没感受到爱,可能并不是对方没给你爱,而是夫妻双方爱的语言出问题了。没能让爱表达出来。

(5)呵护爱要学会信任和给予空间。

很多人以为相爱就是形影不离、如胶似漆,爱情就是生活的全部。于是,爱得投入、爱得热烈、爱得失去了自我。而总有一天,两人都累了、倦了、厌了,爱情也走到了尽头。其实,爱情需要保持适当的距离。一是每个人都有自己独特的关系边界,对有的人而言过近的距离反而对他来说是一种侵犯,这会很容易激发内在不好的情绪体验。再者,爱情有时像手捧沙粒,你握得越紧,往往流失的越多,反而刚刚好的力度和空间,能让沙粒稳稳地留存在你的掌心之间。所以,那种没有缝隙的爱情太可怕,爱情在其中会失去自由呼吸的空气,迟早要窒息。你越想改变你的伴侣,越会发现矛盾重重,可有一天你放弃了,反而会发现伴侣变了。

5. 承受爱的挫折的能力

爱有起程转折,也有悲欢离合。每一份爱都是值得被祝福的,但恋爱关系的结束也是一种正常现象。失恋是一种重要关系的丧失,失恋者会体验到强烈的悲伤、绝望、虚无、忧郁等创伤性情绪,很多人在行为上会表现得冷漠、颓废、烦躁、逃避或是有攻击性,有的甚至会出现心理生理方面的各种问题。因此,不光要能爱,还得爱得起。

培养承受失恋的能力,首先需要合理地宣泄情绪。一段重要关系的丧失一定会带给人们强烈的负性情绪体验,我们要正视这些感受,允许它们的存在,接下来用合理的方法宣泄表达这些情绪,而不是压抑在内心当中,影响到我们日后的学习和生活。其次是要正确对待失恋,摆脱自卑的阴影,失恋不失志。失恋不代表失去一切,每个人都有选择的自由、都有不同的需要,失恋只是暂时与当前这一位不合拍罢了。再次要理智分析原因。失恋往往能让人们更清楚地看到亲密关系模式,进而看到自己的议题。失恋其实也是一次重要的自我成长的契机。学会从失恋中反思总结,为下一次更美好的爱情做好准备。从次要善用心理代偿机制帮助自己调整心态。最后,满怀信心地期待并开始一段新的关系也有一定的帮助。

第三节　性与爱的关系

一、性之于爱情

性行为是亲密关系当中不可或缺的一个组成部分。上文提到,心理学家斯腾博格将爱情解构为亲密、承诺和激情三个成分,对应着就是依恋、呵护和性这三大行为系统。其中激情成分与性行为系统的计划及其机能密切相关,有助于引发关系内部的吸引、唤醒、活力和兴奋等感觉。

性系统如果要顺利发挥作用,需要双方有一致的动机和反应。性系统一方面需要个体拥有能够吸引对方,确保对方与自己发现性行为的能力,另一方面也需要个体对性意愿的可得性、敏感性和回应及时觉察。当有了这些相互协调的互动,能带给双方满足彼此的性需要和愉快的(性)高潮体验。此外,良好的性关系让人产生有活力和精力充沛的感觉,有助于个体产生富有吸引力等良好的自我知觉,有助于个体产生强烈的自我效能感、被爱和自尊感,有助于个体产生与亲密伴侣之间爱、感激、亲密和交流的感觉。

从生物学角度来说,对性行为与爱情的关系也有佐证:从 fMRI 研究中收集到的资料能够帮助我们解释性、浪漫的爱这些系统之间的精神生物学方面的交互作用。

那些疯狂坠入情网的人,通常会发现他们所爱的人拥有巨大的性吸引力,浪漫之爱和性驱力之间的生物学交互作用可能起到一定的促进作用。与浪漫之爱有关的多巴胺能刺激产生一连串的反应,如释放睾丸激素,这是有关性欲的激素。而浪漫之爱与性欲之间的生化联系还有一定的进化意义:如果浪漫之爱能够刺激一个人向喜欢的人求爱,它也能激发性驱力,以交配开始,最终达到种族繁衍的结果。

当然，必须再提及一些负性的方面。亲密关系中性系统的功能紊乱（此处非指生理功能紊乱），会对浪漫之爱、关系满意度和稳定性具有消极作用。长期的紊乱性系统激活伴随着不断增加的焦虑和担忧，这些焦虑和担忧是关于个体性吸引力、个体能否满足伴侣和伴侣对其性请求的回应程度等方面的（Birnbaum & Iaser-Brandt）。而性行为的去激活策略又表现为每次伴侣表达性兴趣时，采取疏远的态度。它会使个体产生性挫败感，增加有关是否被吸引和是否被爱的怀疑，甚至受挫后走向其他关系、其他伴侣（Hurlbert，Apt，Hurlbert，Pierce）。

现实生活中，人们在评价一段亲密关系的质量时，都会提到"性生活和谐度"。从上文的分析中不难发现，一段亲密关系中的性行为不仅有生物学层面的意义，更关乎人们对关系的感知、对自身的感知。良好的性关系可以增进亲密关系，而紊乱的性行为反而会损害关系，甚至损害自我意象。

二、"危险的"性

性会在某一刻带给人们无限美好的感觉，但是当错误地使用了性，留下的恐怕是无穷的痛苦和无尽的忏悔。

1. 以性换爱

关系的一个特性就是互惠性。关系的维系需要有付出和收获。这样的观念来说在很多少男少女心中扎下根基。尤其对很多年少的女孩们来说，为了留下那个其实并不爱她们的男生，甘愿付出自己的身体。她们一厢情愿地认为，身体留下了，心也就留下了。而相应地，在一些亲密关系中，不懂事的男孩也会把性关系当作一个条件、当作一个工具，去威胁、去欺骗那个害怕失去关系的女孩。女孩们可能也考虑过一些意外的后果，但对于她们来说，更害怕的是亲密关系的失去。尽管那段关系让她们又爱又恨、让她们伤痕累累，但是有总比没有强。

其实每个人的心中都有自己的一些需要，每个人都有自己的一个生活脚本，生活在世间的人们都不容易。但是真正稳固且亲密的关系更多需要的是心灵上的交汇。只有性而没有爱的关系并不会长远。人们往往得到的只是近期的关系，并不是永恒的关爱。"以性换爱"的例子里，个体实际需要的是关系，而不是性，性只是为了获得关系所采用的手段而已。只可惜，往往这样的关系是短暂的，一旦关系逝去，还得面对身心的损失，甚至因为这样的行为更加厌恶自己放弃自己。所以分辨清楚在一段关系中到底自己需要的是什么，分辨清楚对方是不是最合适给予你这些的人。别用眼前的一丝"获得"反而让自己陷入更深的痛苦中。

2. 当好奇心遇上荷尔蒙（激素）

2014 年 12 月人民网的一篇新闻触动了人们的神经。文章标题为《我国青年学生成艾滋病高发群体最小感染者只有十四岁》。文中提到：目前青年学生已经成为艾滋病毒感染高发人群,国内报告年龄最小的只有 14 岁,而网络交友成为这部分人群感染病毒的主要推手。

这篇文章是在预防艾滋病的大背景下提出的。我国在 20 世纪八九十年代的时候,静脉吸毒和非法采供血是艾滋病病毒传染的主要途径。但是近年来,我国艾滋病流行传播模式发生较大变化,性传播成为主力。这意味着艾滋病感染从高危人群到一般人群流行,防控形势更加严峻。文中引用了河北省卫计委公布的一组数据:2014 年以来青年学生感染增幅高达 51.4%。尤其需要关注的是,男男性行为人群感染呈快速上升趋势。2014 年 1 至 8 月达 25%,占到新发艾滋病毒感染者的 1/4。文中还有一句话令人印象深刻:男男性行为人群已经成为传播艾滋病毒最危险的人群。“发现的学生感染者中,并不都是大家认为的‘坏孩子’,多数纯粹是因为好玩、好奇,在搞不清性取向时发生了男男性行为。大多通过网络交友,也有的是同学或朋友。”

事实也确实如此。15、16 岁的懵懂少年正值青春期,荷尔蒙(激素)释放如此旺盛,对生命、对性充满了如此的好奇和渴望。在外来文化的冲击下、在不良作品的诱惑下,包括在同伴的起哄嘲笑攀比中,少年们最终作出了这些尝试。多年后,严重者如新闻报道中罹患艾滋病,一般者往往也会像梦魇般伴随一生。不仅身体出现问题,还诱发了严重的焦虑、强迫等甚至更严重的心理问题。内心痛苦不堪、悔恨不已。当然除了艾滋病,还有女性因保护不力导致意外怀孕带来的困扰以及性骚扰之类触犯法律法规的行为。

年轻的时候谁没犯过错,即使犯了错也不意味着世界末日来临,何况有时也不是真心犯错。只是如果我们提前了解一些情况,减少因为无知或者局限的视角、不成熟的心态带来的“犯错”,可能才是对我们自己最好的保护和帮助。

3. 取向特殊,但也值得被认真对待

2014 年美国某著名社交网站更新了提供给用户的性别选项。现在除了传统的男 / 女,还有 56 种新的非传统性别可选了。这个举动把性别多样化的议题放到了台面上。性别本身就分为基因相关的生理性别和与自我性别认同有关的社会性别两块,而人们现在已经非常肯定的是,人类单就生理性别已不止男或女这两类,人类的性别其实是非常丰富的。而多样化的性别分类,其实也必然带来多样化的性取向。

虽然存在不同的性取向已是毋庸置疑的事实,但坦诚地说,这个社会对于性少数群体的包容和理解,尤其是对一些非常小众的性文化,仍然是不够开放的。而在这样的生存氛围中,很多性少数群体是非常压抑和孤独的,他们会慢慢地形成一些亚文化圈子。有共同性取向的人更容易聚在一起,这些群体中的人很多是善良和单纯的,起初的本意更多是相互的支持、心理上的慰藉。但是现在也有一个越来越不能忽视的事实,还有很多“居心叵测”人会利用这些性少数人群心理上的孤独寂寞不被理解的特点，轻易建立起关系，诱导其作出一些错误甚至犯罪行为，当然也包括所发生的性关系中暗藏的疾病危机。

其实，无论是先天的生理原因，还是后天的生活遭遇，造就了个体不同的性别状态；无论是正常的多样化性取向，还是心理障碍带来的性取向异常，都是值得认真对待的，尤其是对于当事人来说。在需要的时候，应寻求专业心理帮助，或者现实层面那些人格相对完善的亲朋好友的帮助。有的人需要的是通过专业干预进行性心理障碍治疗，有的人只是需要学习如何更有效地与身边的人建立关系或者如何为自己争取到更好的生存空间。

勇敢地面对自己的特别之处，理智淡定地分辨关系，及时完善自己的心理状态，充分地保护自己。生存不易，我们更应珍惜自己。每一个人都是独特的存在。

三、享受美好的性

爱情脱离不开性。对于大学生来说，亲密关系之中没有必要否认性，良好的性关系反而能成为爱情的润滑剂。爱情本身需要性，但也更需要妥善地处理它。我们要清楚并评量此时此刻性行为出现、发生的意义。性只因其本身而值得出现，别给性背负太多的“条件”。当然性仍然来自于生理层面，它有太多的本能冲动，需要我们每个人用成熟的态度、理智的思考来与之相处。单单建立在性爱之上，缺乏情感连接的爱情，将在时间的烈火中化为灰烬。成熟之人会把激情的魅力转为抉择的动力。他们不会压抑激情，也不会过度沉迷。

每一个人都有权利在成熟的考虑之下，在清晰的抉择之下，在做好自我保护的措施之下，尽情享受单纯的性行为本身带给身体的愉悦感觉，享受性爱带给人们关于自身、关于关系的良好体验。

性行为当中有时也不能用对错来判定。只希望提醒所有青年朋友们学会爱自己、学会保护自己，学会享受美好的性。当我们日渐健康成熟，便不再为了得到快乐而追逐性爱，而是因快乐而享受性爱。

我们认真地学习这个专题，认真地探讨每一种爱的能力，都是因为希望能够拥有一份美好的爱情体验。通过上述的分析阐述，可以看到，爱情不只是一份感受，更是一种能力；爱情不只是一种技术，更需要的是我们自己个人的内在成长。

现在展现在大家面前的图 5-1，就是客体关系理论对爱情的深度理解。

每个人与伴侣的互动不只是当下的情境决定的，每个人还带着过往与其他人、尤其是重要他人的互动，进入到当下与伴侣的互动中。所以亲密关系的问题往往其实也是我们自身的问题。关系中出现问题的时候，一定要学会想想自己的问题。

无论是识别爱的能力、拥抱爱的能力、婉拒爱的能力、呵护爱的能力，还是承受爱的挫折的能力，爱的能力的核心其实都是自我的成长。两个成熟的独立个体的相爱是一种“双赢”的结果。

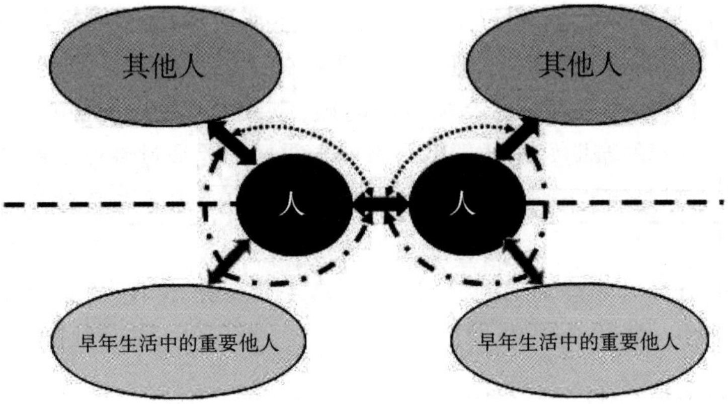

图 5-1　客体关系理论对爱情的深度理解

提升对自我的觉察,不断完善自己的性格和内在世界,当我们自身在不断发展完善的时候,一份成熟的爱情也将不期而至。

爱是一种情感,更是一种能力,它需要每一颗心不断学习。希望青年朋友们通过掌握理论、学会实践、赋予爱以最大的关怀,最终成功拥抱爱情,祝福有情人终成眷属。

小练习:热座—关系烦恼对对碰

步骤:

1. 小组成员每人一个编号;

2. 每人手上裁出 n-1 的纸条数,在每张纸条上写下同样的一个亲密关系的困惑(具体的小点)以及属于你的编号,将写好的纸条分给小组的其他同学;

3. 其他同学为纸条写反馈(内容包括你的感受、想法,出谋划策均可)。可以署名可以匿名;

4. 每个同学认领一个信封,信封上有各自的编号,其他同学回答完纸条后放回对应的信封中;

5. 阅读同学们的智慧与贡献。

分享:活动感受

【本章小结】

本章首先从吸引的相关研究以及依恋理论等角度解释爱情可能产生的原因，随后介绍了爱情三因论，强调一份成熟的爱情需要包括亲密、激情与承诺3个因素，又从爱情故事理论角度介绍了另一个有关爱情内涵的视角：个体成长过程中接触到的大量故事往往是人们理解爱情的脚本。爱情不只是一种感觉，更是一种能力，一种值得学习的能力。本章从心理动力学的视角，解释了投射、理想化和贬低以及强迫性重复等在亲密关系中隐藏的陷阱误区。又从识别爱、拥抱爱、婉拒爱、呵护爱、承受爱的挫折等角度阐述了如何提升爱的能力。最后从心理学角度解释了性与爱情的关系。通过对以上内容的阐述，本章提出“爱有自我才能双赢”。爱情中的种种体验并不完全是由对方造成的，爱的能力的核心其实是自我的成长。提升自我觉察能力，不断完善自己的性格和内在世界，当我们自身在不断发展完善的时候，一份成熟的爱也将不期而至。

【课后思考与实践】

学习使用本章介绍的相关理论及视角分析自己的亲密关系模式及其中存在的问题，通过反思尝试改善亲密关系，尝试“拥抱”一段成熟的亲密关系。

【推荐阅读】

1.《亲密关系的重建》（大卫·里秋著，上海文化出版社）
2.《学习爱》（贾晓明、青音著，中国人民大学出版社）

【参考文献】

[1] 蔺桂瑞，杨芷英. 大学生心理健康与人生发展. 北京：高等教育出版社，2010.
[2] 俞国良. 大学生心理健康. 北京：北京师范大学出版集团，2018.
[3] 罗伯特·J. 斯腾博格，凯琳·斯腾博格. 李朝旭，译. 爱情心理学. 北京：世界图书出版公司，2010.
[4] 大卫·里秋. 亲密关系的重建. 廖婉如，译. 上海：上海文化出版社，2012.
[5] 莎伦·布雷姆，罗兰·米勒，丹尼尔·珀尔曼，等. 亲密关系. 郭辉，肖斌，刘煜，译. 北京：人民邮电出版社，2005.
[6] 艾·弗洛姆. 爱的艺术. 李健鸣，译. 上海：上海译文出版社，2008.

[7] 乔纳森·海特. 象与骑象人. 李静瑶，译. 北京：中国人民大学出版社，2008.
[8] 黄维仁. 从深度心理学的角度看爱情. [2017-01-01].https：//www.douban.com/group/topic/41058866/? type=like.

第六章　职业生涯规划与心理调适

【学习目标】

1. 了解职业生涯规划相关理论。
2. 理解职业生涯规划对大学生成长成才的意义。
3. 掌握职业生涯规划的方法及求职心理调适。

【引言】

《庄子·内篇·养生主》中提到“吾生也有涯”，意思是指生命是有边际、有限度的，现在人们用“生涯”的概念来形容人生。因为有“涯”，所以更希望好好珍惜有限的生命，活出精彩，少留遗憾。那么，你希望拥有什么样的生涯？你想要活出怎样的人生？乔布斯说活着就是“为了改变世界”，那么你呢？如果你在生命临终时，对自己人生是满意的，请用三个词来形容你的人生，那会是哪三个词？成功、自由、财富、爱情、健康、快乐……

第一节　全面认识职业生涯规划

一、基本概念

（一）什么是生涯

生涯翻译成英文为“career”，源自罗马字“via carraria”及拉丁字“carrus”，意思是指古代的战车，中文释义为“生涯、职业、事业、生计”等。美国生涯理论专家舒伯（Super）1976年将“生涯”定义为：生活中各种事态的连续演进方向，它统合了人一生中各种职业和生活的角色，由此表现个人独特的自我发展形态，也是人生自青春期至退休之后所有有酬或无酬职业的综合，是人终其一生所扮演角色的整个过程。

生涯是一个内涵丰富的概念，与工作、职业和职业生涯有所区分又相互联系。

工作是职业生涯中的一个部分，是指一系列相似的职位所组成的一个特定的专业领域，是有目的、有结果、需要投入时间与精力并持续一定时间的活动。例如，教师的教学工作、医生的医务工作。职业是由一系列相似的职位所组成的某一特定的专业领域,例如教师、律师等。职业的英文也是“career”,但职业常常变化,一个人可能会经历很多职业。人对于职业来说,只是工作者的角色。生涯则不仅仅是工作和职业,生涯的意义更广,是一个发展的概念,一个动态的过程。它的外延可以大到个体一生的经历,也可以小到与职业等义。

(二)什么是职业生涯

职业生涯是对生涯的狭义理解,强调的是人一生中所经历的一系列职业和角色的总称,是站在职业的角度对一个人一生的工作经历中的行为和活动的考察。很多职场人士面对激烈的竞争,在找工作的时候更多地是从现实的需求出发,根本不去考虑自己与工作是否适合,对于职业生涯的未来发展也是走一步看一步。

人一生中由于心理、生理、社会、经济及机遇等因素相互作用所形成的工作、职业的发展与变化,可以说是个人终身发展的历程。职业的发展是个人发展中的重要内容,它涵盖了人的一生,并包括了人的自我概念、家庭生活及所处的环境、文化氛围等方方面面。

(三)什么是职业生涯规划

职业生涯规划(Career planning),又叫“职业生涯设计”, 1908 年起源于美国,是指个人在对自己职业生涯的各种主客观条件进行测定、分析、总结的基础上,对自己的兴趣、能力、特点进行综合分析与权衡,结合时代特点与需要,根据自己的职业倾向,确定最佳的职业奋斗目标,且为实现这一职业生涯目标制订行之有效的计划,并落实到行动上,通过实践评估规划的有效性,并适时加以修正。

职业生涯规划的目的绝不仅仅是获得一份工作维持生计,而是面临着许多生涯角色、生活目标的选择与建立,面临着一系列认知活动和行动的历程,通过探索自我、挖掘潜能,对自己的一生有一个科学的规划,并激发动力,最大限度地实现自我价值,使人生有目标、有方向,从而充满意义。

二、职业生涯发展基本理论

从 20 世纪初美国的职业辅导运动以来,职业生涯辅导建立起了一系列理论模型,各种理论通过不同的途径为个人作出有关职业和生活的决策提供理论支持。这里简要介绍几个相对比较成熟且对研究和实践有较大影响的 5 个基本理论。

(一)特质因素论

特质因素论于 1909 年由“职业指导之父”美国波士顿大学弗兰克·帕森斯

（Frank Parsons）教授提出，这是最早的职业指导理论，也是用于职业选择和职业指导的经典理论。特质因素论认为，个人和职业都有稳定的特质，而适当的职业选择就是在两者之间进行匹配。帕森斯教授提出，特质包括能力倾向、兴趣、价值观和人格等，这些可通过心理测量进行评量。因素是指工作上取得成功所必须具备的条件与资格，这些可通过工作分析进行了解。个人选择职业的关键就在于个人特质与特定职业的要求相匹配。

特质因素论提出了职业辅导的三大原则。

原则一：自我认知，即对自我进行探索，包括了解个人的兴趣、能力、资源、优势、劣势等。

原则二：职业认知，即了解职业的能力素质要求，包括知识经验、工作环境、薪酬福利、晋升机会、发展前途等。

原则三：人职匹配，即自我与工作的匹配，将上述两个方面进行整合，并找出与个人特质匹配的职业。个人特质与工作因素越接近，个人成功的可能性越大。

（二）职业类型论

职业类型论产生于20世纪60年代，它是在帕森斯观点的基础上，由美国著名职业指导专家霍兰德提出的，经过多年的发展，现已成为影响最大的理论。职业类型论认为：第一，人的个性大致可分为6种类型，即实际型、研究型、艺术型、社会型、企业型和常规型；第二，所有职业均可划分为相应的6大基本类型，每种职业对应6种类型中的一种或几种类型的组合；第三，人们一般都倾向于与其个性类型相一致的职业类型，同样职业也需要与其类型一致的人；第四，个人的个性与工作环境之间的适配与对应，是职业满意度、职业稳定性和职业成就的基础。

基于此，霍兰德提出了经典的六边形模型（图7-1），无论是个性类型，还是职业类型，都不是并列划分、界限清晰的，这6种类型按顺序围成一个正六边形，按照彼此间的相似程度，存在相似、相隔和相斥的关系。相邻两个维度的各种特质最相近，相关程度最高；相反，距离越远，差异越大，相关程度越低。

（三）生涯发展论

生涯发展论产生于20世纪50年代，舒伯（Super）对生涯发展有了新的思考，他把生涯看成一个连续的过程，认为职业发展是人生成长的一部分，除了职业角色外，还扮演着其他角色，如孩子、学生、休闲者、公民、持家者、配偶或伴侣、退休者、父母或祖父母等，各个角色相互影响，共同决定一个人工作与生活的满意度。

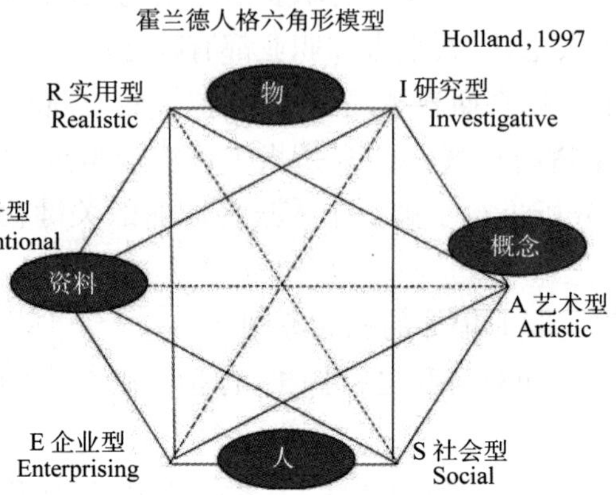

图 7-1　霍兰德职业兴趣六边形（二选一）

舒伯把职业生涯发展分为成长、探索、建立、维持和衰退 5 个阶段，每个阶段都有特定的发展任务和角色，个人面对及完成发展任务的准备程度体现了个人的生涯成熟度，成熟度越高，越会作出明智、适当的职业选择。

（1）成长阶段：0~14 岁，主要依靠家庭和学校开始发展自我概念。这个阶段发展的任务是发展自我形象，发展对工作世界的正确态度，并了解工作的意义。

（2）探索阶段：15~24 岁，职业概念形成，开始对自我角色、职业进行探索。这个阶段发展的任务是职业偏好逐渐具体化、特定化并实现职业偏好。

（3）确立阶段：25~44 岁，通过尝试与调整确定自己的终生职业。这个阶段发展的任务是确定稳定、长久的职业，重新评估自己的需求和职业目标。

（4）维持阶段：45~65 岁，通过努力维持既有成就与地位。这一阶段发展的任务是维持既有成就与地位，传承经验，寻找接班人。

（5）衰退阶段：65 岁以上，随着生理与心理技能日渐衰退，从而逐渐隐退，转而寻求不同方式替代和满足需求。这一阶段发展的任务是适应退休，注重发展新的角色，寻求不同方式以替代和满足需求。

职业生涯发展的 5 个阶段横跨一个人从生到死的全部生命历程，这就是舒伯认为的生活广度，在发展历程的不同年龄阶段所扮演的各种角色，即生活空间。以生活广度为时间轴，以生活空间为空间轴，这就是经典的舒伯生涯彩虹图（图 7-2）。

从一个人的职业生涯彩虹图来看，0~5 岁的时候所扮演的角色是子女，入学之后就是学生、休闲者；25 岁左右开始步入社会成为工作者；30 岁左右开始成家、有了孩子，扮演着配偶、家长的角色；45 岁左右工作者角色突然中断，学生角色突出，表示在这一阶段会进行学习进修；48 岁左右开始继续成为工作者，全力冲击，事业达到顶峰；65 岁左右离开工作岗位，逐渐转化为休闲者和持家者。

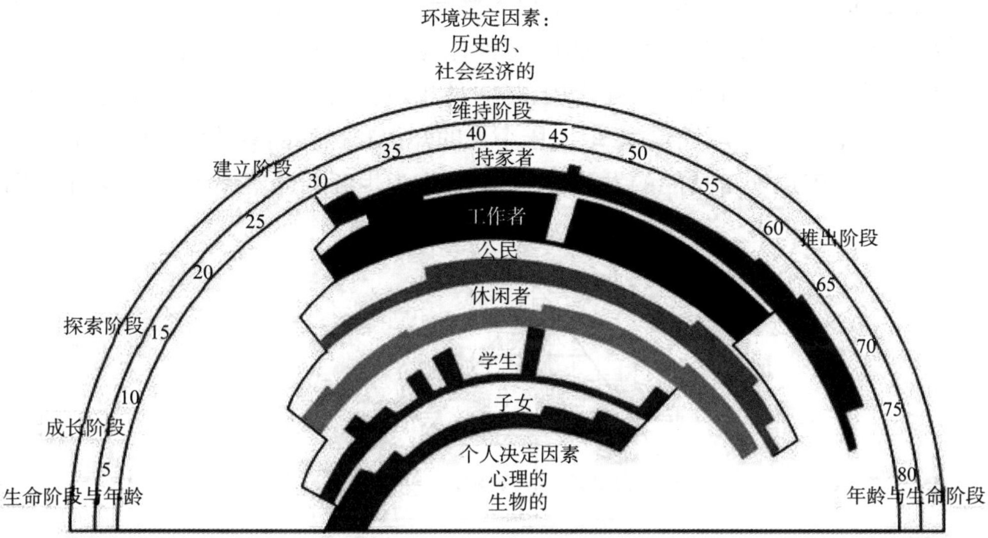

图 7-2 舒伯生涯彩虹图

（四）社会学习论

社会学习论由班杜拉（Albert Bandura）于 20 世纪 70 年代提出，它以行为主义、强化理论和认知信息加工理论为基础。克朗伯兹（John Krumboltz）将其引入生涯辅导领域，他认为个人的社会成熟度在很大程度上依赖于对他人行为的学习和模仿，并由此决定其职业导向。

克朗伯兹认为影响个人职业决策主要有以下 4 个因素，这些因素之间相互作用形成个人对自我和世界的推论与信念。

（1）遗传因素和特殊能力：个人的遗传特质在某种程度上决定了其职业表现。

（2）环境因素和事件：通常在个人控制以外，来自于人类活动或自然力量。

（3）学习经验：克朗伯兹特别强调丰富而适当的学习经验的重要性，他提出了两种类型的学习经验，即工具式学习经验、联结式学习经验。个人在特定的环境中采取一定的行动，通过观察真实和虚构的模型，通过对人、对事之间的比较来学习对外部刺激作出反应。

（4）任务取向的相关技能：包括解决问题的能力、工作习惯、心理状态、情绪反应和认知历程等。

（五）认知信息加工论

认知信息加工论于 1991 年由彼得森（Gary Peterson）和里尔登（Robert Reardon）

提出，他们从信息加工的角度，阐述了思考生涯发展的新方法，提出了信息加工金字塔模型（图 7-3）。信息加工理论（CIP）也被称为“职业决策理论”，他认为，生涯选择源于认知过程和情感过程的交互作用，是一种相当复杂的问题解决活动。个人解决生涯问题的能力，即生涯成熟度，取决于个人的知识和操作的有效性。信息加工理论强调促进学习信息加工技能的发展，提高学生作为生涯问题解决者和决策制定者的能力。

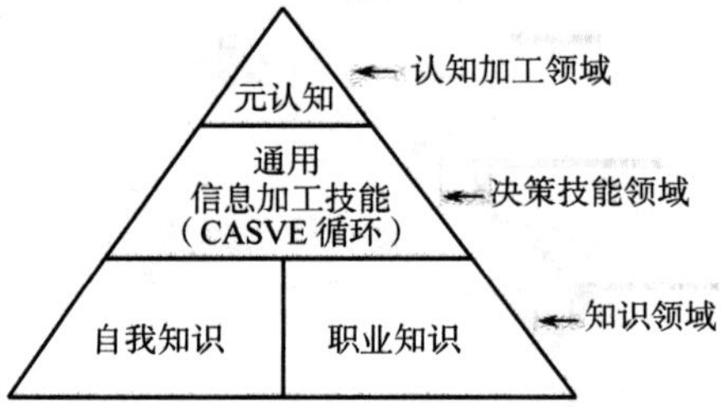

图 7-3　认知信息加工模型

以上介绍的理论基于不同的时代背景，其理论观点有所不同，但其理论基础都是一致的，即帕森斯特质因素论的三要素：自我认知、职业认知和人职匹配。每个理论又从不同角度进行了补充和延展。霍兰德六边形模型在方法上创新，为自我探索、职业探索和人职匹配提供了具体工具。舒伯的生涯发展论用动态立体的生涯概念取代了静态稳定的职业概念，注重规划人生长期的生涯发展而不是短期的职业选择。社会学习理论强调的是社会影响因素和学习经验的重要性，通过多种多样的经验学习获得不同的技能。信息加工论强调提高学生信息加工技能的发展，而不仅仅是进行人职匹配。

熟练地掌握这些理论对我们将其应用于职业生涯规划非常重要，会更好地帮助学生合理看待自己的职业生涯发展，作出科学合理的规划，在职业目标、生活平衡、工作满足等各方面实现自我。

三、职业生涯规划对大学生成才发展的意义

我国大学本科毕业生人数逐年增长，待就业人数也随之增多，越来越多的学生抱怨：找工作难，找到理想中的工作更难。“大学生毕业就失业”已成为社会关注的热点和难点问题之一。很多大学生毕业时要么考研，要么随意找工作，不满意再随意跳槽，没有清晰的职业定位，在迷茫纠结中浪费时间和生命。

大学阶段是人生发展的黄金时代，正处于生涯探索期和生涯建立期的关键阶段，面临着许多关乎未来的重大抉择，进入大学是人生的真正考验，更是未来职业生涯规划的基础，合理的生涯规划，对大学生内在需求的满足及其人生价值的实现有着重要

意义。因此，大学生的生涯规划应该从进入大学那一刻起，是一个4年的过程，在大学期间通过对自我探索和对外部环境的了解，综合考虑为自己确定职业方向、正确规划自己的职业发展目标，并为实现职业生涯目标制订相应的行动计划，最大限度地发挥自己的才能，实现更好的成长。

具体来说，职业生涯规划可以在以下4方面促进大学生成才发展。

（一）增进自我了解

职业生涯规划第一步就是自我探索，一个人只有了解自己是一个什么样的人，想要一种什么样的生活，才会确定自己的人生发展方向。通过自我探索让大学生认识到自身的兴趣、能力、价值观等个性特点，挖掘现有和潜在的资源，并对自己的综合优势与劣势进行对比分析，明确自己想干什么、能干什么、适合干什么、应该干什么。

（二）促进潜能开发

通过职业生涯规划和实践，让每一位大学生客观评估与分析职业发展目标和现实之间的差距，找到自己努力的方向，从而激发内在动机，促进潜能开发，使得每位大学生的个性得以发展，其认知特征、兴趣爱好、动机需要、价值取向得以尊重和体现，最大限度地实现自我价值。

（三）适应社会需要

知己知彼才能科学有效地做好职业规划，除了自我探索，还需要对社会、对世界进行探索，通过对社会有更全面和更现实的了解，明确社会对大学生的需求和要求，从而有针对性地对自身进行调整，学会正确处理个人和社会的关系，更好地适应社会的需要。

（四）实现个体价值

著名心理学家马斯洛提出需求层次理论（图7-4），将人的需要由低到高分为5个层次：生理需要、安全需要、爱与归属的需要、尊重的需要和自我实现的需要。当个体的低层次需求得到满足之后，就会追求更高层次需要的满足。大学生的职业规划不只满足温饱和生存需要，还需要获得别人的赞赏、尊重等，通过追求职业和事业的成功，最终目标实现个体价值。

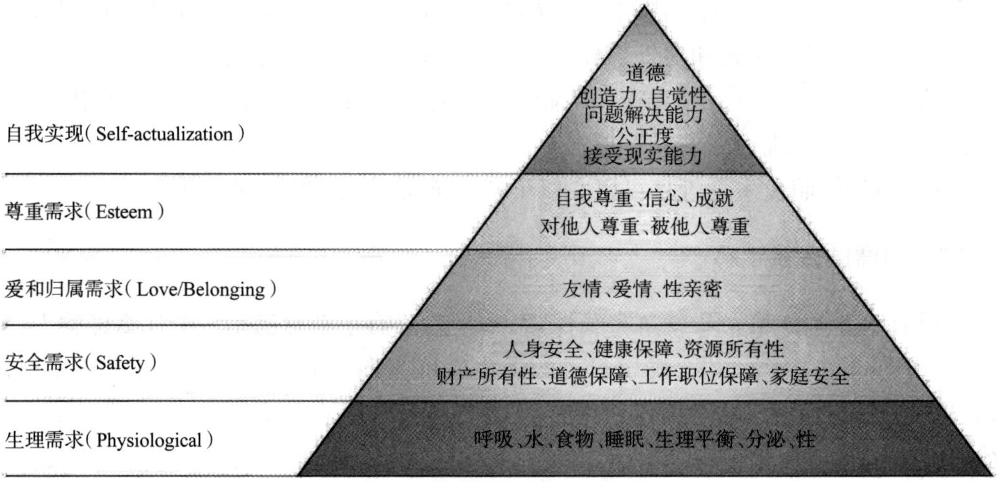

图 7-4　马斯洛的需求层次理论

知识链接:马斯洛的需求层次理论

著名的心理学家亚伯拉罕·马斯洛(Abraham Harold Maslow, 1908—1970),出生于美国纽约市布鲁克林区,是社会心理学家,人格理论家和比较心理学家,也是人本主义心理学的主要发起者和理论家,心理学第三势力的领导人。

在马斯洛看来,人类潜藏着5种不同层次的需求,生理、安全、归属与爱、尊重和自我实现,这些需求在不同的时期表现出来的迫切程度是不一样的。人最迫切的需求才是激励人行动的主要原因和动力。低层次的需求基本得到满足以后,它的激励作用就会降低,高层次的需求则会取而代之。人的最高需求即自我实现,各层次需求的基本含义如下。

(1)生理需求:这是人类维持自身生存的最基本要求,包括饥、渴、性等方面的要求。如果这些需求得不到满足,人类的生存就成了问题。从这个意义上说,生理需求是推动人们行动的最强大的动力。马斯洛认为,只有这些最基本的需求达到维持生存所必需的程度后,其他的需求才能成为新的激励因素,而到了此时,这些已相对满足的需求也就不再成为激励因素了。

(2)安全需求:这是人类要求保障自身安全、摆脱失业和财产安全等方面的需求。马斯洛认为,整个有机体是一个追求安全的机制,人的感受器官、效应器官、智能和其他能量主要是寻求安全的工具,甚至可以把科学和人生观都看成满足安全需求的一部分。当然,当这种需求一旦相对满足后,也就不再成为激励因素了。

（3）爱与归属的需求：这一层次的需求包括两个方面的内容，一是归属的需求，即人人都有一种归属于一个群体的感情需求，希望成为群体中的一员，并相互关心和照顾。感情上的需求比生理上的需求要细致，它和一个人的生理特性、经历、教育、宗教信仰等都有关系。二是爱的需求，即人人都需要家庭成员之间、伙伴之间、同事之间的关系融洽；人人都希望得到爱情，希望爱别人，也渴望接受别人的爱。

（4）尊重需求：人人都希望自己有稳定的社会地位，要求个人的能力和成就得到社会的承认。尊重的需求又可分为内部尊重和外部尊重。内部尊重是指一个人希望在各种不同情境中有实力、能胜任、充满信心、能独立自主。总之，内部尊重就是人的自尊。外部尊重是指一个人希望有地位、有威信，受到别人的尊重、信赖和高度评价。马斯洛认为，尊重需求得到满足，能使人对自己充满信心，对社会满腔热情，体验到自己活着的用处和价值。

（5）自我实现需求：这是最高层次的需求，它是指实现个人理想、抱负，最大限度地发挥个人的能力，完成与自己的能力相称的一切事情的需求。也就是说，人必须干称职的工作，这样才会使他们感到最大的快乐。马斯洛提出，为满足自我实现需要所采取的途径是因人而异的。自我实现的需求是在努力挖掘自己的潜力，使自己越来越成为自己所期望的人物。

第二节　大学生职业生涯规划的方法与心理调适

一、大学生职业生涯规划的发展阶段

前面我们提到的美国心理学家舒伯提出的生涯发展理论（Life-career Development Theory），将个体的发展分为成长、探索、确立、维持和衰退5个时期。15至24岁的青少年属于探索期，这阶段共包括3个时期：一是试探期（15至17岁），考虑需要、兴趣、能力及机会，做暂时的决定，并在幻想、讨论、课业及工作中加以尝试；二是过渡期（18至21岁），开始就业或进行专业训练，会对各种选择进行更现实的考虑，并力图实现自我，将一般性职业选择变为特定的选择；三是承诺期（22至24岁），主要是对可能从事的职业生涯选择初步尝试并验证其成为长期职业的可能性。

当代大学生多数处于18至24岁，主要任务就是探索自我，对专业和社会进行了解，选择适当的方向进行更多尝试和实践，从而寻找适合自己进一步发展的方向。其中，在大学的不同年级也有不同的特点和任务。

（一）大一适应期

作为大学生，学习知识肯定是首要的，这是做好每一份工作的基础，然而很多学生填志愿选专业不是根据自己的兴趣，而是根据自己的分数来选的。这就需要通过专业学习、参加学生社团活动、社会实践、各项比赛竞赛等来发现自己的兴趣爱好、优势和缺点，并且开始发展自己的能力。

通过各种渠道学习和了解各行业以及特定的职业要求与特点，尤其是每个行业所需的技能，看看哪些行业与自己的性格、特点或者能力相符，哪些行业更符合自己理想中的生涯目标。开始建立自己的人际关系网络，扩大自己的交际范围，大一暑假也可以尝试做些兼职，去真正尝试接触真实的职业世界，为将来的生涯发展打下基础。

（二）大二探索期

经历了大学一年级的适应和基础课程的学习，大二学生的核心任务就是对自身和毕业后的发展进行探索，是就业还是继续深造？考公务员还是进外企？不同的选择会带来不同的生活方式，通过探索不断明确并及时修正自己的方向，为未来发展做准备，尤其是部分同学逐步意识到自己所学专业和未来目标行业不同，这就更需要好好学习，争取尽快转专业或有针对性地提高自身素质。因此，通过专业学习、参加社团或学生会、利用寒暑假实习或兼职等多种途径，既可以对自身及感兴趣的发展方向进行了解，还可以有意识地扬长避短，提升自身综合素质和专业技能。

（三）大三决策期

大三年级是大学生活的一个关键转折期，需要面临很多重要选择，比如是继续考研、留学深造还是直接为就业做准备？很多同学面临着这些选择举棋不定、犹豫不决，对未来感到迷茫而焦虑。然而，每个选择都有得有失，重要的是明确自己要什么，而不是被各种选择所困住。学会有效利用各种资源，通过自己亲身实践、请教辅导员和师兄师姐等提升搜集工作信息的能力，再针对搜集到的信息进行综合分析，作出最适合自身发展的规划，然后制定短期和长期目标，并通过足够的执行力去实现目标。

（四）大四冲刺期

大四是本科阶段的最后一年，对很多同学来说意味着学生生涯的结束，也是即将开启职场生涯的重要冲刺期，大四除了要认真准备学业毕业，还应该为了目标尽自己最大的努力，对于继续考研的同学，要调整状态为考研做最后准备，而对于申请出国和即将求职的大学生，都需要认真学习书写简历，对自己前三年的积累做一个总结，而不是等到求职或申请前一天才匆忙准备。在完善简历的同时，努力通过各种途径提升技能和竞争力，力争找到满意的工作。此外，还要留出时间完成承前启后的任务，帮助自身顺利过渡到新的人生阶段。

二、大学生职业生涯规划的常用方法

生涯不是一个静止的点，它是一个动态的历程；不只发生在人生的某个阶段，而是如影随形，相伴人的一生。由于遗传、家庭、经历和所处社会环境等的不同，每个人的生涯也会不同。所以，生涯是个性化的发展，每个人都会有属于自己的生涯。陆游诗曰："纸上得来终觉浅，绝知此事要躬行。"身处大学阶段的我们，应该如何进行职业生涯规划呢？

（一）5W 分析法

大多数同学完全不清楚自己未来想要什么，因为大学是父母选的，专业志愿是根据分数填的。以前高中的目标就是为了考一个好大学，但是上了大学就完全迷失方向，没有了目标。专业不喜欢，对外面的世界也无从知晓。刚刚入校的大一新生来讲对于职业生涯规划也只有一个比较模糊的概念。

"5W"通过 5 个"What"提问来帮助我们更清楚的思考这些问题，找到 5 个问题的共同点，就能对自己的职业生涯有一个大概的认识，具体如下。

✧ Who am I?（我是谁？）

✧ What will I do?（我想干什么？）

✧ What can I do?（我能干什么？）

✧ What does the situation allow me to do?（环境允许和支持我干什么？）

✧ What is the plan of my career ?（我最终的职业目标是什么？）

虽然 5 个问题看似很简单，但是每个问题却不是立即就能找到答案，探索 5 个"What"的过程就是我们探索职业生涯规划的过程，大学生在自己的学业和生活中，能有意识的通过学习、社团、比赛、实习中去寻找这些问题的答案，在实践中体验，在做中学，从而确立适合自己的职业目标。

（二）SWOT 分析法

20 世纪 80 年代初，旧金山大学的管理学教授海因茨·里克（Heinz Weihrich）提出了 SWOT 分析法，在职业生涯规划中多用于对自身及机会进行评估，可以帮助我们综合自己的优势与劣势，认清周围的职业环境和前景，从而作出最佳决策。SWOT 4 个英文字母分别代表：Strength（优势）、Weakness（劣势）、Opportunity（机会）、Threat（威胁）。其中，优势和劣势是用来分析内部条件，是对内部个人因素的评价，而机会和威胁则是用来分析外部条件，是对外在环境因素的评估。以下是一个想要在会计事务所里当会计师的大学生所制作的 SWOT 矩阵表（表 7-1）。

表 7-1　SWOT 分析法

内部环境（自我评估）	优势（Strength） 1. 逻辑分析能力强 2. 反应敏捷 3. 对数字比较敏感	劣势（Weakness） 1. 缺少领导能力 2. 缺乏上进心和耐心 3. 组织、协调能力欠缺
外部环境（环境评估）	机会（Opportunity） 1. 社会对会计人才要求数量多 2. 注册会计师比较抢手	威胁（Threat） 1. 会计人才众多，就业压力大 2. 同地区竞争激烈

（二）职业生涯规划 5 步法

做好生涯规划，需要理性地认识评估自己、也需要积极探索职业世界，并制定出目标规划，以实际行动付诸实践，并适时的评估成效与修订计划，具体来说包括如下 5 个基本步骤：自我评估、环境分析、目标确立、制定实施策略和反馈评估（图 7-5）。

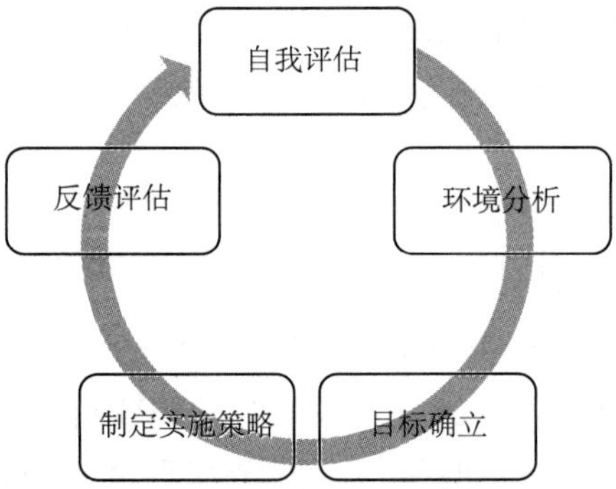

图 7-5　制定个人职业规划的基本步骤

1. 正确评估自我

"知己知彼，百战不殆"，只有不断地进行自我探索，深入认识自己是一个什么样的人，想过什么样的生活，明晰自己的内在需求以及想要追求的目标，才能走出一条适合自己的人生道路。

系统化的生涯规划是一个"由内而外"的过程，首先需要进行自我评估，通过对自己做全面的探索与分析，了解自己的职业兴趣、性格特点和价值观以及成长过程中获得的知识、能力和经验，才能制定适合自己的职业生涯规划，找到最适合自己发展的职业之路。

自我评估包括对自己的性格、兴趣、能力、价值观等方面。对大学生而言,尤其是大一新生,进入大学步入新的环境,正处于自我意识的困惑期,应该通过一些专业的心理学测试去全面的探索。在此方面已经有很多测评方法和工具,如霍兰德职业兴趣测试、能力测试和职业倾向测验等,借助于测验和个人主观分析,可以更清晰地了解和认识自己。

1)性格

性格是指个人稳定的态度和习惯化的行为方式,是一个人在生活中对人、对事、对自己、对外在环境所表现出来的一致性应对方式,几乎涉及人的心理过程及个性特征的各个方面。正是因为具有一定的稳定性,因而性格会对大学生的职业选择乃至职业成功发挥着持续作用。性格与职业环境的匹配是形成职业满意度、成就感的基础,可以使我们成为更有效的工作者。

MBTI(Myers-Briggs Type Indicator,迈尔斯布里格斯类型指标),是由美国心理学家凯塞琳·布瑞格斯(Katherine Cook Briggs)和她的女儿伊莎贝尔. 梅尔斯(Isabel Briggs Myers)编制而成的。MBTI 量表共有 4 个维度 8 个方面,分别是:外向(E)/内向(I)、感觉(S)/直觉(N)、思考(T)/情感(F)、判断(J)/知觉(P)。4 个维度两两组合,共组成 16 种性格类型(如表 7-2 所示)。

表 7-2 MBTI 的分类维度

能量倾向	E(Extraversion)外向	I(Introversion)内向
接受信息	S(Sensing)感觉	N(Intuition)直觉
处理信息	T(Thinking)思维	F(Feeling)情感
行动方式	J(Judging)判断	P(Perceiving)知觉

人的性格没有好坏之分,也没有对错之别,而只是人们日常生活中一种特定的行为模式和思考方式,无论哪一种性格类型,都能给一个人带来独一无二的特点。正确认识自己的性格,只是为了帮助我们更好地进行职业定位,让自己更好地适应岗位要求,更得心应手的驾驭本职工作。

性格具有一定的稳定性,但也不是一成不变的:对于青少年来讲,性格的可塑性很强。例如:很多同卵或异卵双生子,外貌相似,素质基本相同,同一个家庭长大,后天受教育不同,经历不同,性格也可能完全不同。因此,大学生要不断认识和接纳自我,充分发挥性格优势,并且通过不断成长,进一步完善自己。

2)兴趣

兴趣是指个体以特定的人事物为对象,所产生的积极的和带有倾向性与选择性的态度和情绪。兴趣以需要为基础,在人的实际活动中具有重要的意义。兴趣是推动人进行所有活动的重要心理因素，它能使人集中精力，积极愉快地从事某种活动。兴趣还是开发潜能的钥匙，可以激发个体进行创作活动的内部动机，增强克服困难的信心和决心。

在一个人的生涯规划中，兴趣具有强大的推动作用。兴趣产生的内在驱动力会让人形成不断进取的工作动力。在求职中，兴趣是重要的依据之一，从事自己感兴趣的职业，是职业生涯满意度很重要的指标之一。兴趣不但影响人们的职业定向与职业选择，而且有利于从业者潜能的挖掘、工作效率的提高。一个人真正的兴趣应该是发自内心的，有了兴趣才能激发潜能，也让自己乐在其中。有关研究表明，如果一个人从事有兴趣的工作，能发挥其才能的 80%~90%，如果一个人对所从事的工作不感兴趣，那么他在工作中只能发挥其才能的 20%~30%，甚至产生职业倦怠。

霍兰德职业兴趣测验，是由美国著名的职业教育专家霍兰德（Holland）以其长期的实践研究，并结合现有职业分类大典而开创新提出的职业兴趣理论为基础而编制的，是当前所有的职业兴趣类测验的起源，风靡全世界。其核心假设是人可以分为 6 大类：现实型（R）、探索型（I）、艺术型（A）、社会型（S）、管理型（E）和常规型（C）。这 6 种类型的人具有不同的典型特征。每种类型的人对相应职业类型感兴趣。霍兰德职业兴趣测试，就是主要用于确定被测试者的职业兴趣倾向，进而用于指导被测试者选择适合自身职业兴趣的专业发展方向和职业发展方向。同样地，测评只能作为一种途径和方式，测评有一定的信效度，测评结果也只能作为重要的参考依据，每个人还是要根据自己的情况科学理性地解读测评结果。

人们对某种事物有兴趣开始，发展到对它产生浓厚的兴趣，进一步发展到志趣，甚至下定决心终身从事该领域的职业活动是需要一个过程的。不少同学不了解自己的兴趣，在填报志愿的时候，单纯根据自己的分数来选择专业，不了解自己的专业也不了解自己即将从事的职业，就认为自己对所学专业不感兴趣，甚至产生厌学的情绪。然而，人的兴趣不是天生的，而是根据自己所受教育和实践中摸索发展出来的。因此，我们鼓励大学生多了解自己的专业，多尝试多实践，多培养自己的兴趣，同时还要培养自己的能力，只有具备了能力，才能更好地发挥自己的兴趣和能力，创造价值。

3）能力

能力是人们顺利完成某种活动所必须具备的心理特征，简单来说，就是指一个人完成一件事的本领。能力的强弱直接影响人们的工作效率。能力和知识不同又联系密切，知识是人类经验的总结和概括，而能力是一个人比较稳定的个性心理特征，表现在人们掌握知识和技能的难易、深浅、快慢、巩固程度以及解决实际问题等各方面。能力是在掌握知识的过程中形成和发展的，掌握知识又必须以一定的能力为前提。不同的人身上可能有相同的知识，可他们的能力水平却不一定相同。

人们要想在职业发展上取得成就与成功，就必须具备与工作相匹配的能力。当一个人的能力与工作的要求相匹配时，最容易发挥自己的潜能，并且获得一种满足感和成就感。然而，当一个人去做自己力所不能及的工作时，往往就会感到焦虑，甚至产生挫败感。当一个人能力超出工作要求太多时，又容易感到工作缺乏挑战，感觉乏味甚至产生倦怠。因此，清楚自己有能力以及和职业要求的差距非常重要。

能力按照其获得的方式（先天具有与后天培养），可以分为"能力倾向"和"技能"两大类。

（1）能力倾向（Aptitude）是指上天赋予每个人的特殊才能，比如音乐、运动、绘画等，这是一种潜能，是与生俱来的，但也有可能因未被开发而荒废，遗传、环境和文化都可以影响到天赋的发展。

（2）技能（Skill）则是指经过后天的学习和练习培养而成的能力，比如阅读能力、演讲能力、人际交往能力等。每个人随着不断的成长，从什么也不会做的小婴儿，逐渐成为一个能听、能看、能说的成人，每个成长阶段都会学会很多新的技能。

个人的能力水平往往强调的是能力倾向和技能两方面的结果，而在职业生涯中，我们用到更多的都是后天培养的具体技能。辛迪·帆（Sidney Fine）和理查德·鲍尔斯（Richard Bolles）将技能分为 3 种类型：专业技能、可迁移技能和自我管理技能（表 7-3）。

表 7-3　技能的分类

分类	具体内容	举例
专业技能	又叫知识技能，是指需要通过教育或培训才能获得的知识或能力，这些技能涉及你学习的科目，是你所懂得的东西，一般用名词表示。专业技能不可迁移，需要经过有意识的、专业的学习才能掌握 获取途径：学校课程、课外辅导班、资格认证考试、自学、社会实践等	例如：数学、管理、心理学、会计、美学、天文学等
可迁移技能	又叫"通用技能"，是指一个人能做且会做的事，通常用行为动词来描述。可以迁移应用于不同的工作之中，是职业生涯中除岗位专业能力之外的基本能力，适用于各种职业，能适应岗位不断变化，可以从生活的方方面面，特别是工作之外得到发展，是个人最能持续运用和最能够依靠的技能	例如：教学、组织、演讲、考察、设计、计算、分析、执行等
自我管理技能	又叫"适应性技能"，经常被看作个性品质而非技能，被用来描述和说明人具有的某些特征，涉及个体在不同的环境中如何管理自己，这些技能可以从非工作领域转换到工作领域，是成功所必须的品质，是一个人最有价值的无形资产	例如：负责、冷静、勤奋、亲切、合作、有序、谨慎、精力旺盛等

与能力紧密相关的一个概念叫"自我效能感"，是指个人对于自己的能力以及运用这种能力将得到何种结果所持的信心或者把握程度。自我效能感是预测个人行为的重要指标。研究发现，人们在实际的生活和工作中，对个人行为起决定作用的往往不是个人实际能力的高低，而是个人的自我效能感。例如：一份关于男女薪酬差异的调查指出，男性和女性在薪酬上的差异部分来自女性的数学水平普遍低于男性。研

究指出，通常薪酬高的职业对数学能力要求都比较高，而女性在数学上的弱势并非由于女性天生不擅长数学，更主要的原因是相对男性而言，女性对自身学习数学的能力缺乏信心，而倾向于在数学科目的学习上花更少的时间。同样，我们在咨询中经常见到一些来访者，各方面的能力都很优秀，成绩优异也取得不少荣誉，但却由于自卑的原因而被束缚，做事畏首畏尾，无法充分发挥自己的才能。由此可见，自我效能对个人发展的影响。

职业能力倾向的测评，是了解自我能力倾向的一种非常重要的方法，分为一般能力倾向测验（General Aptitude Test Battery，GABT）和区分能力测评（Differential Aptitude Test Battery，DAT）。除了专业的测评工具之外，一个人的能力和成就，还可以通过以下 3 方面来反映：可衡量的业绩、其他人的反馈以及通过个人的成就事件中所体现出的问题解决能力。可衡量的业绩是指那些有具体衡量指标或者可以量化的行为结果，对于学生而言，比如考了第几名、拿了几次奖学金等。其他人的反馈主要来自身边人的评价，包括老师、父母、室友以及其他同学的评价等。

个人的能力是在不断的学习和实践中提高的，各种能力提高的难易程度也存在差异，当我们将专业知识技能、可迁移技能和自我管理技能结合在一起的时候，就能对个人技能提供具体的证明。为了让自己在职场上适应更好，我们需要不断学习提升综合能力，尤其是练就自己的核心竞争力，才能让自己发展更好。

4）价值观

价值观是指一个人对周围的客观的人、事、物的态度和看法，是一个人意识系统的核心部分，它决定了一个人生活的各种选择和是非判断，是决定人的行为的心理基础。价值观的形成与很多因素有关，包括个人的成长背景、学习经验、社会环境以及民族和文化传统等。正因为每个人的价值观不一样，所以表现出来的性格类型、生活方式、为人处世态度、人际交往模式也各不相同。

与职业有关的价值观称为“工作价值观”，是指人们衡量社会上某种职业优劣和重要性的内心标尺，为人们进行职业选择、努力实现工作目标提供充分的理由，具体体现为一个人通过工作所要追求的是什么，是注重个人成就、地位，或追求一个恬淡寡欲的生活方式等，不同的工作价值观反映了个人事业心的强弱及人生处世哲学。例如：网上曾流传北漂一族批判丽江开小旅馆的人不思进取，而被批判的丽江客栈老板却嘲笑北上广的人不懂得生活，这就是价值观不同所致。价值观没有对错之分，职业价值观也因人而异，每个人的价值取向都是有意义的，也应该被尊重。

不同的职业能满足不同的价值需求。比如：公务员可以满足权力、稳定、社会声望等价值需求，但不能满足经济、创业、技术等价值需求。科学家可以满足成就、社会声望、自主等价值需求，但不能满足权力、经济、休闲等价值需求。因此，职业价值观在职业生涯过程中非常重要。如果你的职业价值观是“安全 / 稳定型”，那么外企、创业等竞争激烈、变化很大的工作环境，可能就不是很适合了。

关于职业价值观的分类不尽统一，往往根据不同的测评方法采取不同的分类。职业生涯辅导专家舒伯将职业价值观分为 15 种，即利他主义、美感、创造力、智力刺激、成就感、独立性、声望、管理、经济报酬、安全感、工作环境、与上级的关系、社会交往、生活方式，并开发出工作价值问卷（1970）和工作价值观量表（1986）。美国 E. H. 施恩（E. H. Schein）教授提出“职业锚”的概念，自 1992 年以后，麻省理工大学斯隆商学院将职业锚拓展为 8 种锚位：技术 / 智能型、管理型、自由 / 独立型、安全 / 稳定型、创业型、服务型、挑战型、生活型。国内专家在职业锚理论 8 种职业价值观的基础上，结合中国当代大学生的实际，又新增了 2 种职业价值观：即经济型 / 利益型、自尊 / 虚荣型，共计 10 种。

探索工作价值观的方法如下。

（1）经验法：梳理过往的经验，进行自我评估，建构自己的价值观罗盘，在每个维度上进行打分，通过综合排序找到对你来说最重要的前三项。

（2）测验法：可借助专业的职业测评工具进行测试，如中国大学生职业测评网、中国人才测评网等。

（3）寻求专业的就业咨询：通过专业的咨询师或者规划师进行探索，借助专业人士进行价值观探索和分析。

小练习

在全面了解性格、兴趣、能力和价值观的基础上，为了更好地明确自己的职业定位，可以尝试以下方法：首先拿出一张纸，仔细思考以下问题，并将要点记录在纸上

你的性格特点是：

你的兴趣特点是：

你拥有哪些能力：

你的工作价值观是：

通过对自我全面综合的探索之后，你对自己初步的职业定位是什么？

2. 环境分析

在对自己有一个基本认识之后，会形成一定的职业倾向，还需要进行外在环境评估，对工作世界信息的了解和评估也是生涯规划中必不可少的部分，具体包括所学专业与职业的关系、职业的分类和内容、工作世界的宏观发展趋势、竞争形势及具体职

业对工作人员的要求、发展前景、条件和待遇等、继续教育方面的选择、未来职业发展路径等等。

如果把各种职业依据和人 / 物相关,以及抽象 / 具体,不同的职业或岗位则分布在不同的象限,在进行求职定位时,可结合对自己的全面评估,有针对性地了解所在象限的职业、企业及行业的相关信息。只有进行充分了解,才能更综合地进行规划。

对外在职业世界的评估和了解可通过网站、媒体等渠道搜索信息,还可以通过生涯人物访谈、实习或兼职工作等亲身体验该职业的各个方面,尽量做到详细和客观。尤其在互联网时代,社会快速变化,市场竞争加剧,对个人和行业的发展都产生了很大的影响。因此,在制定个人发展规划时一定要分析环境条件的特点、环境的发展变化情况、自己和环境的关系、环境对自己的有利条件和不利条件等,随时关注就业形势、就业政策、就业市场的变化,及时调整和完善自己大学期间的规划,掌握就业主动权。

3. 确立目标

职业生涯规划是一个过程,规划的功能就在于为生涯设定目标。职业生涯目标是指一个人渴望获得的与职业相关的结果,即明确自己想成为一个什么样的人。目标就是个人的方向和动力,可以为人生指引方向,帮助人们逐渐理清生命的价值与意义,并用行动去实现它。确定自己的职业目标,也就是确定了将来从事工作或向哪一行业发展,这是职业生涯规划的核心。

在确定自己的职业目标时,千万不能随波逐流,盲目从众。如果把人的一生比喻成航海旅行,那你便是自己唯一的船长,一定要稳坐舵手的位置,认真决定自己何去何从。虽然别人的意见尤其是家人的意见需要参考,但是最终的选择权和决定权在自己手上。

根据所处职业生涯的不同阶段,可以把目标分为短期目标、中期目标、长期目标。短期目标是指两年以内的规划,中期目标是指 2~5 年内的目标与任务,长期目标是指 5~10 年的规划。针对目标制定的指导,最经典的莫过于 SMART 原则,它是一个很实际、很方便的实施原则:Specific(具体的),Measureable(可衡量的),Achievable(可达成的),Relevant(与愿景相关的),Time-bound(一定时限的)。

对于大学生而言,首要任务是学习。那么,大学期间应该如何更合理地确定个人的学业目标以及毕业后的职业生涯目标呢?确定了短期、中期和远期 3 个层次目标之后,还需要具体到每日目标、本学期目标、学年目标。大目标的实现基于每个小目标的实现,通过目标分解,把每个时间段的任务做好了,总目标自然而然就实现了。

案例分享

1984 年，东京国际马拉松邀请赛中，名不见经传的日本选手山田本一出人意料地夺得世界冠军，当面对记者提问“是如何取得如此惊人的成绩”时，他只简单说了一句：“凭智慧战胜对手。”两年后，在意大利国际马拉松邀请赛上，山田本一又获得了冠军。当记者问到：“上次在你的国家比赛，你获得了世界冠军，这一次远征米兰，又压倒所有的对手取得第一名，你能谈一谈经验吗？”他的回答还是“用智慧战胜对手”。

大家表示不解，马拉松是体力和耐力的运动，需要良好的身体素质和耐力，既要有速度还要有爆发力，何以用智慧来取胜的呢？

10 年后，这个谜团终于被解开了。山田本一在他的自传中提到：“每次比赛之前，我都要乘车把比赛的线路仔细看一遍，并把沿途比较醒目的标志画下来，比如第一个标注是银行，第二个标志是一棵大树，第三个目标是一座红房子，这样一直画到赛程的终点。比赛开始后，我就以百米冲刺的速度奋力向第一个目标冲去，等到达到第一个目标后，我又以同样的速度向第二个目标冲去。四十几公里的赛程，就这样被我分解成几个小目标轻松地跑完了。起初，我并不懂得这样的道理，我把我的目标定在四十几公里处的终点线上，结果我跑到十几公里就疲惫不堪了，我被前面那段遥远的路程给吓倒了。”

4. 制订计划与实施策略

做一份职业规划，其实是我们为自己的成才和未来发展所订立的心理契约，是对自己美好未来的承诺。为了实现我们所规划的目标，就要制订实现该目标的职业路径和行动计划，分析自己需要通过哪些渠道获取职业经验，寻找能提供培训、知识与技能、经验的渠道，并安排时间。

对于大学生来讲，大学生活中有两个重要的任务，一是立志，二是成才。所谓“立志”就是确定自己的人生目标和理想；所谓“成才”就是根据理想和目标从而合理的规划自己的大学生活，有针对性地提升自己的综合素质与能力，从容做好就业准备，主动理性地开启职场生活，从而更好的实现生涯发展与自我价值。

结合着未来的职业目标，尝试着给自己的大学 4 年做个规划。大学 4 年要实现哪些目标？为此需要做哪些努力？第一年先做什么？第一学期先做什么？请将你头脑中冒出的想法全部记下来，再根据短期目标、中期目标和长期目标分别安排到四年中来。如果暂时没有方向，你也可以尝试换个思路：想象着你在参加毕业典礼时，回顾大学四年生活，你对自己很满意、自豪、没有遗憾，是因为你都做了什么……

为了保证目标顺利达成，在做规划时不能只写"想法"，一定要写确切的行动方案，比如："我想好好学英语"，这只是一个想法。为了"想好好学英文"，所以"每天背 30 个单词、每天听 30 分钟听力"，这就是将想法转变成行动方案。只有具体的行动方案才更有利于执行。我们谁也不知道将来会怎样，但有了计划，我们就对未来有了一定的预见性，从而减少了未来的不确定性，减少变化的冲击。有了明确的计划，也才能有效利用自己的时间，确保目标的达成。

计划一旦确定，接下来就要开始实质性的行动了。没有行动的支持，一切的计划都只是空想。行动是将全部的探索和思考落实的阶段，闭上抱怨的嘴，迈开行动的腿。根据大学 4 年设立的目标，你可以为自己的大学生活列一个清单，做好时间管理，每个阶段专注于最重要的事务。

5. 反馈评估

影响职业生涯的因素很多，有的变化因素是可以预测的，而有的变化因素是难以预测的，比如近年来互联网给传统行业带来巨大的冲击，很多传统行业在互联网浪潮中被逐渐淘汰，曾经想不到的专业现在却成为了热门。你或许会想：世界瞬息万变，职业规划到底有没有用？计划赶不上变化怎么办？

人生是一个不断改变的过程，这世界唯一的不变就是"变化"，社会的快速发展与进度，给我们的规划增加了难度，生涯规划也并非是一成不变的纸上谈兵，需要有一定的弹性，需要根据外在变化适时地作出反馈与调整，包括职业的重新选择、人生目标的修正、职业生涯路线的选择、实施措施与计划的变更等。

三、大学生常见的求职心理误区

心态决定命运，求职择业既是实力的竞争，更是心态的考验。教育部公布近年来高校毕业生数据呈逐年递增趋势：2001 年，全国高校毕业生人数仅有 114 万，到 2018 年，毕业生人数增长了 706 万，2018 年毕业生人数 820 万，再创历史新高（图 7-6）。

图 7-6　中国高校毕业生人数统计（2010—2018）

面对越来越严峻的就业形势，很多大学生在求职过程中很容易陷入焦虑、迷茫、无助的状态，甚至变得抑郁、悲观，放弃理想也看不到未来的希望。怎样拥有一个良好的求职心态，拥有自己的竞争力，这是每个大学生在求职择业前必须理性思考的问题。

1. 盲目乐观、期望过高的自负心理

这部分学生对就业市场的估计过于乐观，对个人能力评价过高，认为自身条件优越，因而在求职过程中盲目乐观，目标定得偏高，例如“我一定要在北上广深找一份工作，其他地方一概不考虑”“我一定要进 500 强企业”等等，甚至有的同学还对社会对用人单位提出不切实际的要求，比如要求待遇优厚、位高权重、轻松自在等，结果常常导致学生高不成低不就，延误就业的最好时机。

2. 缺乏自信的自卑胆怯心理

有一部分学生在大学期间虽然已具备一定的实力和优势，却因为自身的胆怯而退缩、逃避而败下阵来，影响自己真实水平的发挥。“我天生就 ×× 不行，我肯定找不到好的工作”“面试官在摇头，一定是觉得我太差劲了”等，他们在求职中缺乏自信、不敢充分展示自己，缺乏大胆尝试和竞争的勇气，甚至有的毕业生一到面试官面前就语无伦次、手足无措，在一次次挫败中自我怀疑甚至怀疑人生。

3. 缺少规划的盲目从众心理

“我也要像谁谁一样进 500 强企业”“好多人都考研，我也考一个吧，工作以后再说”，类似这样的学生缺乏对自己的职业生涯进行合理的规划，大学期间浑浑噩噩地打发时间或随波逐流。实际上，由于每个人生活环境、家庭背景、个人能力和机遇的不同，其求职目标、职业选择是不具有可比性的。如果一味地盲目从众，不知道自己真正想要的是什么，也很难获得满意的职业，实现自身的价值。

4. 不能正视他人的嫉妒攀比心理

“凭什么他进了这家单位，一定是因为他父母条件好，采取了不正当的方式”“他成绩比我差，凭什么找的工作却比我好”，类似这种想法的学生在求职中往往存在攀比和嫉妒心理，对其他同学既羡慕又敌视，内心产生强烈的不平衡，甚至是恐惧和愤怒，具体表现为说风凉话、挖苦讽刺、造谣中伤来获得心理补偿，结果由于嫉妒导致人际关系的疏远和紧张，内心痛苦，甚至无法顺利求职。

5. 缺乏主动意识的依赖保守心理

“我自己折腾不出什么名堂，还是等我爸妈帮我找个工作吧”“算了，我既没有背景，运气也不好，我还是听天由命吧”，有类似这种想法的学生往往不是通过自己主动争取，而是寄希望于父母和他人，这种“等、靠、要”的思想和依赖他人的心理，往往使得自己丧失了把握机会、创造机会的主动性，不战而退。

四、大学生职业生涯规划中的心理调适

1. 增进自我认知与探索,明确职业定位

“知己知彼,百战不殆。”所谓“知己”就是不断地认识自我和了解自我,通过自我探索帮你一步步看到自己想要什么。兴趣是职业发展的润滑剂,能力是职业发展的条件,个性是职业发展的基础,它们共同影响着一个人能否顺利实现人生目标。为此,大学生必须充分考虑到自身的职业兴趣、职业能力和性格特征等各方面条件,并结合外在客观的总体形势、趋势和政策,才能为自己谋求一个适合自己的理想工作,既适合自己的职业发展需要,也可充分发挥自己的能力专长,又符合社会环境和用人单位的需要。

当然,或许有些同学觉得这些问题没有非常明确的答案,但是思考的过程会让我们更有方向和主动权。每个阶段内心想要的都会有所不同,这就需要我们不断地探索,不断寻找内心想要的答案,在实践中不断地明晰职业目标与定位。

2. 客观评估外在环境,调整就业期望值

据有关研究表明,个人期望值过高是导致在校大学生择业难的重要内在原因,很多毕业生在择业前精心描绘着“钱多事少离家近,位高权重责任轻”的理想职业蓝图,有这样的期待自然是无可厚非的,但若不能正确认识自我,认清形势,就很有可能陷入盲目择业的状态,影响顺利就业。

造成大学生就业期望值偏高的原因是多方面的,大学生正处于人生心理矛盾的突出时期,他们心理发展不稳定、不平衡、不健全,不能正确地、全面地、客观地评价自己,给自己定位过高,同时对外在环境又缺乏冷静认真的评估和分析,当心目中的理想职业和现实情况落差太大,将在很大程度上影响其就业。

生涯规划是一个过程,是一种面对生涯发展的态度,它未必能立竿见影,马上为我们带来理想的工作,就好像我们所播下的种子,未必能马上发芽一样,所以对生涯规划要有合理预期。在大学期间,我们要理解到生涯规划的重要性和作用,并愿意花时间来规划和践行。

3. 提升职场胜任力,培养求职自信心

我国知名的职业规划专家古典老师认为,面对职业规划和生涯发展有 3 种策略:一种是遇见,就像找对象一样,能找到什么样的工作全凭缘分;第二种是定位,通过自我探索明确自己想找什么样的工作,通过调研明确这份工作需要什么样的条件,定位清楚后再去寻找;第三种是去创造,他认为除了创业,工作和生活也是可以创造,关键是要培养一种到哪个行业、从事哪种职业都能活好的能力,这才是你真正的核心竞争力。因此,大学生要不断提升自己的职场胜任力,并且充分认识到自己的优势,在求职过程中,相信自己“我能行”,并时刻以这种坚定的信念来鼓励自己。

罗森塔尔效应

美国心理学家罗森塔尔（Robert Rosenthal）和雅克布森（A. L. Jacobson）曾在一所小学里，进行了一次所谓的“发展测验”，测试对象是1至6年级的18个班的小学生。测验结束后，他们给每个班级的教师发了一份名单，并告诉教师说：“这名单上列出的全班学生的20%，他们是班上最优秀、最有发展前途的学生。”

8个月后，心理学家们对18个班学生的学习成绩进行了追踪检测。结果发现，之前名单上那20%学生的学习成绩都有了显著的进步，教师们纷纷表示心理学家的测验可真准。然而，这20%所谓更有前途的学生，只是心理学家们随机抽取出来的。这就是著名的“罗森塔尔”实验，这个实验说明热切的期望可能使被期望着的人更容易达到期望者的要求。同样，大学生对职业生涯有一个合理的规划，也是对日后职业发展的一种期望，会激发学生的动机，发挥出自己的潜力。

4. 增强求职的主动意识和竞争意识

著名主持人张泉灵说过，“如果，你考大学时选的专业不是你喜欢的而是你父母喜欢的；你的选修课不是你喜欢的，而是拿证多，学分好的，那你凭什么过上你想要的生活？”很多大学生到了大三大四被动开始找工作，却没有在此之前主动做好求职就业的准备。大学生要克服依赖、被动的消极心理，要主动发挥个人主观能动性和创造性，积极把握甚至创造机会。大学生在校期间注重知识积累、能力培养等多方面，还需要提高职业规划意识，明确生涯规划的步骤、原则，并在实践中不断调整心态。

竞争意识是指个人或团体间力求压倒或战胜对方的一种心理状态。为了帮助大家理解竞争意识在职场中的作用，跟大家分享一个寓言故事：A和B两个人在森林里遇到了一只大老虎。A赶紧从背后取下一双更轻便的运动鞋换上。B急死了，说道：“你干嘛呢，再换鞋也跑不过老虎啊！”A说：“我只要跑得比你快就好了。”

这个寓言故事告诉我们，个体在面对同样的危险时，没有危机感、没有竞争意识，就是最大的危机。在求职过程中，你有没有准备好自己的“跑鞋”，有没有精心打造出你在职场竞争中的素质与优势？因此，大学生要培养求职竞争意识，在正确自我评价的基础上充分相信自己，做好竞争的心理准备，有竞争就有失败，面对失败，大学生要调整好心态，认真分析失败原因，保持健康积极的心态。

5. 合理安排大学生活，做好时间管理

莎士比亚说“放弃时间的人，时间也放弃他”。时间对每个人而言都是不可再生资源，对大学生更是非常珍贵。拥有时间，绝不等于掌控时间，有效地管理时间不仅可以带来生活质量的提高，还可以使生命质量有所提高，帮助我们实现理想、提升价值。有强烈的时间管理欲望，是进行有效时间管理的关键以及持续做好时间管理的保障。

对于大学生来讲，如何合理安排好大学4年的学习和生活呢？具体建议如下。

（1）记录你的时间流水账。

时间管理，从真实了解自己的时间花销开始。你知道自己的时间花在哪里吗？通过记录自己某一天的所有时间是怎么利用的，就像记账能帮助我们清晰地知道每一分钱是花到哪儿了。记录时间流水账也能帮助我们清晰地看到，我们一天24小时的时间是被如何利用的。只有了解我们的时间是怎么用的，才能更好地合理利用时间、管理时间。

（2）列任务清单法。

不要轻信大脑可以记住任何事情。除了你每天的课表，把自己要做的每一件事情写下来，可以按年列出总目标，再细化到每周、每月，再通过每天列出当天要完成的清单，比如学习计划、作业清单、社团活动等。这样不仅可以随时明确自己手头上的任务，同时减少大脑的负担，释放出更多精力和能量用来思考更重要的事情。每日开启“清单扫除计划”，让每一天充满活力。

（3）分清轻重缓急。

根据“二八定律”的原理，有20%最重要的事情可以决定80%的成果，分清轻重缓急，有重点地进行处理。曾经有位时间管理专家，在课堂上如何将石块、碎石、沙子和水装进罐子，很形象地让学生明白有效率的时间管理需要首先分清楚什么是石块（重要又紧急），什么是碎石（重要不紧急）、细沙（紧急不重要）、水（既不紧急也不重要），懂得时间管理，每天至少主动做一件重要而非紧急事件。

（4）合理利用碎片化时间。

大学生通常都有很多碎片化时间，有的同学没课会去图书馆上自习，有的同学去参加社团活动，还有的同学就窝在宿舍看剧、玩游戏、刷手机。如何利用你的碎片化时间，直接影响每个人的成长速度。大部分时候，不是你想浪费时间，而是你没有提前给自己安排事情做，大脑才会天马行空。要懂得合理利用碎片化时间，例如排队等待期间，顺便看看收藏夹里没来得及看的一篇文章，而不是无所事事地在刷屏中浪费时间。

（5）养成习惯不拖延。

很多大学生都有拖延的习惯，作业总是一拖再拖，事情总是越堆越多，总是被各种“deadline”（最后期限）追赶着跑，总是焦虑时间不够用。要想打破恶性循环，就得学会告别拖延，比时间更重要的是你的注意力，所以每个任务要严格规定完成期限，向优秀的榜样学习，安排“不被打扰”的时间，专注高效地完成自己的清单任务，不要看起来很努力，但是却成为内耗的时间黑洞。

（6）懂得适当的“留白”。

中国台湾学者金树人先生的描述既生动又贴切，他说“生涯辅导是将休闲视为生涯当中与教育、职业不可分割的部分，宛如一幅画中，留白的部分也同时构成全画幅的精髓；又似一盆插花，空间的部分也是花道的精华。”如果把时间管理得满满当当毫无空隙的人，已然成为了时间的奴隶。别忘了，我们管理时间的目标是什么？

因此，懂得时间管理，才能更好地帮助我们专注自己的生涯目标，更好地做好准备，除了时间管理，精力管理和心理健康也非常重要。心理健康是个体进行生涯发展的关键性因素，具备良好的适应能力、人际交往能力、情绪管理能力、抗压能力、时间管理能力等，往往能让个体在职业生涯中发展得更好。然而，现实生活中依然有很多人面临职业生涯规划的困扰，出现焦虑、抑郁等各种心理困扰甚至罹患心理疾病，这就需要懂得利用资源，及时寻求就业咨询或心理咨询等专业帮助，身心健康是职业生涯发展的前提和重要保障！

每个生命都是独特的，每个人的职业生涯也是独特的。人生之路要自己走，要过怎样的人生，完全是自己的选择，只有自己才能赋予生命最佳的诠释，也只有忠于自己内心的选择自己才不会后悔，这也决定了职业生涯发展与规划没有一个整齐划一、放之四海而皆准的标准，也无法界定什么样的规划就是好的，什么样的规划就是不好的，而要根据每个人当下的身心状况，选择适合自己的生涯道路。

借用龙应台在儿子安德烈 21 岁时对他说的话：“孩子，我要求你读书用功，不是因为我要你跟别人比成绩，而是因为，我希望你将来会拥有选择的权利，选择有意义、有时间的工作，而不是被迫谋生。当你的工作在你心中有意义，你就有成就感。当你的工作给你时间，不剥夺你的生活，你就有尊严。成就感和尊严，给你快乐。”预祝每一位大学生朋友都能提前做好规划，实现人生目标！

【本章小结】

本章首先从了解职业生涯规划的相关概念开始，包括生涯、职业生涯、职业生涯规划等，并结合职业生涯发展的基本理论，进一步加深了对职业生涯规划的认识，尤其是对于大学生成长成才的重要意义：增进自我了解、促进潜能开发、适应社会需要、实现个体价值。针对大学生职业生涯规划的发展阶段，详细阐释了职业生涯规划的常用方法，最后结合大学生常见的求职心理误区，有针对性地提出了一些心理调适的方法和策略。

【课后思考与实践】

1. 做好个人职业生涯规划有什么意义？

2. 大学生应如何做好职业生涯规划？
3. 对大学生职业规划中常见的心理困扰，应如何调适？

【参考文献】

[1] 高桥，葛海燕. 大学生涯与职业规划. 北京：清华大学出版社，2007.
[2] 黄天中. 生涯体验：生涯发展与规划. 北京：高等教育出版社，2015.
[3] 江光荣，吴才智. 大学生心理健康教育. 武汉：华中师范大学出版社，2012.
[4] 李中国，李树军. 大学生心理健康教育与心理调适. 北京：北京师范大学出版社，2016.
[5] 蔺桂瑞，杨芷英. 大学生心理健康与人生发展：成长，从关爱心灵开始. 北京：高等教育出版社，2010.
[6] 卢勤，周宏，邵昌玉. 大学生心理健康理论与实践. 成都：四川大学出版社，2010.
[7] 马国杰，李俊杰，张敏. 新编大学生心理健康教程. 郑州：郑州大学出版社，2013.
[8] 王艳，刘洁. 大学生职业生涯规划与就业指导. 天津：天津大学出版社，2014.
[9] 文书锋，胡邓，俞国良. 大学生心理健康通识. 北京：中国人民大学出版社，2013.
[10] 吴亚平. 大学生职业生涯规划与就业指南. 天津：天津大学出版社，2009.
[11] 庄明科，谢伟. 大学生职业生涯规划. 北京：中国人民大学出版社，2016.

第七章　生命教育与心理危机应对

【学习目标】

1. 探索生命的意义。
2. 掌握大学生心理危机的表现。
3. 了解大学生心理危机的预防与干预。

【引言】

对于生命，席慕蓉说："每一朵花，只能开一次，只能享受一个季节的热烈的或者温柔的生命。我们又何尝不一样？我们只能来一次，只能有一个名字。而你，你要怎样地过你这一生呢？你要怎样地来写你这个名字呢？"

我们每个人的生命只有一次，在有限的生命里，你希望活出什么样的意义？

第一节　生命的意义

每一朵花，只能开一次，只能享受一个季节的热烈的或者温柔的生命。我们又何尝不一样？我们只能来一次，只能有一个名字。而你，你要怎样地过你这一生呢？你要怎样地来写你这个名字呢？

——席慕容

一、认识生命

（一）生与死的话题

关于生命，不同学科的研究者们有着不同的见解。诺贝尔物理学奖获得者埃尔温·薛定谔在他的《生命是什么》这本书中，试图用热力学、量子力学和化学理论来解释生命的本性，薛定谔也成为现在蓬勃发展的分子生物学的先驱。《辞海》对生命的解释是：由高分子的核酸蛋白体和其他物质组成的生物体所具有的特有现象，能利用外界的物质形成自己的身体和繁衍后代，按照遗传的特点生长、发育、运动，在环境变化时常表现出适应环境的能力。恩格斯在《自然辩证法》里指出："生命是蛋白体的存在方式，这个存在方式的基本因素在于和它周围的外部自然界的不断的新陈代谢，而且这种新陈代谢一旦停止，生命就随之停止，结果便是蛋白质的分解”。而著名哲学家蒂里希指出：“作为精神而完成的生命，既包容着真理，又包容着激情；既包容着屈服，又包容着力比多；既包容着正义，又包容着强力意志。假如两方之中的一方被其相关者所吸收，那么剩下的要么是抽象的法则，要么便是混沌的运动了。”国内的张曙光教授认为：“‘生命’本身就意味着人的感觉、享受、激情以及甜酸苦辣、悲喜爱恨、束缚舒展、自在自由。生命的能动中有受动、衰败中有新生、释放中有实现，一切都在矛盾中、在张力中展开。”由此可见，生命的定义既可以从自然层面去理解，也可以从精神层面去理解。

一般来说，生命有 3 种存在形态：自然生命、精神生命和社会生命。①自然生命是人生理层面上的肉体生命，是人最基本的生命尺度。②精神生命是人在主观形态中从事有目的的活动的主体，它充满了创新性，在拥有健康的自然生命基础上，人们需要有认识世界和改造世界的活动。③社会生命，马克思曾经说过：“人的本质并不是单个人所固有的抽象物。在其现实性上，它是一切社会关系的总和。”自然生命支撑着肉体存在，精神生命超越着精神体验，社会生命则沟通着社会情感。它们是构成人的整体生命息息相关的三个维度，互相影响、互相关联、互相包容、互相嵌套、互相融通，共同构成了人的完整生命，为人们认识世界和改造世界提供了必要的前提。

提到生命就不得不提死亡，这一与人类同龄的古老话题。死亡在《辞海》中定义为“机体生命活动的终止阶段”，在《韦氏辞典》中定义为“是生命的结束。动物、植物或动植物的任何部分的一切生命力功能的无恢复可能性的终结”。而在心理学中，著名自杀心理学家 F. S. Schneidman 则将死亡界定为意识的终止、结束、中断和延续 4 种状态。在哲学语境中，西方最为流行的实用主义定义是“死亡是一种经验形式”，也就是说死亡只可能是一种濒死的体验，是对他人经验而言的，永远不可能成为自己的经验。马克思主义哲学认为死亡不过是物质运动的一种结束，且死亡是统一的，唯有生存中的表现才存在着差别。

当代哲学强调应该把死亡当作人生的基本问题，并且反对孤立片面地看待生死的观点。意志哲学的创始人叔本华的观点是：一方面我们都必有一死；另一方面，“我们真正的本性是不可熄灭的”。换言之，我们虽有死，但死并不“触犯生命意志”。在叔本华来看，只要我们清楚地意识到这一点，我们就可以“平静地面对死亡”了。存在主义哲学代表人物雅斯贝尔斯和海德格尔同样十分关注死亡问题，在他们看来，死亡的不可避免性和终极性问题早应不再是讨论的中心而是前提了。核心的问题是：面对死亡的不可避免性及其终极性，我们在今生今世应该怎样办？他们提倡人们直面死亡，向死而生，并且把死亡同整个人生筹划和人的自由相联系。海德格尔认为，死亡是人生最本己的可能性，只有充分地获得一个“死亡概念”，我们才能对“此生之存在所具有的本真性与整体性”，即“存在的意义”有一种“源始的”认识，也就是我们都很熟悉的那句名言“向死而生”。由此可见，将“死亡”这一每个人都必然面临的问题纳入进整个人生的规划当中才是“死亡”问题所讨论之重点意义所在。

文学作品中对于生与死的关系的讨论也屡见不鲜。短篇西班牙小说家博尔赫斯的小说《永生》，描写的是一个罗马时代的士兵因为生活平凡困顿，决心寻找不平凡的永生，后来他历经千辛万苦最后如愿以偿获得了永生，但他很快就后悔了这个决定，花了更长的、近千年的时间在世界各地流浪，才在无意之中解脱了永生的诅咒，获得了幸福的死亡。有一段是关于永生者城市的描写：“……到处是此路不通的走廊、高不可及的窗户、通向斗室或枯井的华丽门户、梯级和扶手朝下反装的难以置信的楼梯。另一些梯级凌空装在壮观的墙上，在穹隆迷蒙的顶端转了两三圈之后突然中断，不通向任何地方……”还有关于永生者的描写：对于我们正常人来说，“……死亡（或它的隐喻）使人们变得聪明而忧伤。他们为自己朝露般的状况感到震惊；他们的每一举动都可能是最后一次；每一张脸庞都会像梦中所见那样模糊消失。在凡夫俗子中间，一切都有无法挽回、覆水难收的意味。”而“与此相反，在永生者之间，每一个举动（以及每一个思想）都是在遥远的过去已经发生过的举动和思想的回声，或者是将在未来屡屡重复的举动和思想的准确的预兆。经过无数面镜子的反照，事物的映像不会消失。任何事情不可能只发生一次，不可能令人惋惜地转瞬即逝。对于永生者来说，没有挽歌式的、庄严隆重的东西……”小说开头引语里说到：“普天之下并无新事。”博尔赫斯之所以引用这句话，是因为在这永恒轮回的作用下，世间万物的变化将会穷尽所有可能，一切未来可预期会发生的东西都已在遥远的过去已经发生过，所以不再有新鲜事。而下一句所罗门又说：“一切新奇事物只是忘却。”因为遗忘或者记忆的混淆，是唯一能暂时阻止永恒轮回发生作用的情况，此时你将不认识旧事物而误作新奇事。但本质上你忘得了一时，却忘不了一世，一切可能都终将且已经发生。永生者会经历所有事情，你的经历和我的经历完全相同，这意味着人与人之间对世界的体验和认知将会别无二致，于是个体的差异就此消解。

（二）生命的发展阶段与任务

小寓言：孪生兄弟

周国平

生和死是一对孪生兄弟。死对他的哥哥眷恋不舍，生走到哪里，他就跟到哪里。可是，生却讨厌他的这个弟弟，避之唯恐不及。尤其使他扫兴的是，往往在举杯纵饮的时候，死突然出现了，把他满斟的酒杯碰落在地，摔得粉碎。

“你这个冤家，当初母亲既然生我，又何必生你，既然生你，又何必生我！”生绝望地喊道。

“好哥哥，别这么说。没有我，你岂不寂寞？”死心平气和地说。

“永远不！”

“可是你想想，如果没有我和你竞争，你的享乐有何滋味？如果没有我同台演出，你的戏剧岂能精彩？如果没有我给你灵感，你心中怎会涌出美的诗歌，眼前怎会展现美的图画？”

“我宁可寂寞，也不愿见到你！”

“好哥哥，这可办不到。母亲怕你寂寞，才嘱我陪伴你。我这个孝子怎能不从母命？”

于是生来到大自然母亲面前，请求她把可恶的弟弟带走，别让他再纠缠自己。然而，大自然是一位大智大慧的母亲，决不迁就儿子的任性。生只好服从母亲的安排，但并不领会如此安排的好意，所以对死始终怀着一种无可奈何的怨恨心情。

美国神经病学家、发展心理学家和精神分析学家埃里克森（Erik H Erikson，1902—1994）认为，人的发展是按阶段依次进行的，如果人的生命是一个周期，那么可划分为8个阶段，就像我们的身体器官是按照一个预定的遗传时间表发展的一样，我们同样也遗传了一个心理时间表来发展我们的人格。这8个阶段是以不变的顺序依次出现的，而且具有跨文化的一致性。它们是由遗传因素决定的，但社会环境决定了每一个阶段是否能够顺利度过，因此这种阶段发展理论也称作“心理社会发展阶段理论”。埃里克森认为，在心理发展的每一个阶段都存在一种“危机”（crisis），这里所说的危机并非是灾难性的事件，而是指发展中的一个重要转折点。积极地解决危机可以增强自我的力量，帮助个体更好地适应环境，从而顺利地度过这一阶段，并且增加后一阶段解决危机的可能性；消极解决危机则会削弱自我的力量，阻碍个体适应环境，并减小后一阶段解决危机的可能性。积极解决与消极解决之间并非是全或者无的关系，事实上每一次危机的解决都同时包含着积极和消极因素。

第一阶段　婴儿期（0~1.5岁）：基本信任 v.s. 基本不信任

这一阶段是获得基本信任感而克服基本不信任感的时期。这个阶段的婴儿最为弱小，对成人的依赖性最大，如果照顾者能以关爱和稳定的方式来满足婴儿的需要，他们就会形成基本信任感。而如果照顾者拒绝婴儿的需要或以不稳定的方式来满足他们的需要，婴儿则会形成不信任、害怕与怀疑的心理。

埃里克森认为，一旦某一阶段的特征危机得到积极的解决，那这个人的人格中就形成一种美德。美德是某些能够为一个人的自我增添力量的东西。在这个阶段中，信任在人格中形成了“希望”这一品质。具有信任感的儿童敢于希望，富于理想，具有强烈的未来定向。而缺乏信任感则很难抱有希望，因为他们一直在为需要是否能够得到满足而担忧。

第二阶段　儿童期(1.5~3岁)：自主 v.s. 羞怯和怀疑

这一阶段是获得自主感而避免怀疑与羞耻感的时期。个体在第一阶段处于依赖性较强的状态下，什么都由成人照顾。到了第二阶段，儿童开始有了独立自主的要求，他们学会了走、爬、推、拉和交谈，还可以控制大小便。也就是说，儿童现在能“随心所欲”地决定做还是不做某些事情。因此，从这个阶段起儿童就处于自己的意愿与父母的意愿相互冲突的矛盾之中。如果父母在社会规则所能接受的范围内，允许儿童独立地去做一些力所能及的事情，并且对他们的工作给予赞许，就会使儿童获得一种自主感。相反，如果父母过分爱护孩子，处处包办代替，孩子什么事都不需要动手；或过分严厉，什么都不允许孩子做，稍有差错就批评甚至体罚，儿童就会感到疑虑而体验到羞怯。

在这个阶段中，如果儿童形成的自主性超过羞怯与疑虑，有利于儿童形成意志的品质，即“不顾不可避免的害羞和怀疑心理而坚定地自由选择或自我抑制的决心”。

第三阶段　学龄初期(3~5岁)：主动 v.s. 内疚感

这一阶段是获得主动感而克服内疚感的时期。在这一时期，儿童能更多地进行各种具体的运动活动，更精确地运用语言和更生动地运用想象力。儿童开始检验各种各样的限制，以便找到哪些是被允许的，而哪些又是不被许可的。如果父母鼓励赞许儿童的独创性行为和想象力，那么儿童会以一种健康的独创性意识离开这个阶段，这为他将来成为一个有责任感、有创造力的人奠定了基础。然而，如果父母不认可甚至贬低儿童的独创性行为和想象力，就会使儿童感到自己的愿望不对，想做的事不受欢迎，从而产生内疚感，最终这些儿童就会以缺乏自信心的状态离开这一阶段，倾向于生活在别人为他们安排好的狭隘的圈子里。

如果儿童在这个阶段获得的主动性胜过内疚感，就会形成目的的品质，即“一种正视和追求有价值的目标的勇气，这种勇气不为幼儿想象的失利、罪疚感和惩罚的恐惧所限制”。

第四阶段　学龄期(5~12岁)：勤奋 v.s. 自卑

这一阶段是获得勤奋感避免自卑感的时期。学龄期的儿童的智力不断地得到发展，特别是逻辑思维能力发展迅速。他们的能力也日益发展，所参加的活动已经扩展到学校以外的社会。儿童在这一阶段的最重要的任务是“体验以稳定的注意和孜孜不倦的勤奋来完成工作的乐趣”。如果在这些方面能够得到成人的支持、帮助与赞扬，则能够加强他们的勤奋感，使得他们在今后的独立生活和承担工作任务中充满信心。否则就会产生自卑感。同时，这一阶段的另一个危险是儿童养成了过分看重自己的工作的态度，而忽视了其他方面。按照埃里克森的理论，在这个阶段里，必须鼓励儿童掌握为未来就业所必需的技能，但不能以牺牲人类某些其他重要的品质为代价。

如果儿童获得的勤奋感胜过自卑感，他们就会以能力的品质开这个阶段，即“能力是不受儿童的自卑感削弱的，完成任务所需要的是自由操作的熟练技能和智慧”。

第五阶段　青春期（12~18 岁）：同一性 v. s. 角色混乱

从十一二岁到十七八岁是青春期，也是低年级大学生所处的时期。这一阶段的核心任务是自我意识的确定和自我角色的形成。青少年对周围世界有了新的观察与新的思考方法，他们经常考虑自己到底是怎样一个人，他们从别人对他的态度中，从自己扮演的各种社会角色中，逐渐认清了自己。此时，他们逐渐离开了自己的父母，从对父母的依赖关系中解放出来，而与同伴们建立了亲密的友谊，从而进一步认识自己，对自己的过去、现在、将来产生一种内在的连续之感，也认识到自己与他人在外表上与性格上的相同与差别。这就是同一性，是埃里克森自我发展理论中的一个非常重要的概念：“这种同一性的感觉也是一种不断增强的自信心，一种在过去的经历中形成的内在持续性和同一感（一个人心理上的自我）。如果这种自我感觉与一个人在他人心目中的感觉相称，很明显这将为一个人的生涯增添绚丽的色彩”。

埃里克森认为，这种同一感可以帮助青少年了解自己以及了解自己与各种人、事、物的关系，以便能顺利地进入成年期。否则就会产生同一性的混乱，在当代大学生中可能会出现的同一性混乱的具体表现如下：①缺乏自我认知，没有形成统一的自我意识。他们不能进行恰如其分的自我评价，缺乏兴趣和热情，缺乏理想和目标。②缺乏处理各种矛盾和适应环境的能力。无法适应进入大学后的落差，对责任和选择持回避态度，自主性低，易受到外界的影响。③缺乏对社会和环境的正确的了解和认知，人际关系混乱，对事物价值判断混乱。

如果青年人在这个阶段中获得了积极的同一性而不是角色混乱时他们就会形成忠诚的品质，即“不顾价值系统的必然矛盾，而坚持自己确认的同一性的能力”。

第六阶段　成年早期（18~25 岁）：亲密 v. s. 孤独

这个阶段是高年级大学生和研究生所处的时期。这是建立家庭生活的阶段，也是获得亲密感、避免孤独感的阶段。亲密感是人与人之间的亲密关系，包括友谊与爱情。只有具有牢固的自我同一性的青年人，才敢于与他人发生亲密关系。因为与他人发生亲密关系，就是把自己的同一性与他人的同一性融合在一起。这个阶段的年轻人已具备了成为某些协会会员和伙伴关系成员所须承担义务的能力以及具备了为遵守这些义务而发展的道德力量的能力，即使这些都需要付出巨大的牺牲和让步。

如果一个人在这个阶段形成的亲密感胜过孤独感，他们就会形成爱的美德，即“压制异性间遗传的对立性而永远相互奉献”。

第七阶段　成年期(25~65 岁):繁殖 v. s. 停滞

这个阶段是中年期与壮年期,是成家立业的时期。这是获得创造力感,避免"自我专注"的阶段。这一阶段有两种发展的可能性,一种可能是向积极的方向发展,个体除了关心家庭成员外,还会进一步关心社会上的其他人,关心下一代以及子孙后代的幸福。他们在工作上勇于创造,追求事业的成功,而不仅是满足个人需要,人们将获得关心和创造力的品质。另一种可能性是向消极的方向发展,即所谓"自我专注",只在意自己以及自己家庭的幸福,而不顾及他人的困难和痛苦,即使进行创造,也只是为了自己的利益。

第八阶段　老年期(65 岁以后):自我调整 v. s. 失望

这个阶段也叫成熟期,是获得完善感、避免失望感的阶段。由于衰老的进程,老人的体力、心理和健康状况都在逐渐变差,对此他们必须作出相应的调整和适应。自我调整是一种接受自我、承认现实的感受,是一种超脱的智慧之感。如果前面 7 个阶段积极的成分多于消极的成分,就会在老年期汇集成完善感,回顾一生觉得这一辈子过得很有价值,生活得很有意义,不惧怕死亡。相反,如果消极成分多于积极成分,就会产生失望感,觉得自己的一生失去了许多机会,精神萎靡不振。

如果一个人的自我调整大于绝望,他将获得智慧的品质,即"以超然的态度对待生活和死亡。"

老年人对死亡的态度直接影响了下一代儿童时期信任感的形成。因此,第八阶段和第一阶段首尾相联,构成一个循环或生命的周期。

没有一种人格理论是不遭到批评的,埃里克森的理论也不例外。有学者认为,埃里克森提出的心理发展八阶段论思辨性多于科学性。到目前为止,这一理论没有确凿证据的完全支持。或者它也不适合进行客观的检验,因为埃里克森的研究方法是主观性强的传记和个案研究,因而他所提出的诸如希望、意志这样的抽象概念也很难用实证的方法去进行验证。

二、生命的意义

(一)关于生命意义的几个故事

2013 年新年前后,一段有关"活着"的佳话在网络上流传,感动了许多人。一个来自单亲家庭、身患白血病的四川女孩宋静,历经 9 次化疗后萌生了放弃的念头。两个月前,好友送给她一本余华写的小说《活着》。读到书中人物福贵历经磨难仍坚强活下去的经历,宋静心中产生了共鸣,决定继续进行治疗,希望自己活下去。同时,宋静还有个愿望,就是想见见余华。为此,她母亲印了 200 份传单在街头发放。媒体报道后,余华与宋静取得了联系,鼓励她"要好好活下去",并希望她尽快来北京治疗,还通过朋友帮她联系到北京大学人民医院进行治疗,最后还给她捐款10万元用于治疗。两人见面时,女孩问余华:“活着对于我们这种生过病的人来说,还有什么意义呢?”余华的回答是:“其实活着是生命对你的要求,不是你对你自己的要求。生命要求你活下去,要求你承担这样的责任。我当时写这本书,就说这个人(福贵)是为了活着而活着的,不是为活着之外的任何事物而活着……”

《活着》这本小说中的主人翁福贵是民国时期的一个地主家的少爷,年轻时由于嗜赌放荡,输尽家财。父亲被气死后,福贵一家成为佃农,并很快被抓壮丁卷入战争。随着一系列社会变革,他的人生和家庭也不断经受着苦难,所有亲人都先后离他而去。生命里难得的温情被死亡一次次撕扯得粉碎,最后只剩下一头老牛陪着老了的福贵在阳光下回忆。作者余华用他平静近乎冷酷的笔触和哲学的思考,为我们勾画出了血肉丰盈的主人公福贵,他的一生实则是现代中国的演变史,福贵用他那悲剧的命运向我们讲述了活着的意义,即活着的意义就是活着本身。

提到“活着的意义”,不得不提的还有一个人,就是奥地利心理学家、精神病学家维克多·弗兰克尔(Viktor Emil Frankl,1905—1997)。他与福贵一样,都有着坎坷的命运。弗兰克尔于1905年3月26日生出生在维也纳一个并不富裕的犹太家庭。儿时的弗兰克尔的理想是做一名医生。到了大学,随着社会活动的增多,他逐渐把兴趣转移到了心理学。在16岁时,他就开始与弗洛伊德通信,凭着过人的天资,他给弗洛伊德留下了深刻的印象。弗洛伊德把他的信投给了《国际精神病学期刊》,并在给他的回信中写道:“希望你不会反对。”

当他在医学院就读时,弗兰克变得更加出类拔萃。他不仅建立了青少年自杀预防中心——这是他在集中营中工作的前身。他还发展出了一套被称为“意义治疗”的心理治疗方法,为精神病学临床医学作出了独特的贡献。1938年,德国吞并奥地利。1941年,弗兰克尔的理论已经在国际上引起了广泛的关注,他也成了维也纳罗斯柴尔德医院神经疾病学的主任医生。在那里,他冒着生命和事业上的危险为精神病患者伪造诊断报告,以帮助他们逃避纳粹对精神病患者实施的安乐死屠杀。

就在同一年,弗兰克做了一个决定,一个改变了他一生的决定。他的事业正在冉冉升起,而纳粹正对他虎视眈眈,他在1941年成功申请到了前往美国的签证。当时,纳粹已经开始对犹太人进行包围并把他们送至集中营,最开始时他们的目标还是犹太老人。弗兰克知道纳粹把他的父母带走只是时间问题而已。他也知道,一旦他的父母被带走,他就有责任陪着他们一起进入集中营,并帮助他们治疗在集中营期间产生的心理创伤。可在另一方面,作为一个拿着签证的新婚男人,他又想逃往安全的美国,并在事业上有所建树。

作家安娜所著的《弗兰克传记》对当时的情况是这么描述的:弗兰克感到心烦意乱,不知如何是好,于是他前往维也纳圣史蒂芬大教堂清理思路。伴随着管风琴的音乐，他不断问着自己，“难道就这样抛下我的父母吗？难道让我对他们说一声再见，然后把他们丢给命运的安排吗？”他的责任何在？他在寻求“上帝的启示”。

当他回家时，他找到了“上帝的启示”。他一进门就发现桌上躺着一块大理石。父亲告诉他，这块石头来自于附近一所被纳粹拆毁的犹太教堂的废墟。大理石上记着“十诫”中的一条——孝敬父母。于是，弗兰克作出了决定，无论美国有多么安全，对他的事业多么有益，他都要留在维也纳。

1942 年 9 月，弗兰克尔连同他的妻子和父母一起，被纳粹逮捕，并先后辗转 4 个集中营，被迫与家人分开，尝尽了各种苦难。他的父亲不久就因为饥饿死于波希米亚。他的母亲和兄弟在 1944 年被纳粹残酷地杀害。而他朝思暮想的妻子和尚未出世的孩子则于纳粹投降前死于德国伯根·拜尔森集中营。唯有他因为医生身份而被认为有用才幸免于难。1945 年 4 月 27 日他被美国陆军解救。

至此，可能很多人都以为弗兰克尔必然被这炼狱般的痛苦打败了，然而，事实却恰恰相反，弗兰克尔将自己的亲身经验与学术结合，进一步发展了意义疗法（Logotherapy），替人们找到绝处逢生的意义，也留下了人性史上最富光彩的见证。1950 年他创办奥地利心理治疗协会并任主席，之后升任维也纳大学医学院教授，直到 1990 年。他的一生对生命充满了极大的热情，67 岁时他取得了飞行员驾驶执照，80 岁时他仍能攀登阿尔卑斯山，并到世界各地演讲推广意义治疗。正如他常引用尼采的一句话：“打不垮我的，将使我更加坚强”。

走出集中营后，弗兰克尔在 1946 年用了 9 天时间写下了《活出生命的意义》一书，记录了他在集中营中的经历以及对生命意义的思考。1991 年，美国国会图书馆和每月一读俱乐部将《生命的意义》列为美国最有影响力的十本书之一。这本书在世界范围内已发行数百万本。

在这本书里，他写道：“人所拥有的任何东西，都可以被剥夺，唯独人性最后的自由——也就是在任何境遇中选择一种态度和生活方式的自由——不能被剥夺。”……“我们不该继续追问生命有何意义，而该认清自己无时无刻不在接受生命的追问。面对这个追问，我们不能以说话和沉思来答复，而该以正确的行动和作为来答复。到头来，我们终将发现生命的终极意义，就在于探索人生问题的正确答案，完成生命不断安排给每个人的使命，包括痛苦与死亡。”

就像一千个人的心中有一千个哈姆雷特一样，每个人追寻的生命的意义可能都是不一样的，每个人也都在用自己的行动回答着这个问题。美国历史学家、哲学家威尔·杜兰特曾经说过：“有一个千百年来一直让人类欲罢不能的欲望，那就是追索生命的意义。”关于威尔·杜兰特，也有一个与“生命的意义”有关的故事。1930 年秋，当时已颇有些声名的威尔·杜兰特在纽约自家门口用耙子清理树叶。一个穿着体面的人走了过来，他用平静的口吻告诉杜兰特说他准备自杀，除非这位受人尊敬的人生导师能够找到有效的理由说服他。杜兰特立即给他讲了几个活下去的理由，这个人转身就走，从此再也没有看见他。这件事令杜兰特深感震惊，也不能释怀。后来他了解到，1905 至 1930 年这 25 年间，美国共有 284 142 人自杀。“生命的意义是什么?”杜兰特开始深入思考这个哲学上永恒的问题，他联系了 100 位艺术界、政界、宗教界和科学界的名人，只请他们回答这个最基本的问题：“生意的意义是什么?”

可以想见，答案五花八门。

英国戏剧家萧伯纳在一张明信片上写下了一个最简单的答复：“我怎么会知道？问题本身有意义吗?”

美国探险家斯蒂芬森也表达了类似的意思：“如果可以说没有人找到生命的意义，我们也同样可以说没有人能够证明生命是没有意义的。也许问生命是否有意义本身是个没有意义的问题。”

美国批评家门肯的回答率性又可爱：“您问我的问题简单说来就是，我的人生获得了什么满足感以及我为什么要不断地工作。我不断地工作和母鸡不停地下蛋原因是一样的。每个有生命的东西都有一种虽然说不清楚但却强有力的冲动，要积极地履行某种职责。有生命就要活下去。”

时年 25 岁的美国女网球手穆迪的回答也直截了当：“我心里的不安分有着一种特殊的意义……对我来说，如果我能做些什么，让我心中的不安分有所寄托，生活便有了意义，有了趣味，有了快乐。”

美国教育家霍普金斯的回答富有诗意、耐人寻味：“人类生命之所以可贵，在于它提供了各种各样的机会。要是偶尔有那么一天，你可以看见一望无际的蓝天里漂浮着朵朵懒洋洋的彩云，天气不冷也不热，大地上的树木草地青翠欲滴，院子里百花盛开，天亮时可以听到各种鸟儿清脆的歌声，我不相信你还会在那里质疑人生。这些都是无法用价值来衡量的体验，但是它们足以让任何正常的人感到活着本身都是了不得的特权。”

在印度物理学家、诺贝尔奖获得者拉曼看来，“生命的意义不在于一时的欢愉，也不在于明天会怎样。人脑的能力是有限的，无法了解世界无尽的秘密。不过，我也认为活着就得尝试……思想与科技是我的人生和活动的主动力。”

为使观点更全面，杜兰特甚至还请一个被判处无期徒刑的犯人米德尔顿也发表了看法。这个被剥夺了未来的人给出的答案彰显出乐观，也颇有见地：“我的生命意义取决于而且只取决于我自己发现生命真相的能力，在教训中学习，因教训而受益。简单来说，人生的价值在于我在努力使它实现什么价值。……对我来说，生命如一条河，一条奔流不息的河流。虽然偶有旋涡，偶有横流，但一往无前的大趋势什么都挡不住。……每次我在报纸上看到有人自杀的消息，我都会说：‘这个人才真正相信生命是没有意义的。’”

杜兰特把以上种种回答整理成了《论生命的意义》这本书，该书于1932年出版发行。在这本书中，杜兰特认为，如果要赋予生命以意义，不管在哪一种情况下，它必须能够提升个人，让他走出自我，让他成为宏大蓝图的一个合作者。所以意义与所谓“满足”的秘密在于，要有一项明确的任务，让一个人投入全部的精力，使人生的内容比以往更丰富。“现在永生对我来说指的就是我们全都是整体的一部分，我们都是庞大生命体的细胞，部分的死亡就是整体的新生；虽然作为个人我们会逝去，但是因为我们曾经存在过，因为我们曾经努力过，我们的整体被彻底地改变了。”

再来看看我们中国知识分子的楷模黄大年的故事。为了响应国家海外高层次人才归国的号召，2009年著名地球物理学家黄大年放弃国外优越的工作生活条件，回到母校吉林大学担任地球探测科学与技术学院全职教授，成为东北地区第一位“千人计划”归国者。有外国媒体报道称：他的回国，让某国航母演习整个舰队后退100海里。

黄大年筹划组建了“吉林大学移动平台探测技术研发中心”和“吉林大学海洋油气资源研究中心”，将多学科优势资源整合到国家急需的陆地和海洋资源勘探领域中，同时担任国家“863计划”航空探测装备主题项目和地球深部探测关键仪器装备研制与实验项目的首席科学家。黄大年凭着一股“着魔的劲儿”，让我国在航空重力梯度仪的研制上不仅实现了从无到有，而且数据获取能力和精度与国际的差距至少缩短了20年，理论算法达到了国际先进水平。他带领团队创造了多项“中国第一”，为我国“巡天探地潜海”填补了多项技术空白。用短短5年时间，使我国深部探测装备从落后，达到国际领先水平，走完了西方发达国家20多年的路程。让中国真正进入“深地时代”。

黄大年任硕士、博士研究生导师期间，治学严谨、关心学生，指导了44名研究生，其中获得省部级以上奖项的就有14人。2010年，吉林大学启动“名师班主任计划”，黄大年担任第一届“李四光实验班”的班主任，还自费为班里24名学生每人买了一台笔记本电脑，他说信息时代就要用现代化的信息搜索手段，追求先进的理念必须从细节开始。“一定要出去，出去了一定要回来；一定要出息，出息了一定要报国。”这是黄大年常对学生说的一句话。黄大年最想做的就是，带出一批在地球物理研究的国际舞台上站得住脚、有话语权的中国年轻人。

回国7年，黄大年像陀螺一样不知疲倦地旋转，常常忘了睡觉、忘了吃饭。地质宫507室，是黄大年的办公室，只要不出差，屋内的灯光每天要亮到凌晨，门卫大爷早已习惯了他的工作节奏。回国7年，他超过1/3的时间在出差，不肯浪费宝贵的白天，他总是订夜航，在飞机上入眠。每次出差回到办公室，他就把会议吊牌随手挂在衣柜的横杆上，7年下来，竟攒了满满的一杆大小各异、五颜六色的会议吊牌，每一个都是他奔波劳碌的见证。在办公室的北墙上，贴着一张2016年的巨幅日程表，几乎每一日的格子里，都有安排，最后填写的是：2016 年 11 月 29 日“第七届教育部科技委地学与资源学部年度工作会”，记录便戛然而止。患病前，黄大年 3 次累倒在工作岗位上。治病期间，每天在病房中也会与团队师生讨论研究项目。2017 年 1 月 8 日 13 时 38 分，黄大年因胆管癌转移去世，终年 58 岁。

当年刚刚大学毕业时的黄大年，在毕业留念册上曾写下这样的豪言，“振兴中华，乃我辈之责！”他也用自己的一生，践行了这句话。正如清华大学前副校长施一公教授所说，“他的精神感染、激励和鼓舞的绝不仅仅是一个团队、几届学生、一所学校，而将是一个领域、一批学子、一代人。”

如果说余华和弗兰克尔是从个体角度去探讨生命的意义，那么就像杜兰特所说的一样，黄大年是把个体的生命意义放在了更广大的蓝图中即国家和人类的整个群体中去探讨，就像奥地利精神病学家、精神分析学家阿尔弗雷德·阿德勒在《生命对你意味着什么》（又名《自卑与超越》）这本书中写的：“生活的意义在于对整个人类抱有兴趣，并与之协作，把这个作为我们对世界作出贡献的标准。”

（二）为什么要追寻生命的意义？

那么，人为什么要追寻生命的意义呢？这里要为大家介绍一个理论模型，即恐惧管理理论（Terror Management Theory，TMT）。恐惧管理理论的基础来自于文化人类学者 Ernest Becker 试图用来解释纷繁复杂的人类行为的一个核心思想：所有人类行为，无论是好的还是坏的，无论是适应的还是不适应的，都是对人类生来就要面对的两难处境所作出的反应，即对生的欲望（desire for life）和死的必然（inevitability of death）这一对矛盾的反应。

Becker 指出，生命中，人们对生的欲望和对死亡必然性的认识是并列存在的。死亡的不可预测性和不可避免性，给人类带来了潜在的对失去生命的恐惧；人类意识到自己在广袤的宇宙中转瞬即逝，并不比一棵树、一只鸟更有价值和更为恒久。Becker 认为，这种潜在的恐惧是由人类认知能力的发展带来的，为了解决这种恐惧，人类同样使用自己高度发达的认知能力，创造出了文化世界观（cultural worldviews）：这是一种人为创造的对现实世界的抽象符号系统，由同一文化群体中的成员共享，能够赋予“存在”以意义、秩序和永恒；同时因为文化具有超自然性，它可以使人们象征性地超越死亡，比如通过文学作品、艺术作品等等，文化世界观也依此提出了一系列价值标准，认为坚信这种文化观并遵守价值标准的人可以获得不朽和永恒。这些不朽的东西能够让人类感受到世界是富有意义的（意义感），并且使人类感到自己是这个有意义的世界中的一分子，比纯粹的自然物质更有价值（价值感）。人类对意义感和价值感的追求，正是 Greenberg，Pyszczynski 和 Solomon 等学者于 1986 年正式提出的恐惧管理的理论来源。

恐惧管理理论认为自尊是一种对个人价值的评价和感受，是那种认为“自己是这个充满意义的世界中有价值的一分子”的感觉，即人们对自己的生命意义感和价值感的体会。自尊的作用是保护人们免受那种与生俱来的对死亡的恐惧所带来的焦虑。自尊获得的途径有两种：①相信自己所持有的文化世界观的正确性；②相信自己所遵守的价值标准是文化世界观的一部分。从第一个途径人们可以获得意义感，因为文化世界观是对现实世界的抽象反映，只有“正确的”文化世界观才能赋予我们存在的意义；从第二个途径中人们可以获得价值感，因为对这种已经内化了的价值标准遵守程度的评价，反映了个体价值和价值标准体系的关系。遵守程度越高，两者之间关系越紧密，个体的价值感也就越高。

在此基础上，恐惧管理理论提出，人类需要自尊是因为自尊的自我调节机制所提供的弹性空间，能够帮助我们缓解焦虑。当自尊强大时，焦虑得到缓解，个体能正常地生活，有效地行动；当自尊弱小或受到挑战时，个体担心可能会“泄漏”内心的恐惧从而引发种种防御行为，并通过各种补偿性的行为提升自我价值感。这就是恐惧管理理论的第一个基本假设——“焦虑缓解器假设”。同时，恐惧管理理论进一步指出，人们追求自尊不仅仅是为了摆脱他们所正在经历的焦虑，更是为了逃避那种天生的对死亡必然性的认识所带来的焦虑。即使人们此时此刻并没有思考有关死亡和永恒的问题，对自尊的追寻依然在继续，因为人们早已在潜意识中预见到了其最终的命运——死亡，由此引发了恐惧管理理论的另一个重要假设“死亡突显性”假设。图7-1说明了恐惧管理理论的这种观点。

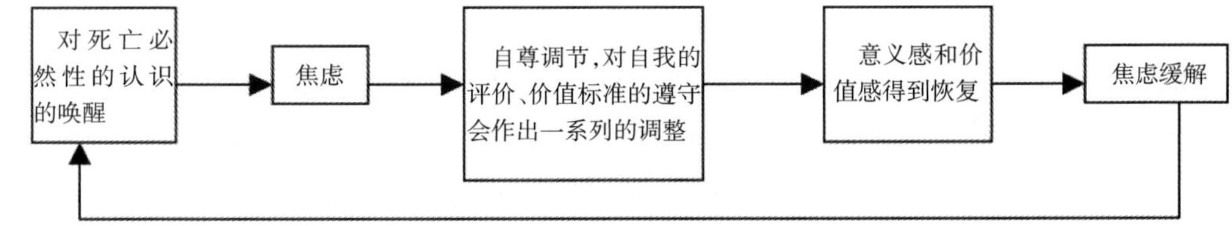

图7-1　“死亡突显性”假设

恐惧管理理论自1986年出现以来，已在多个国家开展了几百项研究，得到了大量实证研究的验证，产生了广泛的影响。在对第一个“焦虑缓解器假设”的验证中，Harmon-Jones等人进行的3项研究表明，无论是被试本身具有高自尊倾向，还是通过人为实验控制暂时提升被试的自尊水平，都会降低“与死亡有关的想法”给个体所带来的影响，在对个体的文化世界观产生威胁的事物的反应上，降低作用尤为明显。在对“死亡突显性”假设的验证中，Goldenberg等人发现，与控制组相比，死亡突显性的唤醒，使得高自尊的被试具有更高的躯体认同感和自我外表喜爱程度。Kasser等人则发现，让死亡意识被唤醒的被试和控制组被试预测其今后15年的经济状况（刺激事件），实验组被试与控制组被试相比，他们对自己今后15年中的经济状况更为乐观，并且更乐于在娱乐项目上消费；在假想的商业竞争中，他们会认为自己更具有竞争力。

恐惧管理理论认为，群体归属感是降低死亡突显性的有效手段。Wisman等人的研究发现，归属感是一种对死亡焦虑有效的心理防御。当被试有关死亡的想法被唤醒时，与他人亲近的需要就会变得非常重要，甚至会与和自己价值观、世界观不同的人亲近，这反映了个体在死亡唤醒时，与获得价值观一致认同相比，获得归属感是一种更为有效的心理防御手段。Dechesne等人的研究结果显示，随着死亡突显性的唤醒，荷兰被试会更加喜欢他们的球队，并且对即将举行的一场与德国之间比赛结果有更为乐观的预测；在另一类似的研究中他们还发现，随着死亡突显性的唤醒，美国大学生对本校足球队的接纳程度上升，但是，若该队刚刚输掉了一场重要比赛，死亡突显性唤醒组的被试要比控制组的被试更容易失去对该队的认同从而转向其他的队伍，比如篮球队。根据恐惧管理理论的精神分析取向，这种“积极—认同增加，消极—认同降低”模式的心理根源可以追溯到依恋理论——在社会化的过程中，社会认同逐渐取代了父母积极评价，成为个体安全感的重要来源，个体所属群体就是其“安全基地”（secure base），当内群体被否定时，“安全基地”受到了威胁，无法再给个体提供安全感，个体对该群体的认同感也就随之下降了。

虽然恐惧管理理论拥有大量的实证研究的支持，但也存在一些对恐惧管理理论的质疑。比如，恐惧管理理论将个体对自尊和世界观信念（价值感和意义感）的追求看作一种防御，而自尊自我决定理论（self-determination theory）的主要倡导者Ryan和Deci则认为，个体追求自尊和世界观信念不仅仅是一种防御，同时也反映了人类与生俱来的发展驱力，真正的自尊应该建立在对竞争、自主及人际关系需求的不断满足基础之上，这种成长、发展驱力同样会给个体带来价值感和意义感。这一质疑反映了恐惧管理理论的精神分析实质与人本主义理论之间的差异。而且，文化在恐惧管理理论中是一个核心概念，作为自尊来源的价值标准和世界观都极大地受到不同区域文化的影响。在不同的文化中，价值标准不同，自尊的寻求方式、程度也都不尽相同。Wu, Tang和Kwok指出，中国文化将死亡看作生命的转化过程，死后可以投胎重新做人，这种观念可能对死亡焦虑具有一定的缓解作用。Du等人发现，不管是澳大利亚人还是中国人，高自尊都能缓解死亡恐惧，但是中国人的集体自尊比个体自尊提高了对集体主义价值观的防御。大量跨文化研究表明，中国人具有他人和社会价值取向，尤其是家庭关系中的重要他人在个人的生活中可能比自己还要重要。这一文化特征在死亡心理反应方面也得到了体现，研究表明中国被试对重要他人的死亡比自己的死亡更恐惧（Hui & Fung）。Zhou, Lei, Marley和Chen的研究则揭示了孩子对中国父母具有缓解死亡焦虑的作用。

第二节　大学生常见心理问题的识别及应对

一、焦虑

案例 7-1

对象：男，大四学生。

两个好友陪同前来。因年底要去国外名校做毕业设计压力大，近一周出现担心无法如期完成毕业设计、注意力无法集中、呼吸急促、身体发抖、入睡困难和做噩梦的情况。

从 20 世纪末开始，大学生心理健康问题越来越受到大众的关注，考试压力、人际交往等问题不断涌现，当代大学生似乎有越来越多的负面情绪体验，而焦虑是最为常见的大学生心理问题之一。

焦虑是一种内心紧张不安、预感到似乎将要发生某种不利的情况而又难于应付的不愉快情绪，即个体需要得不到满足而产生的痛苦或紧张不安的体验。心理学中我们常听到的一个词是"分离焦虑"，当孩童在很小的时候，面临和妈妈的分离，这时他会感觉到不安全，担心害怕无法一个人独自生存，面对不确定的未来而产生的一种焦虑不安的情绪出现，而不愿意与妈妈分离。分离焦虑的本质是对被抛弃的恐惧，焦虑也是如此。我们认为，当我们面对不确定的、未知的、我们无法掌控的情形时，便会产生不安全、失控的感觉，我们所感到的焦虑其实更多的是潜意识中的恐惧。在我们面临重大考试时，我们的焦虑往往源自对结果的担心、恐惧，而且这种焦虑与不确定性成正比，考试通过概率越小，焦虑越大。

让我们来看看焦虑都有哪些可以被识别的表现。首先是精神焦虑的症状，焦虑的人会有特定的或广泛的反复出现的紧张、恐惧或担心，且自己认为是不合理的、不现实的和令人烦恼的，这类人表现出来的是"心烦意乱、忧心忡忡"的样子。刚才的那个同学的焦虑症状其实是一种特定的焦虑，他主要只是对出国做毕业设计这件事感到担心和紧张。另外还有一种叫"广泛性焦虑障碍"的心理问题，存在这种问题的人遇到什么事情就会对什么事情担心，出门可能就会担心被车撞了，明天考试就会担心考试不及格，别人在旁边打个喷嚏就会担心会不会被传染上严重的疾病，症状与现实生活似乎有些联系，然而其担忧的内容及严重程度跟日常生活中的琐碎事物很不相称。焦虑的内容完全取决于日常生活中环境的变动，没有中心主题，也没有明确的社会倾向性。若追问本人，他自己也想不通到底整天在害怕什么。第二类症状是躯体焦虑，焦虑的人可出现眉头紧锁、坐立不安、肌肉紧张、面色苍白、心跳过速、手心脚心出汗等表现，就像案例里的同学，他的躯体焦虑的表现就十分明显。焦虑的第三类症状是觉醒度提高，表现得过分警觉、对外界刺激敏感，旁边有点儿小动静可能就会吓一跳，还可能出现注意力无法集中、失眠、容易发脾气等一些伴随的表现。要特别注意的是，这里提到的焦虑并不等同于焦虑障碍，生活中我们大部分同学所体会到的是焦虑情绪。当焦虑的严重程度与客观事件或处境明显不符，或者持续时间过长，此时焦虑便为病理性焦虑，符合相关诊断标准，便会诊断成焦虑障碍。

焦虑虽然是一种不愉快的体验，但确有着重要的适应功能。根据耶基斯－多德森定律，动机强度和工作效率是呈倒U形的曲线关系，即动机强度处于中等时，也就是当我们保持在中等的焦虑水平时，工作和学习的效率最高。第一，焦虑具有信号功能，当出现焦虑情绪，个体会发出信号，当出现在意识水平上时，人们便会采取措施进行处理；第二，焦虑可以动员机体状态，使之能够警觉增强，代谢升高，保持兴奋的状态，为处理危险做好准备；第三，焦虑参加学习和经验积累的过程，焦虑能够帮助个体提高预见危险的能力，不断调整行为，以更好地应对焦虑。

面对焦虑，我们可以尝试通过运动如慢跑、瑜伽等方式来调节，或者通过洗热水澡的方式来放松。也可以学习一些放松的小技巧如呼吸放松、肌肉放松、正念或冥想等来帮助自己在紧张的时候有效地放松。当焦虑情况已经无法通过自己解决，或者已经比较严重地影响到了自己的生活和学习，这时就需要借助外界专业人员的帮助了。专业的心理医生或咨询师会通过心理咨询或心理治疗的方式，有时可能会少量用一些抗焦虑的药物，来帮助那些有焦虑障碍的人。

二、抑郁

案例 7-2

对象：女，大二学生。

近两周情绪低落，高兴不起来，什么都不想做，对本专业无兴趣、觉得自己学不好、对不起父母，失眠，每天早晨4点钟即醒，近两周体重下降四五斤。曾多次有过自杀念头，并在上周两次准备自杀，都因没有勇气、害怕疼痛而未实施。

我们熟知的许多人都曾患抑郁症，如崔永元，甚至也有人因抑郁症自杀离世，让人不胜唏嘘。根据世界卫生组织的数据，全球患抑郁症的人数估计已达3.5亿，达到总人口的4.3%，任何年龄段都不能幸免。抑郁症是全世界范围内的首要致残原因，抑郁及焦虑障碍每年可导致超过一万亿美元的经济损失。抑郁症最严重的后果是自杀，每年全世界估计有近100万人因自杀死亡。自杀已经成为15~29岁年龄段人群的第二大死因。调查发现，大学生群体中出现抑郁情绪的比例越来越高，因抑郁导致自杀的案件也在不断增加，同时抑郁情绪也会干扰大学生的日常生活与主观幸福感水平。

在实际生活中，我们每个人都体会过哀伤、悲观甚至是绝望，然而我们需要知道的是，焦虑、抑郁、恐惧等负面情绪的体验虽然令人痛苦，但并不足以作出诊断。与此相反，在遇到令人悲伤的事件时，如果没有出现痛苦抑郁的情绪，反而可能是有问题的。抑郁情绪本身也有积极方面的作用，比如：①在我们压力过大、过于疲劳时，抑郁情绪会使我们觉得没有精力、什么都不想做，在某种程度上其实是保护了我们继续去承担那些过度的压力和责任，这是抑郁的适应性的功能；②当感觉到抑郁时，我们常常不想做事，也不想见人，心理世界完全是内倾的，我们会思考为什么自己会这样以及一些平常可能我们在忙碌中试图避开或不愿意去面对的思考和感受，从而帮助自己更好地看清一些问题。抑郁和其他负性情绪一样，是从正常到异常的连续体，在正常和异常之间没有绝对的界限。大体上说，当抑郁达到了某种特定的严重程度，严重影响到了个体的正常生活和社会功能时，我们说这是异常的，是需要治疗的。而正常的抑郁指的是经历了近期的一些应激事件（如遭受了重大挫折或者有重要亲人离世等）后出现的一些抑郁的症状，这被视为是一种适应性的反应，在大多数情况下，这种抑郁能够在短期内自行缓解，因此不需要寻求专业的治疗。但这种正常和异常的界限有时连有经验的精神科医师和临床心理学家也不能完全区分清楚。

我们再回到案例7-2。如果按照案例里描述的情况，这个女大学生可能存在抑郁方面的问题。那让我们来看看，抑郁都有哪些表现呢？首先抑郁最主要的表现是“情绪低落”和“兴趣或乐趣缺乏”，这指的是每天大部分时间都不开心、高兴不起来；以前喜欢做的事情现在都不喜欢了（比如有的男生以前喜欢打电子游戏，有的女生以前喜欢逛街，而现在都不喜欢了，觉得没意思），或者是不能从做事情中获得乐趣（比如以前做出了一道难题会感觉很有成就感，但现在觉得没什么值得高兴的）。抑郁另外一个突出的表现是精力减退，每天都感觉很累、疲乏，觉得精力不足，这也可能是抑郁最先出现的症状。此外，抑郁的人还可能出现“思维迟缓”“意志消沉”，指的是自己觉得脑子转得很慢，有人描述“就像脑子生锈了一样”；每天什么事都不想做，也不想跟别人接触，就想在床上躺着，窝在家里或寝室里。抑郁的人还会伴随一些躯体症状，比如睡眠、饮食及体重等方面的变化，最常出现的一般都是失眠（入睡困难或早醒）、食欲减退及体重下降，但并不是所有的人都会出现类似情况，有的人反而会出现睡得过多、食欲亢进、体重增加的情况。典型的抑郁症还有一个特点叫"晨重暮轻",就是说每天早晨情绪最差,睁开眼睛就很低落、很烦,"一天怎么又开始了……",到了下午和晚上情绪会好转一些。前面也说到了,抑郁症最严重的后果是自杀,约有 10%~15% 的抑郁症患者会死于自杀,而有更多的人会产生自杀观念或进行自杀尝试,大家一定要提高警惕。

那么,如果自己出现了一些抑郁情绪,该如何调节呢?首先要及时调整自己的自我评价,发现自己的亮点。第二就是要尽量主动和周围的同学和朋友去倾诉,寻求来自周围的积极反馈。第三可以通过看喜剧片、听笑话等自己喜欢的方式及时排解自己的抑郁情绪。如果发现上述方法无效,或者本身抑郁情绪就很严重,甚至出现了自杀的想法,就一定要及时寻求专业人员的帮助。专业的治疗手段包括心理治疗和药物治疗的方式,有时可以二者结合应用。

3. 精神分裂症

案例 7-3

对象:女,大一学生。

近期总感觉别人看自己的眼神怪怪的,认为别人都在背后议论自己,听到他们都在骂自己行为不检点,连老师也是。认为同学们都故意针对自己,向校长告密自己做了别人的第三者。连自己的妈妈也被坏人收买了来害自己,自己吃了妈妈给做的早餐后感觉头痛,认为是妈妈给自己下了毒。认为坏人在用电磁波干扰自己的思维,给自己发送一些本来不是自己的想法,并且利用这一点来控制自己的行为。上课开始听不懂,作业无法完成,晚上睡眠差,情绪波动大。

电影《美丽心灵》中,英俊而又十分古怪的美国数学家约翰·纳什念研究生时便发明了他的博弈理论,短短 26 页的论文在经济、军事等领域产生深远的影响,他开始享有国际声誉。就在达到自己事业的顶峰时,纳什开始变得越来越神秘。受到美国中情局的委托,他开始搜集报纸和杂志上俄国间谍传递信息的密码,后来开始被俄国间谍追杀。最后,被送到精神病院的纳什在治疗后才发现中情局的"老大"、俄国间谍的追杀甚至是自己上大学时的室友都是不真实的,而是"精神分裂症"的症状。这让纳什非常痛苦,但纳什通过自己顽强的毅力和妻子的支持,最终战胜了疾病,或者说是带着疾病生活,因为他一直残存着一些症状。

精神分裂症是一种重性精神疾病,其特点是思维、观点、情绪、语言、自我意识和行为出现扭曲,精神活动与环境不协调,自知力也是丧失的。该病的复发率和致残率都很高，病程一般慢性迁延。世界卫生组织（WHO）2004年调查结果显示，全球精神分裂症的患病率为4‰。根据卫生部的相关资料，2002年我国重性精神疾病患者约有1 600万人，其中精神分裂症患者就有大概780多万人。精神分裂症在春末夏初时发病率最高，且大多数病人在20~25岁之间首次诊断出患有该病。精神分裂症最常见的症状是幻觉和妄想。幻觉是虚幻的知觉体验，是在客观现实中并不存在某事物的情况下，却仍坚持感知到有它的存在，最常见的是幻视和幻听。《美丽心灵》中纳什看到了本来不存在的他的大学室友、室友的小侄女以及中情局的“老大”，就是幻视。而案例中的女大学生听到别人议论她行为不检点，就是幻听。对于诊断精神分裂症最有意义的是评论性幻听，即听到一个或多个人在评论自己，一般都是在说自己不好。还有一种幻听叫“命令性幻听”，如听有声音命令自己去做某事、打某人、甚至是自杀。妄想是歪曲的信念和病理性的推理和判断，虽不符合客观现实，也不符合所受的教育水平，但对此坚信不疑，无法被说服，也不能以亲身体验和经历加以纠正。最常见的妄想类型是关系妄想和被害妄想。关系妄想的表现是坚信别人吐痰、关门、谈笑或者电视上的节目、报纸上的文章都是别有用心地针对他做的，或在“暗示”或“影射”他。案例7-3里的主人公认为别人都在背后议论自己就是关系妄想。而被害妄想指的是感到自己受到威胁，无根据地认为有人想陷害、破坏、谋害自己，对自己进行跟踪、监视等。案例里的主人公认为同学向校长告密、妈妈下毒害自己等就是被害妄想。《美丽心灵》中纳什认为自己受到美国中情局“老大”的委托，搜集报纸和杂志上俄国间谍传递信息的密码，后来又被俄国间谍追杀的过程也是典型的妄想。此外，精神分裂症患者的症状一般都比较丰富，还可能存在如思维联想障碍（言语内容散漫，没有明确的中心思想，甚至句与句之间完全没有联系），情感淡漠或不协调（缺乏情感反应，甚至亲人离世也显得无所谓，或者别人伤心时他感觉开心，别人都很高兴时他却哭起来）以及意志行为减退（缺乏与人交流的动机，往往整天坐着什么事都不干）等症状。另外，精神分裂症患者一般都不知道自己生病了，即自知力全部或部分缺失。

目前一般认为遗传因素在重性精神障碍的发病原因中占主要的作用，但遗传只是为精神分裂症的发生提供了易感性，而应激等环境因素使得易感性得以在行为上表达。精神分裂症患者的家属患有精神分裂症的概率远高于一般人群，且与病人的血缘关系越近，患病的风险越大。这也说明，遗传因素在精神分裂症的发病机制中占了很大比重，但遗传影响的幅度又受制于养育环境的好坏，比如有精神分裂症的母亲的孩子在健康的寄养家庭中长大可能并不会发病。《美丽心灵》影片中，纳什与室友饮酒畅谈时说道：“我一年级的老师跟我说，我天生就有两副大脑，但心却只有一半。但是事实上，我不喜欢与人交往，他们也不喜欢我……”在纳什就读研究生时，学业压力十分沉重，因没有论文、行为古怪受到同伴的嘲笑、导师的否定，而他本身的性格又很孤僻固执、不善言辞,没有朋友,这些负性生活事件的累积最终诱发了精神分裂症。这对于大学生来说,有一定的借鉴意义。当感觉学习或人际交往压力大时,一定要尝试进行自我调节,比如不要给自己安排得过满,注意劳逸结合,有压力时多向周围的同学和朋友倾诉等,千万不要让负面压力一直累积下去。

虽然在《美丽心灵》这部影片中,纳什靠着自己的毅力战胜了精神分裂症,但在现实生活中,这样的情况却很少见,一般还是需要专业人员的帮助才能控制病情。对精神分裂症的专业治疗,一般来说首先需要通过全面的躯体检查,排除器质性精神障碍的可能。在此基础上,在精神分裂症的急性发作期,应以生物学治疗(主要是药物治疗)为主,着重控制病人的精神症状,在其精神症状逐步得到控制、自知力恢复以后,可以进行一定的心理治疗,主要目标是促进其社会功能的恢复。

4. 双相情感障碍

案例 7-4

对象:女,大二学生。

其寝室同学反映其近期言行与之前反差较大,之前花钱节俭、行为谨慎,近两个月突然变得花钱大手大脚,还会买很多不实用的东西分发给周围同学。认为自己两个月前担任了某社团部长后潜能“爆发”,震惊了别人和自己。认为自己与周围同学的关系都很好,朋友很多。称最近两个月里有七八个男生向自己表白喜欢自己。自认为以后能够成为国际大公司的总裁或国家领导人。同学反映其最近话很多,自觉精力充沛、脑子转得很快,每天只需要睡 4 个小时左右。自述高一、大一和上个月均曾有一至两周的情绪低落期。

案例 7-4 中的女大学生目前出现了一些夸大、兴奋、思维敏捷、精力充沛等表现,而这些表现可能是躁狂发作的症状。那么,躁狂发作有哪些可以识别的症状呢?首先,躁狂发作最本质的特征是情感高涨和易激惹,患者感觉极好,对要做的事情充满了热情,而且这种高涨的情绪与周围环境是协调的,周围人也会被其感染,这与精神分裂症的情感不协调(别人不会被感染,只会觉得奇怪)是不一样的。但这种高涨的情绪中混杂着情绪不稳定、容易发脾气的成分。其次,躁狂发作的人一般自我评价过高,会出现一些夸大观念,甚至是一些夸大的妄想。再次,这类人会觉得脑子转得特别快,思维异常敏捷且丰富多变,他刚跟你说着这件事,很快就又转移到别的话题上去了,有时让人感觉跟不上他思维的速度,而且话多,给人一种“信口开河”的感觉。从此,躁狂发作的人每天都忙忙碌碌的,感觉自己做了很多事、效率很高,但一般都是虎头蛇尾。他们喜欢社交,但一般与别人的交往都比较肤浅。这类人爱管闲事,喜欢指挥别人,而且自觉精力充沛,不知疲倦,往往只睡了两三个小时就感觉休息好了。

躁狂发作的类型分为躁狂发作和轻躁狂发作,二者的主要区别是轻躁狂发作不会出现精神病性症状,并且其社会功能受损不明显,无须住院。从这个角度来看,案例中的女大学生其实属于轻躁狂发作,她的躁狂发作没有给其带来学习、生活及人际交往方面的明显问题,甚至还帮助她在社团活动方面做得比较出色。另外,有人可能注意到,案例的主人公之前还曾出现过几次情绪低落期,这会让我们想到之前介绍的抑郁。如果一个人既有躁狂发作很高涨的时期,又有抑郁发作很低落的时期,还可能有情绪正常期,那这个人可能患有一种叫作"双相情感障碍"的精神疾病。这种障碍以显著而持久的心境异常(高涨或低落)为表现,伴有相应的思维和行为的异常。双相情感障碍与精神分裂症一样,都属于重性精神障碍,其特点为病程短但呈反复发作,自杀率较高。

双相情感障碍的病因学十分复杂,至今仍未有明确的定论。一般认为与以下因素有关。首先,因为与精神分裂症同属于重性精神障碍,所以一般认为遗传因素在双相情感障碍的发病中原因中占主要作用。在双生子家系研究中,基因、特定染色体与双相障碍发生有着显著联系,血缘越近,发病率越高。其次,社会心理因素制约着遗传因素的影响。一些不良的应激性生活事件,如考试失败、亲人离世、失恋等,容易引起长时间的精神紧张、心理失衡,可能会诱发双相情感障碍。而在心理动力学的理论中,躁狂发作被认为是对心理的虚弱状态的防御,其核心与抑郁一样,还是低自尊和低价值感。

双相情感障碍由于具有高复发性,因此需要长期持续治疗,专业的治疗方法同样也是在躁狂发作急性期以药物治疗为主,等症状平稳后,可以加入心理治疗,二者同时应用一般会有比较好的效果。

5. 自杀

2012 年 3 月 18 日上午 10 点 54 分,网友"走饭"的一条新浪微博引发了众多网友的关注。"我有抑郁症,所以就去死一死,没什么重要的原因,大家不必在意我的离开。拜拜啦。"微博发布后,不少网友纷纷围观。2012 年 3 月 19 日凌晨,江宁公安在线发布微博证实,该女生已经于 2012 年 3 月 17 日凌晨上吊自杀,虽经警方及医务人员全力抢救,但无奈还是去世了。该条微博内容是已经其提前写好,然后设置好时间通过时光机发布出来的。后证实该网友是南京某高校一名"90"后的女大学生。

据世界卫生组织统计,全球每年有近 100 万人死于自杀,约有 1 000~2 000 万人自杀未遂。自杀是导致 15~44 岁人群死亡的三大主要原因之一,是导致 15~29 岁人群死亡的第二位原因。在中国,每年至少有 28.7 万人死于自杀,有 250~300 万人自杀未遂,即平均每两分钟就有 1 人死于自杀,8 人自杀未遂。2008 年我国高校大学生自杀率为 1.33/100 000，2009 年为 1.25/100 000，2010 年为 1.14/100 000，三年的平均自杀率为 1.24。据 2010 年中国卫生统计年鉴资料显示我国 20~24 岁居民自杀率的统计，全国大学生自杀率低于全国同龄人口（20~24 岁）的自杀率，也低于美国大学生的自杀率及全球人口自杀率。

虽然我国大学生自杀率并不高，而且自杀大学生数量只占大学生群体极小一部分，但由于大学生是同龄人中学历最高的群体，是最被关注的人群，是同龄人中的成长楷模，学校、父母、社会都给予了大量关注，而且生命一旦逝去就是不可逆的，大学生自杀给社会、家庭和周围人带来的后果和创伤往往会更加严重，因此是社会需要去关注和重视的问题。

有研究表明，83% 的自杀者在其有自杀想法的一年内曾经咨询过相关人员。自杀进程能否被阻断，取决于个体请求帮助及获得帮助的能力以及周围的人识别其自杀性表达的能力及重视程度。也就是说，我们需要了解一些预防自杀危机的手段和方法，来珍爱自己的生命，并尽力保护他人的生命。

自杀有哪些我们可以识别的危险因素呢？当一个人在同一时间内有以下表现时，自杀的危险性高（符合的条目越多，危险性越高）。①心情忧郁或情绪激动。②近期，特别是最近两天，有严重的负性生活事件。比如，考试挂科了，跟女友分手了，有至亲离世，等等。③近一个月生活质量很差。④长期的生活、学习或工作压力。⑤既往有过自杀或自伤行为；⑥亲友或熟人有过自杀或自伤行为。最后两条中的当自己之前有过自杀或自伤行为，或者亲身经历过周围人出现类似情况，会使一个人对死亡的恐惧降低——“死并没有那么可怕”以及对疼痛的耐受力增加——“好像并没有想象的那么疼”，即一个人的自杀能力会提高。所以自己或周围人有过自杀或自伤行为是自杀的一个非常重要的危险因素。

下面让我们来看看如何帮助目前有自杀风险甚至马上就要尝试自杀的人。

第一，你要保持冷静，要耐心倾听他的感受，认可他的情感，不要试图说服或改变他的感受和想法。在心理咨询中有一个重要技术叫作“共情”，即站在对方的角度去试图理解对方的想法和感受。当对方感觉到被理解和共情时，才会向我们诉说更多的想法。而当我们能更多地了解对方的想法时，才能判断其现在的状态，从而更好地帮助他。比如，面对有自杀想法的人，也许你可以说“从你刚才说的我了解到你一路走来非常辛苦，经历了很多的痛苦和绝望，而你现在之所以选择要结束自己的生命，也一定经历了很多挣扎，一定是感觉走投无路了，甚至觉得自杀可能是目前能够想到的最好的解决方法，是这样吗？……”

第二，要直接询问对方是否想自杀。有的人可能会担心，如果与想自杀的人讨论自杀，会不会诱导对方自杀？大家可以放心地收回这样的担心，询问一个人有无自杀念头不但不会诱导其自杀，反而可能挽救一条生命。因为一般情况下想自杀的人内心在选择生与死之间是很纠结和挣扎的,所以当你跟想自杀的人讨论自杀这个话题时,他其实可能会更放松了——“终于有人可以跟我讨论这个问题了……”而随着我们更多地了解对方的想法,就能够更好地帮助他。

第三,要相信对方说的话,当他说要自杀时,要认真对待。如果我们不重视对方的自杀表达,对方被逼急了,很可能会采取自杀的方式来表达愤怒。

第四,如果对方要你对他想自杀的事情给予保密,请不要答应。不要让想自杀的人独处,要立即和辅导员以及专业人员联系,共同承担帮助他的责任。在心理咨询/治疗专业有一个术语叫作保密例外,简单来说,就是在一般的情况下,咨询师/治疗师要为来访者在咨询或治疗中所说的内容保密,但如果来访者或其他人的生命安全受到威胁时,这个保密条例是不适用的。既然专业人员在面对来访者生命安全的问题时都要违反保密条例,那么我们就更不应该答应为一个人自杀的想法保守秘密了。这既是对想自杀的人的保护,也是对我们自己的保护。当你去找人帮忙时,务必保证有其他人在陪着那个想自杀的人。

第五,要尽量使对方相信别人的帮助可能缓解眼下的困境,鼓励其寻求帮助。企图自杀的人往往是把自杀作为一种解决问题的办法,甚至是目前他所知道的最好的、或是唯一的解决办法。而当我们帮助其发现除了自杀有其他更好的选择时,自杀自然就不再是对方的第一选择了。

心理危机会给我们自己甚至周围人的健康和安全造成负面影响,是我们每个人都不愿意遇到的,但如果我们自己或周围人真的遇到了心理危机,也不要过于担心,只要处理得当、积极应对,心理危机是可以转危为安、逐渐康复的,而经历危机的本人甚至可以通过这一次的经历而获得更多的成长。就像“危机”这个中文词组所蕴含的意义一样,机遇就在危险之中!

【本章小节】

本章从生与死的话题以及生命的发展阶段与任务开始来认识生命,并结合一些代表任务的生命故事来思考和探索自己生命的意义。此外,结合大学生常见的心理问题,通过案例解析的方式教会我们识别和应对,尤其是当心理危机发生时的应对方法,更好地珍爱生命,活出生命的意义。

【课后思考与实践】

1. 结合本章所学,梳理并思考自己生命的意义是什么。

2. 当自己或身边的同学发生心理危机时,有哪些应对策略?写下学校目前有哪些可利用的心理健康资源。

3. 思考自己在成长过程中最痛苦的经历是什么？你当时是如何应对的，如何重新回到过去，会有何不同？

【附录】

1. 推荐图书：《活出生命的意义》《论生命的意义》《相约星期二》
2. 推荐电影：《遗愿清单》
3. 诗歌分享：《去爱吧，像不曾受过伤一样》
4. 推荐视频：《人生》《子宫日记》《我和世界不一样》《什么事都在发生》
5. 团体活动列表："生命的纸条""人生最后的 24 小时"

【参考文献】

[1] 张曙光. 生存哲学——走向本真的存在. 云南：云南人民出版社，2001：190.

[2] 维克多·弗兰克尔著. 活出生命的意义. 吕娜，译，华夏出版社，2010.

[3] [美]威尔·杜兰特. 褚东伟，译. 论生命的意义江西人民出版社，2009.

[4] 张阳阳，佐斌. 自尊的恐惧管理理论研究述评. 心理科学进展，2006，14(2)：273-280.

[5] 韦庆旺，周雪梅，俞国良. 死亡心理：外部防御还是内在成长？. 心理科学进展，2015，23(2)：338–348.

[6] 马马克·杜兰德(美)，戴维·巴洛(美). 异常心理学. 张宁，孙越异，主译. 北京：中国人民大学出版社，2018.

[7] 钱铭怡. 变态心理学. 北京：北京大学出版社，2006.

[8] 肖少北. 大学生心理健康教育. 广州：暨南大学出版社，2010.

[9] 李伟，陶沙. 大学生的压力感与抑郁、焦虑的关系：社会支持的作用. 中国临床心理学杂志，2003，11(2)，108-110.

[10] 魏熙. 大学生抑郁症的原因及治疗概况. 中国健康心理学杂志，2012，20(7)，1 049-1 051.

[11] 杨春强. 双相情感障碍的最新研究进展. 精神医学杂志，2007，20(6)，408-410.

[12] 张晓琴. 大学生就业焦虑及其成因分析. 社会心理科学，2004(5)，106-108.

[13] 周淑新，李雯. 双相情感障碍：综述. 中国全科医学，2013，16(5)，473-477.

[14] BOWN，S D.，LENT，R.W. Handbook of conseling psychological(3rd ed).New York：John Wiley & Sons. 2000.

[15] COOK J M，BIYANOVA T，COYNE J C. "Infuential psychotherapy figures，authors and books：An internet survey of over 2000 psychotherapists". Psychotherapy：The-

ory , Research , Practice , Training ,2009. 46(1).

[16] CUIJPERS P, DEKKER J, HOLLON S D, et al. Adding psychotherapy to pharmacotherapy in the treatment of depressive disorders in adults: a meta-analysis. The Journal of Clinical Psychiatry, 2009,70(9), 1 219-1 229.

第八章　逆境与成长

【学习目标】

1. 理解逆境和创伤对人成长的破坏性和积极意义。
2. 学习通过问题应对、接纳、意义构建和运用关系来在逆境中成长。

【引言】

在中国的传统文化中，“吃得苦中苦，方为人上人”是很多人一生坚守的信条。流行歌曲中的一句歌词“不经历风雨，怎么见彩虹?”也曾唱红中华大地，收获无数感动与认同。对于逆境的问题，传统和流行似乎达成了共识：唯有历经苦难，才能铸就伟大的人性……尽管如此，逆境所带来的生活变故以及那些真切的痛苦体验，都是每个逆境中的人无法轻松面对的。作为大学生，尽管多数人不曾有太多的逆境体验，但是却无法完全避免逆境作为一大生活主题，在未来被我们遭遇。如何理解逆境对人的影响；面对逆境时，能做些什么；在还未遭遇到逆境时，需要做哪些准备；如何更好地在逆境中获得成长这些将是本章将要展开探讨的话题。

第一节　逆境的影响

尼采在《偶像的黄昏》中曾说：“无法杀死你的，会让你变得更强大(What doesn't kill you makes you stronger)。”电影《蝙蝠侠：黑暗骑士》中著名的反社会人格角色小丑对这句话进行了绝妙的改动，仅改了一个英文字母，就成了：“无法杀死你的，会让你变得更怪异(What doesn't kill you makes you stranger)。”尼采和小丑完全不同的两种观点恰好代表了在心理学中逆境对人影响的两种重要的争议。接下来我们将通过对比和解析这两种争议来揭开逆境的迷思。

一、逆境和创伤

(一)逆境

逆境(adversity)在心理学中被定义为“对一个系统的功能或活力造成干扰，对适应或发展带来威胁的经历或事件”。逆境会对人当前生活的适应能力产生震荡、冲击、甚至是瓦解；它在一定程度上影响人生的发展轨迹，甚至彻底改变发展方向。自然灾害、童年遭到忽视或丧失至亲、战争、贫困、疾病、性侵、失业、辍学——各类天灾人祸都可能构成逆境，很多时候，这些经历和事件是否被认定为逆境是很大程度上由人的主观因素决定，但就事件和经历本身来看，当事件和经历所带来的消极影响范围足够大，持续时间足够长，且出现在人的早年时期，构成逆境的可能性就会非常大，并且可能带来创伤。

（二）创伤

心理学中的创伤（trauma）是指与死亡或严重伤害相关的经历，这一类经历会带给人恐惧和无助感。诱发创伤的逆境通常有以下两个特征：①事件的发生是突如其来、令人意外或不同寻常的；②通常包含身体上的伤害，或者让生命受到威胁，使人产生失控的感觉。受创伤者通常会在不同程度上出现 3 个主要特征：过度警觉、记忆侵扰和禁闭畏缩。

1. 过度警觉

过度警觉是指在创伤经历后，人的求生保命的自卫系统会全面启动，并一直保持高度警戒状态，就好像危险会随时再现一般。这导致受创伤者在生理和心理上都处于一触即发的状态，一点小小的刺激就会恐惧、焦虑或暴躁不安。受创伤者的身心警戒系统很像是一台过度敏感而不停虚报的报警系统，尽管危险已经烟消云散，但是受创伤者还会风声鹤唳、草木皆兵，持续与并不存在的危险抗争。

2. 记忆侵扰

记忆侵扰是指在创伤经历后，尽管危险早已时过境迁，受创伤者还是会不断地在脑海中重新经历创伤事件，宛如发生在此时此刻。时间仿佛冻结在受到创伤的那一刻，那些灾难中鲜血淋漓，触目惊心的场景会不断在受创伤者的眼前循环播放，醒着的时候，创伤的片段在脑海中一幕幕闪现；睡觉时，则成为挥之不去的梦魇。一件看似稀松平常的小事、一个安全而温馨的环境，都可能勾起受创伤者的回忆，让他对曾经的创伤场景再度身临其境。

3. 禁闭畏缩

禁闭畏缩是在经历创伤后，受创伤者似乎建立起一道看不见的屏障，将自己的从感知觉、情绪、行为和人际方面与世界隔离。他们可能会表现出超然的冷静，就好像恐怖、愤怒、痛苦的情绪都已被蒸发殆尽；他们的感知能力麻木或扭曲，发生在身边的事情似乎与它正常的意义脱钩了；他们还会主动放弃判断、决策和行动，表现出与他人和世界的疏离。在阿尔贝·加缪的著名小说《局外人》的开篇中主人公的形象较好地展现出了这种状态，小说以“今天，妈妈死了。也许是在昨天，我搞不清楚……也许是昨天死的”为开头,表现出了主人公在自己所建立的理想世界破灭后,不悲伤、不悔恨,而是表现出一种模棱两可、漠然置之的状态。

创伤的3个特征在人受创伤的不同时期,会以重叠或交替的方式出现,受创伤者不断在这几种状态中游移和摇摆,难以建立平衡的身心状态。由于创伤是逆境对人产生的较为严重的一种影响,在这种影响下,人原有的状态会被撕裂、瓦解、甚至粉碎。在很多时候逆境和创伤对人的影响会被放在一起来讨论。逆境和创伤(尤其是发生在童年)的消极影响是否是无法抹去的?逆境和创伤是否能带给人积极的改变?这些问题构成了逆境的迷思争议的焦点。如果能够更好的理解逆境和创伤的具体破坏性,及其潜在的建设性,将更有助于理解逆境的迷思。

二、逆境和创伤的破坏性

中国的传统文化对逆境抱有较为积极的预期:如“大难不死,必有后福”“否极泰来”,然而,大量的临床案例表明,逆境和创伤对人的生活的破坏作用是巨大的,它能从自我系统、信念系统和关系系统等方面造成了这些破坏作用。

首先,逆境和创伤的经历瓦解了一个人长期努力建立和维系的自我系统。在这个过程中,人的自信被打击,自尊被践踏,自我价值被否定,独立自主、主动进取、自我效能感、自我认同感等自我核心的要素在逆境和创伤中被全部清零,一切面临从头开始。

其次,逆境和创伤的经历破坏了人成长经验所赋予意义的信念体系;违背了人对规律、法制、道德的信仰,将人丢入充满生存危机的深渊中。那些被亲友欺骗的人可能不再相信这个世界会有信任,那些长期遭受欺凌却得不到帮助的人可能不再相信这个世界会有正义,那些不断历经感情失败的人可能不再相信这个世界会有爱情。比如,电影《无间道》中黄秋生所饰演的黄警官在他刚做警察时发生了一件创伤事件:在处理一起黑社会殴斗事件中,他亲眼目睹了自己的同事被歹徒残杀,而肇事歹徒却逍遥法外。这段经历让他感到“杀人放火金腰带,修桥补路无尸骸”。他对正义的信念也因此被彻底颠覆。

最后,逆境和创伤的经历造成人对基本人际关系产生怀疑,它撕裂了人与家人、朋友和社区的依附关系。逆境不仅撕下了人努力修饰的华丽的外表,还重创了人良好的内在品行,甚至是健全的社会功能。当一个失去了财富、地位、名望,性格不再美好甚至是功能残缺的人出现在他周围的人面前时,那些以交换和互惠为前提的人际关系在此时很可能会分崩离析,而那些建立在爱与信任之上的亲密关系,也会因受创伤者在关系中所表现出的怀疑、退缩、反复无常的情绪而遭受重大打击。

案例分享：在逆境中坍塌的世界

一位研究生争取到了进入了国家级重点实验室的机会，却发现这成为他噩梦的开始。这位专业基础薄弱、性格敏感、不善与人交往的研究生感受到了一种令人窒息的氛围：严苛到不近人情的导师，激烈到白热化的竞争环境，繁重到不堪支撑的科研任务。持续的打击导致这位研究生的自我、信念、关系全面瓦解。他在咨询中坦言“一直以来我认为自己都是优秀的，我坚信只要努力就能战胜一切困难，但是现在每天的经历都在证明我的无能、我的幼稚，我感觉世界坍塌了。”

由于持续的挫败让他处于焦虑和抑郁中，导致他开始对周围的人和事变得异常敏感：他怀疑宿舍的同学对他不怀好意；他怀疑实验室的同学在利用他，他怀疑导师认为他是个不堪的累赘，他怀疑交往了半年多的女友正在作出背叛他的事情……这些缺乏根据的怀疑让他每天绝大多数时间都处于高度精神紧张的状态，同时也让他心情越来越恶劣，从而进一步加剧了他的焦虑和抑郁，形成了一个恶性循环。这种恶性循环很快就让他的焦虑和抑郁变得非常严重，不得不通过入院治疗才恢复到平时的状态。

有着非常创伤的早年经历，他成长在一个国家级贫困县的贫困户家庭，从小他就对家人备受村里人欺凌的经历刻骨铭心。困窘生活带来的自卑，家人被亲戚和乡亲欺凌带来的无助，让他有着改变自身和环境的强烈的愿望；当他通过努力让自己成绩不断变得出色，并考上重点大学时，他也目睹周围那些曾经欺负他家里人的亲戚和乡亲们，逐渐变得讨好而献媚。生活过早地将它凶丑的一面展现在这位男生眼前，世态炎凉和人性丑恶让他刻骨铭心，无法再相信周围的人，认为只有一个绝对强大的自己才能避免此陷入幼年的窘境。——这类痛苦的经历在心理学中通常被称为“创伤经历”，它对人带来的影响往往要比挫折更为严重。

逆境和创伤的破坏性并不仅限于当时当下，对人的发展还有持续的消极影响。上述案例中研究生在重点实验室中的经历较好地展现了逆境对自我、信念和关系的破坏作用，不仅如此，该研究生童年的创伤经历被激活，导致了他在当下的问题变得更加严重。很多临床心理学家认为，每个人在早年对世界最初的认知与体验会像一颗种子一样深深地种在心底，这颗种子会伴随人成长发芽、抽枝、开花、结果，最终长成一棵枝繁叶茂的参天大树，还是一株浑身毒刺、奇形怪状的仙人掌，在很大程度上取决于一个人早年经历的特征，在临床心理学中大量个案研究表明，童年时期的逆境和创伤经历，很可能会扭曲儿童尚未成型的性格，使其朝着异常的方向发展；而成人阶段的逆境和创伤经历，则可能会侵蚀到成人已经定型的性格结构中，使其生活长期陷入混乱。

弗洛伊德用“强迫性重复”的现象告诉我们,早年的创伤会持续地追随者人们,让人成为过往经历的囚徒,更容易罹患精神疾病和身体疾病,出现犯罪行为和成瘾行为。弗洛伊德在其著作《超越快乐的原则》中提出,人之所以会重复做同样的梦,是因为他想掌控某些给他带来压力的情境。强迫性重复是指人不断重复一种创伤性的事件或境遇,之所以称之为强迫,往往是不受我们控制,甚至难以被我们觉察的。在潜意识中,重复的目的是重获掌控,但在现实中,人们几乎从来无法如愿。强迫性重复导致了更多的受难,有时是受害者自己的受难,有时是身边人的受难。当他们不将自己置于重现创伤的活动中时,就会有一种模糊的恐惧、空虚、无聊和焦虑感。

三、逆境和创伤潜在的建设性

美国总统林肯的一生是充满了不幸的一生——童年流离失所,丧失至亲;青年求学失败,经商失败,身负巨债,丧失妻子;中年升迁受阻,不断的努力得到丢脸的结局;老年终于成了英雄,但是却遭到杀害,然而这些磨难的经历似乎并没有毁灭林肯,甚至塑造了他身上的一些伟大品质。历史上,林肯式的人物几乎在每一个时代,每一种文化中都能被找到。马斯洛认为,人类一生中最重要的学习经验,来自悲剧、死亡和各种创伤经部分经历,因为它们会让人以全新的眼光去看待生活。

被逆境和创伤经历所瓦解的自我、信念和关系系统,都会面临重建,重建的过程中,会为一个人新的成长提供了潜在的可能性。

首先,自我系统的破坏,让人无法像“温水中的青蛙”那样继续固守安逸,无法用过度补偿式的发展来掩盖成长中的问题,它迫使人走出习惯而温暖的“心理舒适区”,让人不得不的面对新问题,应对新挑战,从而激发个人的力量、智慧和激情,调动个人的潜能。

其次,信念系统的破坏,让人开始重新思考生活的目标和意义,从注重物化的成就,走向关注内心的成长;从本能地寻求快乐,走向有目的探索意义;从结果导向式的生活方式,开始注重拥抱当下,关注过程的体验。

最后,关系系统的破坏,让人重新审视生活中各种关系的意义,开始更加重视家庭,重视那些长远而稳定的关系,重视在生活中与他人建立内在的联结。

研究：心理舒适区的相关理论

“心理舒适区”在心理学研究中可见于发展心理学和积极心理学的理论。

在发展心理学中，维果斯基认为，如果儿童做的是“自己能独立完成”的事情，或者是“别人怎么帮助也无法完成的事情”，那么其发展是非常有限的。而将儿童置于临近发展区之中，则可以让他得到最大的发展。维果茨基甚至提出：儿童独立解决问题的能力并不应该作为考察其智力水平的依据，而在其他人帮助下解决问题的能力才应该是被考察的主要内容。

在积极心理学的研究中，米哈伊·契克森米哈伊对创造力和心流的研究也表明：最能让人们进入“心流”状态，获得幸福感的事情，是那些“处在自身的能力和挑战的平衡点”的事情。如果能力强而任务简单，人们就会觉得无聊；反之如果能力不足而任务复杂，人们就会陷入焦虑。只有在任务的难度正好处于“需要费点儿力气才能完成”的时候，人们的创造力最强，热情最高，完成这件事情的成就感和幸福感也最大，人也最舒适（所以说这个才应该叫作人的“舒适区”，平常说的“舒适区”应该叫作“无聊区”）。

四、全面的认识逆境和创伤的影响

尼采和小丑的话都揭示了逆境和创伤的重建所产生的两种后果，但是都不足以描述逆境和创伤后果的全貌，心理学研究发现，人在平时的生活中都会通过维持一种“内稳态”保证一个人处于相对的健康水平，它是一种动态的平衡状态，也就是说，尽管外部环境不断变化，人的生理和心理系统都是能保持稳定的。但是当发生的创伤事件，远远超出了我们的应对资源时，内稳态就会被打破，生理和心理进入一种系统失调的状态，这种状态并不稳定，通常不会持续太久，在心理层面，人会在意识或无意识领域对系统失调的状态进行机能重组，重组后的状态大致分为以下 4 种情况。

（1）恢复常态：创伤后将自己重合整合恢复到原来的状态。创伤并没有对他们的成长造成明显的影响，疗伤后的他们又变回了原来的自己。这种恢复就像是一个被压扁的弹簧一样，形变后又弹回到原有的状态。

（2）缺失状态：创伤后通过放弃一些原有的理想、价值、或信念，为自己建立一种新的平衡状态。创伤不仅挫平了他们身上的棱角，更催毁了他们的斗志，让他们开始相信痛苦的根源是内心的需要和愿望。如果能从根本上把对当下的需要压缩到最小，把对未来的期望降至最低，那么活着就变得不那么痛苦。将生活看成苦海，每天就都收获意外的甜蜜感，很多人在经历了重大的变故之后，会放下曾经的壮志豪情，变得清心寡欲、与世无争。

（3）功能失调状态：创伤后的重新整合让人陷入混乱与毁灭的状态，有的罹患焦虑、强迫、抑郁等精神类疾患；有的出现反社会行为，具有攻击性和犯罪倾向；有的则借助药物滥用和成瘾行为等方式来应对生活的苦恼。这一类人陷入了弗洛伊德“早年创伤的诅咒”，也印证了小丑的论调。如果说缺失状态的人仅仅是“放弃一些原有的理想、价值、或信念”的话，那么功能不良状态的人的理想、价值和信念在逆境中则要么被五马分尸，挫骨扬灰；要么完全变异成与之前完全相反的东西。我们可以想象一个呆萌可爱布娃娃被撕碎之后，又被一个手艺很差的人重新缝合后的样子——错位的五官，满脸粗大的针脚，狰狞、恐怖的面容。

（4）卓越成长状态：创伤后人的心理精神系统不仅恢复到了原来的水平，而且还在原基础上有了进一步的提高。这一部分人是创伤中最神奇的存在，他们印证了尼采的观点，实现了林肯式的卓越成长。他们在挫折中愈挫愈勇，创伤后，他们不仅没有出现犯罪，精神疾患，和行为功能障碍，反而像初升的太阳一样从黑暗中崛起，像凤凰一样浴火重生。

创伤复原的 4 种结果如图 8-1 所示。

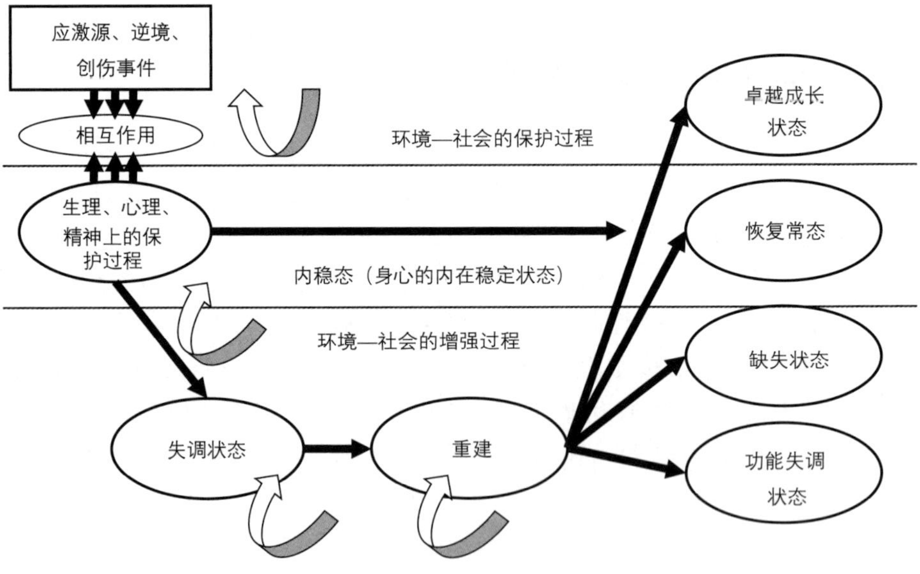

图 8-1　创伤复原的 4 种结果

逆境和创伤所产生的 4 种影响并没能很好地解决逆境影响的争议：强调逆境建设性作用的研究者们认为逆境的消极影响是因为只关注病理人群，临床样本不具有代表性；而强调逆境破坏性作用的研究者们认为逆境的带来成长是因为一将功臣万骨枯的幸存者偏差，同样不具备代表性。美国心理学 Emmy Werner 在 20 世纪 80 年代对夏威夷考爱岛上的 698 个在逆境中成长的孩子进行历时 30 多年的追踪研究，为该争议给出了较为满意的回答，她的研究也因此得到了学术届和社会的广泛关注。Werner 研究取样的小岛是一个贫穷的小岛，许多参与调查的孩子们都有酗酒或罹患上精神疾病的父母，这些父母也没有挣钱的能力。在这种家庭环境长大的孩子，2/3 都在 10 岁后的少年时期开始出现严重的行为问题，比如成为无业游民、青春期怀孕、吸毒、犯罪、精神疾患……然而还有 1/3 的孩子没有染上这些问题，反而成长为自信、能干、关怀他人的优秀成年人，在学业、家庭和事业上都获得了成功。Werner 认为，这 1/3 的孩子有能力不受糟糕环境影响，她把这种能力称为“复原力”（resilience）。拥有复原力的人，能够承受外界带来的创伤，并修复这些创伤的糟糕影响。

小研究：复原力——浴火重生的力量

Bernard 在 1997 年对大量儿童到成人的纵向追踪研究表明，至少 50%，有时甚至是 70% 经历过高危成长因素的儿童在不仅在社会公认标准上表现的成功，而且还具有自信、能力以及关爱等特征。

关于复原力的纵向研究还发现了人在逆境和创伤后出现的一些复杂现象，例如，一些在童年和青少年时期成功地应对逆境的人，但是在 30 岁左右时心理健康状况开始恶化。很多问题少年在他们 30 岁和 40 岁时有机会重新成为负责任的伴侣、家长以及社区公民。那些早年发展轨迹被逆境和创伤影响的儿童，会在后来的人生中获得重生的机会，重点在于否能把握好环境的变迁和生活中重要他人介入的机会。很多研究表明，复原力并不单纯是指一个人内在的心理品质，还应该包括环境因素和人际关系因素。研究复原力的心理学家将这些能够帮助人们在逆境和创伤中成长的各类因素整理成为一份清单，并将其命名为“支持人类发展的基础系统”。见表 8-1。

表 8-1　支持人类发展的基础系统

个人的特征： 1. 认知能力（如智力、注意技能、执行功能） 2. 自身能力、价值和信心的自我知觉（如自我效能、自尊） 3. 气质和人格（如适应能力、社会能力） 4. 自我调节的技能（如冲动控制、情感和唤醒的调节） 5. 对生命的积极展望（如希望、相信生命的意义、信念）

续表

人际关系： 1. 父母关系的质量（如包括温暖、结构和监护、期待） 2. 与有能力的成人的关系的亲密程度（如家人、亲戚、导师） 3. 与遵守规则和亲社会的同伴之间的联系（如比自己更大的同伴）
环境资源和机会： 1. 好的学校 2. 与亲社会组织的联系（如相关的俱乐部或宗教群体） 3. 邻居的质量（如公共安全、公共的监管、图书馆、娱乐中心） 4. 社会服务和健康护理的质量

第二节　逆境中成长

尽管逆境与创伤中的复原力涉及多方面的因素，但是如何去更好地利用和把握这些因素促进成长，是每个人所关心的问题。“请上帝给我勇气去改变可以改变的事情，给我平静去接受无法改变的事情，并给我智慧，来分辨二者之间的区别。”这句著名的祷告词，在一定程度上说明了在逆境中获得成长，并不存在一个通用的策略，而是需要在几个关键的点之间进行权衡，并作出灵活的选择，这些权衡包括：在接纳与改变之间权衡、在凭借自我的力量与依靠外界的支持之间权衡。

一、逆境中的问题应对

“尽人事，安天命”这句中国古话表达了人面对困境时可能作出的两类反应。这两类反应在心理学中被称为“问题应对”和“情绪应对”，一般来说，对于当前有资源解决的问题，采取问题应用的方式，即“尽人事”；而对于在当前没有足够资源解决，或不是较好的解决时机时，通常采取情绪应对的方式，即“安天命”。

1. 问题应对步骤

问题的应对可以看成一套问题解决的步骤，具体如下。

（1）明确问题，并对恐惧、挑战和困难有一个正确的了解。了解问题是什么，有多严重、有多紧迫、有多少时间去完成、需要哪些信息、自己是否是必须采取行动的人。

（2）明确目标，了解自己想要什么、目标是什么、什么样的结果能让自己满意、目标对谁有影响。

（3）制定多个问题解决的备选方案，看看每个方案的潜在风险和负面影响，如果能够和自己的长辈、朋友和同事进行讨论会更加有益。

（4）采取行动并检验行动效果；执行决策，将方案通过行动实现；在行动后尽可能通过多个渠道获取行动效果的信息反馈。

（5）从反馈中学习，并修正行动方案，并再次采取行动。

（6）再次评估新的行动结果，并总结从中学到了什么。

问题应对是逆境中不可或缺的一个要素，现实中的问题发生了一些变化，不仅让身处于逆境中的人的不利状况发生改变，更重要的是能给他们带来真实的希望。希望在逆境中给人代来的力量是巨大的，有关希望与幸存的研究，比较早的时候是在动物身上观察到的。

小实验：幸存的老鼠——希望的力量

积极心理治疗理论中有这样一个实验：将一只大白鼠丢入一个装了水的容器中，它会拼命地挣扎求生，而一般维持的时间是8分钟左右。

然后，他在同样的容器中放入另外一只大白鼠，在它挣扎了5分钟左右的时候，放入一个可以让它爬出容器的跳板，这一只大白鼠得以活下来。

若干天后，再将这只大难不死的大白鼠放入同样的容器，结果令人吃惊：这只大白鼠竟然可以坚持24分钟，是一般情况下能够坚持时间的3倍。

积极心理认为：前面的一只大白鼠，因为没有逃生的经验，只能凭自己本来的体力来挣扎求生；而有过逃生经验的大白鼠却多了一种精神力量，它相信在某一个时候，一个跳板会救它出去，这使得它能够坚持更长的时间。这种精神力量就是积极的心态，或者说是内心对一个好的结果心存希望。

2. 希望的形式和确定

心理学的研究发现，希望并不是一个绝对非理性的心理过程，希望的形成和确立需要3个要素：目标、路径和动力。这些要素是可以在问题解决中建立的。

问题应对的6个步骤能够帮助人们在逆境的乱局中理清头绪，建立相对明确的目标和相对清晰的路径。但是很多身处于逆境中的人很可能去缺乏制定目标、路径的动力。逆境中人很容易形成这样一种信念，目标总是无法实现，计划永远没有变化快，制定无法实现的目标和计划就像是开具了一张无法兑现的空头支票，结果只有挫败和失望，因此，不如随波逐流让自己感到更轻松。在这样的想法中，另一种心态是“我不知道我的目标是什么，我不知道我要或想成为什么，但是我知道我不要，或不想成为什么。”认为目标和计划没有意义的观点忽视了几个事实。

（1）目标和计划之所以无法实现，很大程度上源于生活中的外力，这些外力来自于环境和人，比如亲人、老师、朋友、领导、同事、机构的影响，甚至更大的社会环境的影响等。因为这些外力的影响，目标和计划会不可避免地偏离。

(2)有了目标和计划的人，虽然从某个时点来看，他偏离了计划，但是从一个大局和整体来看，虽然不能完美地实现计划，但是在他不断的努力和坚持中，会在原有的计划中波动前行。从结果来看，似乎他也没有完美地实现自己的目标，但是他最终在相同或近似的方向上实现了一个替代性的目标。

(3)为什么那些坚持和执着于自己目标的人会最终实现自己的目标或一个替代性目标呢？从影响因素人来说，一方面，当他有了自己的目标时，他会将自己的目标和他人对自己期望做的事情进行调和，在实现他人期望的同时让自己更接近目标。另一方面，有目标的人，懂得"借势"——即运用一些外力来帮助自己实现在即的目标；同时他们也慢慢学会用自己的努力来进行交换，让那些试图影响和驾驭他的力量很明确他的目标后，为了激励他，在一定程度上也会帮助和促使他实现目标。

(4)没有目标和只知道不要什么但是不知道想要什么的人，就不会出现上面说的调和、借势与交换，最终都会走过一段自己不期望的路程，到达一个自己不想去的终点。没有目标的人随波逐流，到头来可能会产生一种可悲的感觉："我在用自己的青春去实现他人(其他机构)的梦想。"那些只知道不想要什么，但是不知道要什么的人，他希望逃避那些不想要的东西，但是因为外力的影响，会不可避免地遇到那些东西，生活中会有更多的痛苦。

(5)对于那些执着目标的人，虽然也会遇到自己不想要的东西，并会因此产生痛苦，但是最终达成目标或替代目标的满足感会缓解这种痛苦，甚至会认为这些痛苦是值得的。对于那些不知道自己想要什么的人、不知道自己去哪里的人，他所抵达的终点和他所实现的成就可能并无法为他带来满足感，然而，那些他所不愿遇到的东西所产生的痛苦却是真切的、难以缓解的、没有意义的。

二、逆境中的接纳

(一)痛苦的必然性

情绪心理学家 Frijda 总结了 12 条情绪法则，其中有一条法则用精辟的语言讲出了快乐和痛苦的基本特征，这条法则被称为"快乐的不对称法则"，即"快乐的体验需要在不断变化的快乐刺激中才能得以维持和增加，否则就将迅速消退；而在持续不变的痛苦刺激中痛苦的体验会相对恒定持久。"快乐的不对称法则给我们的第一点启示是：快乐转瞬即逝，痛苦久久难以释怀。

小研究:情绪词研究——人生并非“苦乐参半”

John Angleitner & Ostendorf 提出“人格的词汇学假说”,认为:“在人们生活中非常明确的、与社会活动有关的个体差异最终都会被编码到他们的语言中去;这种差异越重要,它就越有可能有一个单独的词来描述。对从自然语言中获得的人格词汇进行分析就可以得到一组数目有限的特质,用以代表在这一语言背景下的人们行为最重要的特点。”换句话说,多数词典都会在一定时间内删除一些不用的词汇,新编入一些新产生的词汇,如果找出那些描述人心理和行为特征的词汇可以为我们理解人相对恒定的特征来启示。

1936 年,美国心理学家奥尔波特穷尽 1925 年版《韦伯斯特词典》的 40 多万个词,选出近 17 953 个描述人格特质的词,将词义相近的词合并后制成 4 504 个词汇的描述词表。1995 年,北京大学的王登峰教授也作出了类似的尝试,从 1988 年版的《现代汉语词典》及 1992 年版补编中的 76 000 个词中选出 6 156 个与人的行为相关的词,最终制成 1 638 个词的描述词表。

除了中国和美国之外,欧洲、拉丁美洲、大洋洲也出现了类似的研究,当研究者们对其中与情绪相关的词汇进行统计时,发现了一个值得琢磨的现象:表达消极情感的负情绪词远远多于表达积极情感的正情绪词,在各国的研究中,这一现象表现出了跨文化的一致性。

这一结果也同人的基本情绪和典型的复合情绪的情况相一致:在 6 种基础情绪中(愤怒、恐惧、厌恶、快乐、悲伤、惊奇),典型的正情绪只有 1 种(快乐),负情绪有 4 种(愤怒、恐惧、厌恶、悲伤);在 7 种典型复合情绪中(焦虑、爱、抑郁、轻蔑、骄傲、羞愧、嫉妒),典型的负情绪有 5 种(焦虑、抑郁、轻蔑、羞愧、嫉妒),典型的正情绪只有 1 种(爱)。

快乐的不对称法则和情绪词研究似乎向我们揭示了这样一个严苛的规律:人类对消极情绪的体验要比对积极情绪的体验更为持久而深刻。这似乎在为“人生不如意,十有八九”这样的谚语作出诠释。

从生物体进化的角度,能更好地理解这一法则的意义:快乐的不对称法则是由进化机制通过漫长的岁月在生物体身上形成的,出于本能,处于快乐中的生物体会由于处于满足状态,丧失进取的动力;而处于痛苦中的生物体为了摆脱不利的状况,会不断挣扎、努力尝试,直到自身摆脱当时的不利状态。

我们可以作出这样的假设:最初原始人类可以分为快乐原始人和痛苦原始人;快乐的原始人知足常乐,好了伤疤忘了疼;而痛苦的原始人焦虑敏感,总是感到自己处于不利情况，为了摆脱自身的痛苦，不断行动，使得自身更具备适应力和竞争力。然而，相对于生存而言，快乐是奢侈的。在资源竞争的过程中，那些痛苦的原始人击败了快乐的原始人，将自己“痛苦”的特质保存在了基因链中，从而形成了快乐的不对称法则。

从这一点来看，我们大家都是痛苦原始人的后代，很多时候痛苦是每个人无法回避的，甚至是不应该去回避的，痛苦对人有着非常独特的意义：痛苦驱使我们尽可能诚实的面对自己的经历，痛苦的经历帮助人了解、体验和容忍不够美好的一面，如果一个人不知道自己所知道的，感觉不到自己所感觉到的，就永远无法得到痊愈。

（二）痛苦的适应

美国的心理学家 Philip Brikeman 等人开展了一项“幸存者和幸运儿的调查”，他们对大量发生过意外的高位截瘫人（幸存者）和彩票头奖得主（幸运儿）行了调查，并将他们同一批普通人进行了对比研究。结果发现，那些高位截瘫的幸存者们，在事故发生不久的日子里，生不如死，度日如年，感到未来一团黑暗，然而，大概一年过后，幸存者的快乐感觉恢复到了事故前的水平。

适应机制几乎无所不在，当我们走进漆黑的电影院时，最初我们什么都看不到，但是几分钟后，我们就能适应黑暗的环境，慢慢看清周围的事物。当我们进入一间存放了臭鱼烂虾的仓库时，一开始我们恶心，但是过不了多久，我们也会适应这种气味，觉得没有那么难以忍受。同样，对于灾难和重大创伤带来的痛苦，人在当时认为自己一定活不下去了，事实上，只要挺过最初的 1 年左右时间，多数人也能恢复到原来的状态。就像我们时常说的那样：“一切都能过去，时间会洗刷一切。”

（三）痛苦让人生从快乐走向有意义

快乐是需要被满足的信号，它驱使我们不断向前，它让我们关心我们的生活。当我们涉世未深，生活还没有经历任何风浪之前，都会自然而然地对生活抱有一种快乐假设：生命的目的是追求快乐，快乐是行动的唯一动力。但是随着我们的成长，我们会逐渐的发现，快乐是如此难以把握。

我们再回到在幸存者和幸运儿的调查中，幸存者痛苦了 1 年后，恢复到了常态；而幸运儿身上的故事则更发人深省：那些百万身家的幸运儿们，最初欣喜若狂，做梦都会笑醒。大概也是在 1 年之后，这种感觉也发生了变化：快乐水平不仅没有回到中奖前的水平，而且似乎变得更加不快乐了，他们变得疏远家人、工作和朋友；一些人无故变得抑郁和悲伤；即使一件让他们真正感到快乐的事情发生时，他们也会立即悲观地想到：“这种快乐不会持续多久。”研究者们还列出一系列日常事件，如看电视、喝水、购物等等。他们让受调查者们评价每件事情到底会给他们带来多大的乐趣。结果发现,幸运儿从日常事件中感受到的乐趣比幸存者和普通人要少很多。

快乐的不对称法则给我们的第二点启示是,直接追求快乐有两种策略:①对于兴趣单一的人(即能让自己产生快乐的事物很少的人),不断增加同种产生快乐感受的刺激的量级(如只爱钱的人,只有让自己收入的增量不断提升,才有可能维持或增加快乐,因为收入的稳定最多只能保证不痛苦);②对于兴趣广泛的人(即能让自己产生快乐的事物很多的话),不停地追求新鲜、刺激的体验,在不断的变化中获取快乐(如登山腻了就去潜水,潜水腻了就去徒步,前提是登山、潜水和徒步都能产生快乐)。简言之,要想快乐更多、更持久,要么不断加大剂量,要么不断处于变化。我们先不讨论不断地加大剂量和不断地处于变化是多么的难以实现。我们来看看实现的人身上发生了什么。

有这样一个故事:有位国王,他权力无边,无所不有——花园、公园、葡萄酒庄园、城堡、奴隶、情人——情人还能细分为男性情人和女性情人……他拥有了一切,但是却没能让他感到快乐,他这样说“我痛恨生活,虚无如抓不住的风,世上已经没有什么值得拥有。”这位国王基本上做到了以上两点,而且增量和变化都达到了极限,但是他的快乐却被彻底扼杀了。这是因为,外界的刺激与快乐的体验在一开始总会处于“水涨船高”的状况,当我们对一定的增量和变化适应之后,要获得同样的快乐,需要外界刺激更大的增量和变化;但是,当快乐上升到一个高原期时,即外界刺激的增量和变化一直能增加,快乐也不会变得更多了。但是这时候如果减少外界刺激,或让变化停止的话,内心体验到的愤怒、痛苦和失落感。简言之,如果仅依赖外界刺激,最终我们会对快乐变得麻木,对痛苦异常敏感。

心理学家把追求快乐作为生活的目标比喻成为登上一架“快乐的跑步机”,永远停不下脚步;或者像追逐自己尾巴的小狗一样;忙忙碌碌到头一场空。在追逐快乐的途中,逆境的登场和逆境的经历撕碎了快乐的假设,我们逐渐明白:快意人生虚无缥缈,痛苦不可避免。这让我们开始尝试摆脱快乐和痛苦控制,更多地去关注一些相对稳定、持久,强调过程和内在体验的人和物:朋友、家庭、持续的兴趣,长期的计划……将生活的目的从追求快乐转向探索意义。那么生活的意义又是什么?这个问题并没有标准答案,每个人生活的意义都是不一样的。甚至可以说这个问题的答案本身并不重要,重要的在于每个人寻求意义的过程以及在其中获得的体验、感悟和积极的改变。

三、逆境中的意义建构

牛津大学教授 Brian Little 认为,每个人都至少有 3 个自我:基因决定的自我、在环境与文化影响下的自我、由我们自己所追求的人生目标与价值所定义的自我。最后这一个,才是最重要的、完全属于自己的自我。每个人不完全是自身经历堆积,而更多是通过解读、构建并赋予意义的故事，随着人的成长，最终每个人都成为故事。故事本身反映了个体心理发展与变化的过程。人格与自我也是在述说生活故事的过程中得以存在的。当我们想要告诉别人自己的内心感受时，我们讲述自己的故事；当我们想要了解他人的内心感受时，我们倾听他人的故事。如果你要了解一个人，最好的办法莫过于了解他的人生故事。人生在故事中展开，人性在故事中表征。

绝境中，理性思维的分析模式会展现出它的弊端，因为在人理性的仔细分析已有条件，权衡利弊得失后，发现没有胜算，在劫难逃时，就会选择放弃。《生命教育》一书中曾讲过一个例子，自杀者将活下去的理由和要死的理由都分别列出来进行权衡，发现生命无望，最终选择自杀。在绝境中，即使是非理性的、偏执的认知建构也对人有积极的意义。

《相信未来》是一位笔名为食指的年轻诗人写给那些看不到希望的知青的，作者用隽永的诗句在逆境中建构着对未来的承诺，激励了整整一代人。黄巢在考进士名落孙山后写下：待到秋来九月八，我花开遍百花杀。苏轼一生不得志，数次被贬，在晚年被贬到海南儋洲时写下：九死南荒吾不恨，兹游奇绝冠平生。

相信未来

当蜘蛛网无情地查封了我的炉台，当灰烬的余烟叹息着贫困的悲哀；
我依然固执地铺平失望的灰烬，用美丽的雪花写下：相信未来。
当我的紫葡萄化为深秋的露水，当我的鲜花依偎在别人的情怀；
我依然固执地用凝霜的枯藤，在凄凉的大地上写下：相信未来。
我要用手指那涌向天边的排浪，我要用手掌那托住太阳的大海；
摇曳着曙光那枝温暖漂亮的笔杆；用孩子的笔体写下：相信未来。
我之所以坚定地相信未来，是我相信未来人们的眼睛；
她有拨开历史风尘的睫毛，她有看透岁月篇章的瞳孔。
不管人们对于我们腐烂的皮肉，那些迷途的惆怅、失败的苦痛；
是寄予感动的热泪、深切的同情，还是给以轻蔑的微笑、辛辣的嘲讽。
我坚信人们对于我们的脊骨，那无数次的探索、迷途、失败和成功；
一定会给予热情、客观、公正的评定，是的，我焦急地等待着他们的评定。
朋友，坚定地相信未来吧，相信不屈不挠的努力；
相信战胜死亡的年轻，相信未来、热爱生命。

在逆境中，一个人将自身的痛苦与灾难放入宏大人生的叙事中，为自己带来希望和缓解痛苦，通常最常见的两种表现是理想主义和英雄主义。由于理想主义和英雄主义的含义很广，我们在这里给它们明确的界定。理想主义：把成就伟大事业作为自身存在的根本目的。英雄主义:把超越自我,淬炼伟岸人性作为自己存在的根本目的。

在逆境中,理想主义和英雄主义的共同点是,它们都能够创造一种希望,让人感到当下快乐和痛苦不那么重要,实现理想、超越自我才是生活的目标。用做事和做人来取代寻求快乐,逃避痛苦的追击。在伟大的目标和人性面前,一切都会显得那么微不足道:在一个重要的场合发挥失利,他们不会太难过,因为在对于要做大事的人来说,这和未来的场面比起来一定是不值一提的;当置身于一个危机的局面时,他们不会太慌乱,因为他们相信这只是他们挑战自我道路上的一个小小的驿站;当面对痛苦的时候,他们不会被压垮,他们相信要想实现极致的人生,要习惯化悲痛为力量……他们不计较得失,不畏惧艰险,不在意痛苦。正是这种向死而生的气魄让他们在困境中走的更远,在绝境中坚守的时间更长——理想主义和英雄主义把逆境中的不利因素做了最大的升华。

理想主义和英雄主义带来希望有时会是虚幻的,在痛苦中咬牙坚持前行的人,很多时候可能下意识会抱有这样的信念:“如果我实现了这些,我的情况将完全的改善”——如果我挣了大钱,我生活中的一切苦恼都将不复存在;如果我掌握权力,就一定会摆脱所有的控制;如果我成为业内翘楚,我的人际关系一定能彻底改善如果我达成目标,我将脱胎换骨变成一个最好的自己……财富、权力、名望等的确会让我们的生活发生重大变化,但是我们有时候会高估这种变化,认为这些事情能解决我们的所有问题和困扰,对生活全盘优化。事实上,生活的改善应该是渐进的,是针对具体问题具体解决的。全局优化的信念像海市蜃楼,它为那些在痛苦的沙漠中艰难前行的人提供了希望,支持他们不断地走下去,但当他们走到了目的地才发现,美好的愿景不过是尘土和黄沙。

激进的理想主义和英雄主义是指人在追求伟大事业和伟岸的人性中的迷失,走向极端,就会体现出潜在的危险性。激进的理想主义和英雄主义会异化出各种变体,最典型的两种分别体现出了它的脆弱性和破坏性。

“相信未来”的食指激发了他同时代的知青坚持抗争的勇气,自己却在后来罹患精神分裂症;“面朝大海”的海子自杀;“寻找光明”的顾城杀妻后自杀;还有“不可以被打败”的海明威,“绝不向黑夜请安”的狄兰·托马斯……我们如果去找,能发现太多这样的悲情的理想主义和英雄主义者。激进的理想主义和英雄主义拥有与金刚石相似的品质——金刚石是自然界最坚硬、最纯粹的物质,它的硬度虽然极高,但是韧性却极差,因此非常易碎,一旦粉碎之后,就再也无法修复。——激进的理想主义者和英雄主义者像金刚石一样能发出高贵而迷人的光彩,但是他们的理想和英雄情结是如此之纯粹,容不得一点杂质玷污:他们的眼里容不得沙子;他们不承认黑与白之间的灰色地段;他们不愿向不可改变的现实低头;他们无法容忍生活中“必要的恶”;他们“宁为玉碎,不求瓦全”,宁可为“某种事业英勇地死去”,也不愿为“某种事业卑贱地活着”。……这些都让他们在平时陷入无穷无尽的自我冲突与内心斗争之中,在逆境的重压下发生不可修复的破碎。

在逆境的苦难中,人性会顺势退缩和逆势生长,顺势退缩的典型是认为我们的痛苦来源于我们的欲求,变得清心寡欲、与世无争。逆势生长不仅造就了成长中卓越的部分,也可能会产生疯狂和破坏,激进的理想主义和英雄主义就很好地体现了这一点。诞生于苦难中的尼采认为,成就英雄的高贵属性应该包括较多的意志力量、较多的勇气、较多的权力冲动、较少的同情心、较少的温柔。超人般的英雄是那种“完全缺乏同情心、无情、狡猾、残忍、只关心自己权力”的人。

尼采的英雄主义描述了那种在理想和英雄的道路上逐渐偏离人性温度的人:旷日持久对痛苦的忍受使他们变得麻木、冷血无情;严格的目标导向导致了他们对操控的渴求;对卓越自我完善的不断追求,让他们陷入了自我为中心——冷酷无情,注重控制,以自我为中心——恰恰集结了黑暗人格的主要特征。苦难把他们变成了这个世界上最“精致的利己主义者”,对团队的利益和个人福祉都有着极大的破坏性。尼采的人生也未能逃脱“深渊的凝视”,虽然他成就了伟大的哲学思想,但是却成了20世纪最反人类的政党——纳粹党的思想武装;他自己也没能成为那种“没被杀死却变得更强大的人”,他的激情最终让他在晚年走向了疯狂。

理论:人性中真实的恶——黑暗人格

在武汉大学老校长刘道玉召集的“‘理想大学’专题研讨会”上,北京大学钱理群教授说了这样一段颇受争议的话:“我们的一些大学,包括北京大学,正在培养一些‘精致的利己主义者’,他们智商高、世俗、老到、善于表演、懂得配合,更善于利用体制达到自己的目的。这种人一旦掌握权力,比一般的贪官污吏危害更大。”钱理群教授高估了高等教育对人的消极影响,精致的利己主义者可以看成个体在长期与逆境的抗争中,心理与行为发展的一种变异,在很大程度上精致的利己主义者上和心理学研究中的黑暗人格很相似。

黑暗人格(Dark Triad),或称黑暗人格三合一、黑暗三人格、黑暗三联征包括马基雅维利主义、精神病态和自恋三大类别,具有的操控性、冷酷无情和自我中心的核心特征。

(1)马基雅维利主义(Machiavellianism)的典型行为特征:擅长操控、阴谋算计、实用主义、注重结果、缺乏共情和忽视道德。

(2)精神病态(Psychopathy)的典型行为特征:冷酷无情、行为冲动、寻求刺激、缺乏责任感、缺乏焦虑。

（3）自恋（Narcissism）的典型行为特征：自我中心、爱慕虚荣、自我吹嘘、支配性、优越感、傲慢无礼和自以为是。

黑暗人格是人性中真实的一部分，它带来的结果是复杂而矛盾的。一方面，在个体层面，它表现出极强的适应性，它的精于操控、富于人格魅力、无畏的冒险精神等特征造就了各路英雄豪杰、领袖人物、谋略家；另一方面，在群体层面，它的无视规则、缺乏共情、行为的冲动性等特征是很多攻击行为、欺诈行为、恃强凌弱行为、不道德行为和反社会行为的根源。

四、逆境中的关系

在《庄子》中描述了这样两个场景：在鱼池中的水干涸时，困在陆地上鱼儿相互依偎，以彼此的唾沫相互湿润求得生存；在江湖中，鱼儿们彼此不相识，各自畅游。

“相濡以沫”和“相忘江湖”很好地描述了逆境对关系的影响，在顺境中，人们像“相忘江湖”的鱼，专注于追求自己的价值，体验自己的感受；在逆境中，外在的空间被急剧的压缩，为关系的促进提供了很好的机会。一方面，我们对关系的需求被提升了：我们认识到个人的局限和渺小，开始明白他人在我们生命中的价值与重要意义；开始回归人际关系。另一方面，我们处理关系的能力得到了改进：逆境开始让我们设身处地地去体会那些我们不理解的人的处境，让我们开始变得更加体谅别人，容忍别人。有研究发现，很多人在经历丧亲之痛后，在处理人际关系上不再那么势利；在处理人与人之间的利害得失时，也不再那么斤斤计较、处处好强；变得更加理解他人和关心他人。

小研究：逆境让我们更懂得与人相处——丧亲者的调查研究

美国临床心理学家苏珊·诺伦－霍克西玛与他的同事在一项有关丧失的大型研究中发现，人们痛失所爱后，最常出现的后续效应是——变得更能体谅别人、容忍别人。

在该研究中一位妇女的伴侣死于癌症，她这样说道：“痛失伴侣后，我跟其他人的关系反而变好了，因为我终于体会到时间有多重要，我们实在浪费太多时间，拘泥在毫无意义的小事或感觉上。”

在逆境中，金钱、地位、声望甚至是我们自身原有的一些良好内在品质都可能被一一剥离，一个真实的、不够完美的甚至是残缺的自我将会暴露在周围的人面前，有的朋友会因为看到了我们这一面而慌忙逃避；有的因为发现自己所需要的东西在我们这已不存在，就会悄然消失；而有的朋友却因此离我们更近。逆境为我们提供了一个绝佳的机会，去检验哪些是值得我们珍惜一生的朋友，哪些仅仅是过往的酒肉朋友。生活中的患难之交、战场上的生死之情以及文学作品中罗密欧与朱丽叶式的被传颂的爱情都经过了逆境的洗礼和考验。在我们的经历中，那些峥嵘的岁月中共患难的朋友总是会被我们铭记，正是这些不懈抗争的人、不离不弃的关系为带有悲情底色的逆境渲染上了荣耀的光辉。

社会学家心理学家 Ronnie Janoff-Bulman 教授曾经归纳过人生处顺境时的积极错觉：①世界是友善的；②世界上一切事物是有意义的、是可控的、可预测的、公平的；③认为自己是正直而高尚的，而且理应如此。逆境和创伤的经历彻底撕破了这些积极的错觉，让人们从童话和传奇的梦幻中，走近残酷的现实的生活，体验逆境中的成长。

从历史的角度来看，著名历史学家威尔·杜兰特在《世界文明史》中写道：文明就像一条筑有河岸的河流。河岸中流淌的鲜血是人们相互残杀、偷窃、斗争的结果，这些通常就是历史学家们记录的内容。而他们没有注意到的是，在河岸上，人们建立家园、相亲相爱、养育子女、歌唱、谱写诗歌甚至创作雕像。

从个人生活角度来看，逆境中的成长是一个不断揭开伤疤的过程。我们不断重复体验逆境造成的痛苦，不断挑战自己曾经赖以生存的价值观，直到所有的伤痛回忆被组织到记忆系统，直到建立新的价值观，它是一个我们与痛苦和解的过程、一个探索和体验关系的过程、一个带着不完美努力成长的过程、一个在磨难中用智慧和意志力去构建意义的过程。

【本章小结】

在大学阶段，大家正处于生命中最年轻的时光，在未来，成长也会在你们年轻的脸上留下沧桑，留下一条条深深的轨迹……希望大家能记住你们现在的样子——因为成长永远不是一首格律工整的抒情诗，当我们避开享乐主义的泥潭时，可能落入激进英雄主义的陷阱；当我们学会坚强，不再多愁善感时；我们又可能让自己变得冷血无情，丧失人性的温度……有时我们可能在舍弃一些愿望的缺失状态下得以保全，有时我们可能会在追求卓越的激进道路上渐渐迷失……人性是复杂的，永远都没有一个标准的操作方案告诉我们通过什么样的路径最终实现什么样的结果。但是，正是这种复杂性为我们的成长提供了无限种可能，也演绎出了无限多的精彩。——我们记住自己今天的样子，才有可能在未来看清我们走过的那些历程，才能够明白构建我们成长最精彩的可能性。

【课后思考与实践】

1. 仔细回忆自己的人生经历，将经历过的最艰难事件写成一个故事，故事的元素要包括：①该事件的起因、经过、结果；②该事件当时对自己外部生活和内心世界的影响；③自己在当时做了哪些努力；④该事件对自己后来的生活产生了哪些影响；⑤如果在现在要你客观评估该事件，面对该事件时，需要解决哪些问题，需要接纳哪些不可改变的方面，如何面对痛苦的感受，如何更好地运用他人的帮助和支持。

2. 与你尊敬的一位长辈聊聊他最艰难的经历，在那段经历对他当时产生了哪些影响，对他未来的人生经历有哪些意义。

【推荐阅读材料】

1. 巴塞尔·范德考克. 身体从未忘记：心理创伤疗愈中的大脑、心智和身体（李智）. 北京：机械工业出版社，2016.

2. 路斯·哈里斯. 幸福是陷阱. 上海：华东师范大学出版社，2008.

3. 史蒂芬·约瑟夫. 杀不死我的必使我强大：创伤后成长心理学. 北京：北京联合出版公司，2016.

4. 西蒙娜·德·波伏娃. 人都是要死的. 上海：上海译文出版社，2012.

5. 朱迪思·赫尔曼. 创伤与复原. 北京：机械工业出版社，2015.

【参考文献】

[1] 阿兰·卡尔. 积极心理学：关于人类幸福和力量的科学. 郑雪，译. 北京：中国轻工业出版社，2008.

[2] 艾尔·赛伯特. 韧性. 杨柳，译. 北京：中国人民大学出版社，2009.

[3] 克里斯托弗·彼得森. 积极心理学：构建快乐幸福的人生. 徐红，译. 北京：群言出版社，2010.

[4] 兰迪·拉森，戴维·巴斯. 人格心理学——人性的科学探索. 郭永玉，译. 北京：人民邮电出版社，2011.

[5] 利维·维果斯基. 维果茨基教育论著选. 余震球，译. 北京：人民教育出版社，2005.

[6] 米哈里·契克森米哈赖. 心流. 张定绮，译. 北京：中信出版集团，2017.

[7] 秦峰，许芳. 黑暗人格三合一研究述评. 心理科学进展，2013，7(21)，1 248-1 261.

[8] 史蒂芬·约瑟夫. 杀不死我的必使我强大：创伤后成长心理学. 青涂，译. 北京：北京联合出版公司，2016.

[9] 苏珊·诺伦－霍克西玛. 变态心理学与心理治疗. 刘川,周冠英,王学成,译. 北京:世界图书出版公司,2007.

[10] 王登峰, 崔红. 解读中国人的人格. 北京:社会科学文献出版社,2005.

[11] 威尔·杜兰特. 世界文明史. 成都:天地出版社,2017.

[12] 西格蒙德·弗洛伊德. 弗洛伊德文集. 车文博,译. 吉林:长春出版社,2004.

[13] 朱迪思·赫尔曼. 创伤与复原(施宏达,陈文琪). 北京:机械工业出版社,2015.

[14] BRIERE J, SCOTT C. 心理创伤的治疗指南. 徐凯文,等,译. 北京:中国轻工业出版社.

[15] BRICKMAN P, COATES D, JANOFF-BULMAN R. Lottery winners and accident victims: is happiness relative. Journal of Personality and Social Psychology, 1978, 36(8): 917–927.

[16] DIENER E. The science of well-being. Berlin: Springer Netherlands,2009.

[17] DOHRENWEND B P. Adversity, stress, and psychopathology. New York: Oxford University Press,1998.

[18] FRIJDA N. The laws of emotion. American Psychologist, 1988,43: 349-358.

[19] RICHARDSON G E, NEIGER B L, JENSEN S, et al. The resiliency model. Health Education, 1990,21(6): 33-39.

[20] SNYDER C R, HARRIS C, ANDERSON J R. The will and the ways: development and validation of an individual-differences measure of hope. Journal of Personality and Social Psychology, 1991,60(4): 570–585.

[21] WERNER E E . Risk, resilience, and recovery: Perspectives from the Kauai Longitudinal Study. Development and Psychopathology, 1993,5: 503-515.

[22] WERNER E E . What can we learn about resilience from large-scale longitudinal studies // GOLDSTEIN S, BROOKS R B. Handbook of resilience in children. New York: Springer Science+Business Media,2013.